《人民法院办理国家赔偿与司法救助案件程序指引》

主　　编　梁建武
撰 稿 人　海　梅

目　录

人民法院审判程序指引丛书

人民法院
办理国家赔偿与司法救助案件
程序指引

内蒙古自治区高级人民法院 ◎ 编

Procedural Guidelines For
State Compensation and Judicial Relief Cases
Handled By People's Courts

人民法院出版社

图书在版编目（CIP）数据

人民法院办理国家赔偿与司法救助案件程序指引 / 内蒙古自治区高级人民法院编．--北京：人民法院出版社，2022.7
（人民法院审判程序指引丛书）
ISBN 978-7-5109-3395-0

Ⅰ.①人… Ⅱ.①内… Ⅲ.①国家赔偿法—诉讼程序—研究—中国②法律援助—诉讼程序—研究—中国 Ⅳ.①D921.64②D926.4

中国版本图书馆 CIP 数据核字（2021）第 270172 号

人民法院办理国家赔偿与司法救助案件程序指引

内蒙古自治区高级人民法院　编

责任编辑　丁丽娜
出版发行　人民法院出版社
地　　址　北京市东城区东交民巷 27 号（100745）
电　　话　（010）67550608（责任编辑）　67550558（发行部查询）
　　　　　　65223677（读者服务部）
客服 QQ　2092078039
网　　址　http://www.courtbook.com.cn
E-mail　courtpress@sohu.com
印　　刷　三河市国英印务有限公司
经　　销　新华书店

开　　本　787 毫米×1092 毫米　1/16
字　　数　323 千字
印　　张　19.75
版　　次　2022 年 7 月第 1 版　2022 年 7 月第 1 次印刷
书　　号　ISBN 978-7-5109-3395-0
定　　价　58.00 元

第一编　国家赔偿

第一章　国家赔偿自赔程序

自赔案件，是指人民法院办理的该院作为赔偿义务机关的案件。基层人民法院的自赔案件由国家赔偿小组审理，中级以上人民法院的自赔案件由赔偿委员会审理。

［依据《最高人民法院关于人民法院办理自赔案件程序的规定》第一条、第二条］

第一节　立案审查

【工作要求】

根据《中华人民共和国国家赔偿法》第六条、第十七条、第二十条、第二十二条，《最高人民法院关于人民法院办理自赔案件程序的规定》第一条至第三条及《最高人民法院关于国家赔偿案件立案工作的规定》之有关规定，审查赔偿请求人以本院为赔偿义务机关提出的国家赔偿申请是否符合立案条件。

【工作内容】

（一）赔偿请求人

1．赔偿请求人为被本院在行使审判职权过程中的行为侵犯合法权益并造成损害的公民、法人和其他组织。

［依据《中华人民共和国国家赔偿法》第二条］

2．特殊情形下的赔偿请求人。

（1）受害的公民死亡，其继承人和其他有扶养关系的亲属有权申请国家赔偿。

［依据《最高人民法院、最高人民检察院关于办理刑事赔偿案件适用法律若干问题的解释》第九条］

（2）受害的法人或者其他组织终止的，其权利承受人有权要求赔偿。

［依据《中华人民共和国国家赔偿法》第十二条］

（3）依法享有继承权的同一顺序继承人有数人时，其中一人或者部分人作为赔偿请求人申请国家赔偿的，申请效力及于全体。

［依据《最高人民法院、最高人民检察院关于办理刑事赔偿案件适用法律若干问题的解释》第九条］

（4）财产权受到侵害的用益物权人、担保物权人、承租人或者其他合法占有使用财产的人，有权要求赔偿。

［依据《最高人民法院办公厅关于国家赔偿法实施中若干问题的座谈会纪要》（法办〔2013〕151号）第十条、《最高人民法院关于审理民事、行政诉讼中司法赔偿案件适用法律若干问题的解释》第十七条］

（二）受案范围

1. 受案范围。

（1）对公民采取逮捕措施后，判决宣告无罪终止追究刑事责任的；（2）二审改判无罪，以及二审发回重审后作无罪处理的；（3）依照审判监督程序再审改判无罪，原判刑罚已经执行的；（4）以殴打、虐待等行为或者唆使、放纵他人以殴打、虐待等行为造成公民身体伤害或者死亡的；（5）违法使用武器、警械造成公民身体伤害或者死亡的；（6）在刑事诉讼过程中违法对财产采取查封、扣押、冻结、追缴等措施的；（7）依照审判监督程序再审改判无罪，原判罚金、没收财产已经执行的；（8）在民事诉讼、行政诉讼过程中，违法采取对妨害诉讼的强制措施、保全措施或者对判决、裁定及其他生效法律文书执行错误，造成损害的。

［依据《最高人民法院关于国家赔偿案件立案工作的规定》第一条］

2. 特殊情况下赔偿义务机关的确认。

（1）委托。受托法院对判决、裁定及其他生效法律文书执行错误，系因委托法院作出执行裁定错误所致的，应由委托法院作为赔偿义务机关；系因受托法院具体执行行为违法所致的，应由受托法院作为赔偿义务机关。

［依据《最高人民法院办公厅关于国家赔偿法实施中若干问题的座谈会纪要》（法办〔2013〕151号）第十二条］

（2）依申请强制执行。人民法院审理行政机关申请强制执行其具体行政行为的案件，由于据以强制执行的根据错误，导致人民法院执行错误，或者人民法院虽裁定准予强制执行，但由行政机关具体组织实施造成损害的，不属于《中华人民共和国国家赔偿法》第三十八条规定的赔偿范围；但人民法院自己负责执行，在执行中有违法扩大执行范围、执行对象错误、执行行为侵害他人合法权益以及其他违法行为的除外。

［依据《最高人民法院办公厅关于国家赔偿法实施中若干问题的座谈会纪要》（法办〔2013〕151号）第十三条］

（3）合法性审查。在行政非诉强制执行中，由人民法院进行合法性审查，行政机关组织具体实施的案件，赔偿请求人仅就具体实施行为申请赔偿的，人民法院应告知其向作出具体实施行为的行政机关提出赔偿申请。

［依据《最高人民法院办公厅关于国家赔偿法实施中若干问题的座谈会纪要》（法办〔2012〕490号）第十二条］

（4）复议。人民法院在民事、行政诉讼过程中，违法采取对妨害诉讼的强制措施、保全措施、先予执行措施，或者对判决、裁定及其他生效法律文书执行错误，系因上一级人民法院复议改变原裁决所致的，由该上一级人民法院作为赔偿义务机关。

［依据《最高人民法院关于审理民事、行政诉讼中司法赔偿案件适用法律若干问题的解释》第十八条］

（5）后置吸收例外。刑事赔偿案件中，赔偿义务机关的确定通常采用后置吸收原则，即公安机关对公民采取拘留措施后，检察机关又采取逮捕措施的，或者对公民采取拘留和逮捕措施后，审判机关曾作出有罪判决的，在公民最终确定无罪的情形下，以有罪方式作出过最后处理的国家机关为赔偿义务机关。

但是，公民被起诉至人民法院时已经变更了强制措施不再被羁押，而后人民法院虽作出有罪判决但并未判处监禁刑，该公民最终确定无罪的情况下，该公民的被羁押并非人民法院的判决所致，对该公民的无罪羁押应承担国家赔偿责任的赔偿义务机关不是作出有罪判决的人民法院，而是最后采取拘留、逮捕措施的机关。

（三）提交材料

1. 申请书。

赔偿请求人应当递交载明下列事项的申请书：（1）受害人的姓名、性别、年龄、工作单位和住所，法人或者其他组织的名称、住所和法定代表人或者主要负责人的姓名、职务；（2）具体的要求、事实根据和理由；（3）申请的年、月、日。

[依据《中华人民共和国国家赔偿法》第十二条]

2. 身份证明及授权文书。

（1）赔偿请求人为自然人的应当提交身份证明；赔偿请求人为法人或者其他组织的应当提交营业执照、组织机构代码证书、盖章确认的法定代表人身份证明书或者主要负责人的身份证明，进入破产程序的企业法人，由依法成立的破产管理人申请或者委托他人代理申请赔偿。

（2）委托他人申请的，应当提交被委托人的身份证明和委托人签名或者盖章的授权委托书。委托律师的，应当提交律师执业证书、授权委托书和律师事务所证明；委托有关社会团体或所在单位推荐的人，应当提交被推荐人的身份证明，以及有关社会团体或者所在单位的推荐证明。

（3）境外自然人、法人或者其他组织申请赔偿，其提交的在我国境外生成的身份证明、组织证明和授权委托书，应当经所在国公证机关证明，并经我国驻该国使领馆认证，或者履行我国与该国订立的有关条约中规定的证明手续。

（4）赔偿请求人不是受害人本人的（包括死亡被害人的法定继承人及终止的受害的法人或者其他组织的权利承受人），应当说明与受害人的关系，并提供相应证明。

[依据《最高人民法院办公厅关于国家赔偿法实施中若干问题的座谈会纪要》（法办〔2013〕151号）第一条、第二条，《中华人民共和国国家赔偿法》第十二条、第十六条]

（四）材料的收取与补正

由立案庭收取材料并进行初步审查。

［依据《最高人民法院关于国家赔偿案件立案工作的规定》第二条、第三条］

1. 赔偿请求人当面递交申请书的，应当当场出具加盖本院专用印章并注明收讫日期的书面凭证。赔偿请求人以邮寄等形式提出赔偿申请的，应当及时登记审查。

［依据《中华人民共和国国家赔偿法》第十二条、《最高人民法院关于国家赔偿案件立案、案由有关问题的通知》第三条］

2. 申请材料不齐全的，应当当场或者在五日内一次性告知赔偿请求人需要补正的全部内容。

［依据《中华人民共和国国家赔偿法》第十二条、《最高人民法院关于国家赔偿案件立案工作的规定》第三条］

3. 材料齐全后，立案庭将全部材料移送国家赔偿办案机构进行审查。

［依据《内蒙古自治区高级人民法院关于全区法院国家赔偿案件立案审查工作有关问题的通知》第二条］

（五）审查期限

人民法院应当自收到申请之日起七日内作出是否立案的决定。通知赔偿请求人补正材料的，收到申请的时间自人民法院收到补正材料之日起计算。

［依据《最高人民法院关于国家赔偿案件立案工作的规定》第九条］

（六）处理方式

1. 国家赔偿办案机构应组成合议庭，审查申请是否符合下列条件：（1）赔偿请求人具备法律规定的主体资格；（2）本院为赔偿义务机关；（3）有具体的申请事项和理由；（4）属于《最高人民法院关于国家赔偿案件立案工作的规定》第一条规定的国家赔偿受案范围。

［依据《最高人民法院关于国家赔偿案件立案工作的规定》第四条、《内蒙古自治区高级人民法院关于全区法院国家赔偿案件立案审查工作有关问题的通知》第二条］

2. 立案。国家赔偿办案机构审查后认为应当立案的，书面回复立案庭，写明需要调取的相关案卷号，并准确标明案号代字，由立案庭发送受理案件通知书，并移交国家赔偿办案机构审理。

［依据《最高人民法院关于国家赔偿案件立案工作的规定》第九条、《内

蒙古自治区高级人民法院关于全区法院国家赔偿案件立案审查工作有关问题的通知》第三条]

3. 不予受理。国家赔偿办案机构认为不应当立案的，告知立案庭给定案号，由国家赔偿办案机构作出不予受理案件决定书，并在作出决定之日起十日内送达赔偿请求人。

[依据《最高人民法院关于国家赔偿案件立案工作的规定》第九条、《内蒙古自治区高级人民法院关于全区法院国家赔偿案件立案审查工作有关问题的通知》第四条]

（七）案号

依照《最高人民法院关于人民法院案件案号的若干规定》及《人民法院案件类型及其代字标准》，自赔案件不论是否受理，案号统一编为：（××××）××法赔×号，其中“（××××）”为收案年度，“××”为法院代字，“×号”为案件编号。

（八）案由

1. 法定案由。

（1）无罪逮捕赔偿。对公民采取逮捕措施后，一审判决宣告无罪终止追究刑事责任的赔偿案件。

（2）二审无罪赔偿。二审改判无罪的赔偿案件。

（3）重审无罪赔偿。二审发回重审后作无罪处理的赔偿案件。

（4）再审无罪赔偿。依照审判监督程序再审改判无罪，原判刑罚已经执行的赔偿案件。

（5）殴打、虐待致伤、致死赔偿。人民法院以殴打、虐待等行为或者唆使、放纵他人以殴打、虐待等行为造成公民身体伤害或者死亡的赔偿案件。

（6）违法使用武器、警械致伤、致死赔偿。人民法院违法使用武器、警械造成公民身体伤害或者死亡的赔偿案件。

（7）刑事违法查封、扣押、冻结、追缴赔偿。人民法院在刑事诉讼过程中，违法对财产采取查封、扣押、冻结、追缴等措施的赔偿案件。

（8）错判罚金、没收财产赔偿。依照审判监督程序再审改判无罪，原判罚金、没收财产已经执行的赔偿案件。

（9）违法司法罚款赔偿。人民法院在民事诉讼、行政诉讼过程中，违法司法罚款造成损害的赔偿案件。

(10) 违法司法拘留赔偿。人民法院在民事诉讼、行政诉讼过程中，违法司法拘留造成损害的赔偿案件。

(11) 违法保全赔偿。人民法院在民事诉讼、行政诉讼过程中，违法采取保全措施造成损害的赔偿案件。

(12) 错误执行赔偿。人民法院在民事诉讼、行政诉讼过程中，对判决、裁定及其他生效法律文书执行错误造成损害的赔偿案件。

[依据《最高人民法院关于国家赔偿案件案由的规定》]

2. 案由的确定。

在适用《最高人民法院关于国家赔偿案件案由的规定》中的多项并列案由时，一般应根据赔偿申请的具体情况择一确定案由，如赔偿申请涉及违法使用警械造成公民死亡的，案由为违法使用警械致死赔偿，如赔偿申请涉及虐待造成公民身体伤害的，案由为虐待致伤赔偿。赔偿请求人提出的赔偿申请涉及同一赔偿义务机关的两个以上司法行为，且对应同一权利，应当一并审理的，可以确定并列案由。如赔偿申请既涉及刑事违法查封，又涉及刑事违法追缴的，案由为刑事违法查封、追缴赔偿；如赔偿申请既涉及违法保全，又涉及错误执行的，案由为违法保全、错误执行赔偿。

[依据《最高人民法院关于国家赔偿案件立案、案由有关问题的通知》第三条]

3. 特殊情形。

赔偿请求人提出的赔偿申请不属于法定受案范围，无法归类于法定案由时，可对其申请事由进行总结，在文书中写明“赔偿请求人×××以……为由，向我院提出赔偿申请”，立案庭立案时选择案由为“其他”。

【常见问题】

(一) 国家赔偿案件是否收取诉讼费?

国家赔偿案件均不收取诉讼费。

[依据《中华人民共和国国家赔偿法》第四十一条]

(二) 国家赔偿申请必须以书面形式提出吗?

赔偿请求人书写申请书确有困难的，可以委托他人代书，由赔偿请求人签字捺印；也可以口头申请，法院工作人员需记入笔录或填写《申请国家赔偿登记表》，将记录或填写内容向赔偿请求人宣读后由赔偿请求人签字捺印确认。

[依据《中华人民共和国国家赔偿法》第十二条、《最高人民法院关于人民法院赔偿委员会审理国家赔偿案件程序的规定》第一条]

（三）赔偿请求人是否必须先向赔偿义务机关提出赔偿请求？

赔偿请求人必须首先向赔偿义务机关提出赔偿请求，待赔偿义务机关的处理结果而选择下一步的救济途径。

[依据《中华人民共和国国家赔偿法》第二十二条]

（四）赔偿请求人可以提起国家赔偿申请的时间？

民事、行政诉讼中司法赔偿的赔偿请求人，应当在民事、行政诉讼程序或者执行程序终结后提出赔偿申请，但下列情形除外：（1）人民法院已依法撤销对妨害诉讼的强制措施的；（2）人民法院采取对妨害诉讼的强制措施，造成公民身体伤害或者死亡的；（3）经诉讼程序依法确认不属于被保全人或者被执行人的财产，且无法在相关诉讼程序或者执行程序中予以补救的；（4）人民法院生效法律文书已确认相关行为违法，且无法在相关诉讼程序或者执行程序中予以补救的；（5）赔偿请求人有证据证明其请求与民事、行政诉讼程序或者执行程序无关的；（6）其他情形。

[依据《中华人民共和国国家赔偿法》第三十八条、《最高人民法院办公厅关于国家赔偿法实施中若干问题的座谈会纪要》（法办〔2012〕490号）第八条、《最高人民法院关于审理民事、行政诉讼中司法赔偿案件适用法律若干问题的解释》第十九条]

公民、法人和其他组织申请错误执行赔偿，应当在执行程序终结后提出，终结前提出的不予受理。但有下列情形之一，且无法在相关诉讼或者执行程序中予以补救的除外：（1）罚款、拘留等强制措施已被依法撤销，或者实施过程中造成人身损害的；（2）被执行的财产经诉讼程序依法确认不属于被执行人，或者人民法院生效法律文书已确认执行行为违法的；（3）自立案执行之日起超过五年，且已裁定终结本次执行程序，被执行人已无可供执行财产的；（4）在执行程序终结前可以申请赔偿的其他情形。

[依据《最高人民法院关于审理涉执行司法赔偿案件适用法律若干问题的

解释》第五条]

刑事赔偿中的赔偿请求人应当在刑事诉讼程序终结后提出赔偿请求，但下列情形除外：(1) 赔偿请求人有证据证明其与尚未终结的刑事案件无关的；(2) 刑事案件被害人依据《中华人民共和国刑事诉讼法》第一百九十八条的规定，以财产未返还或者认为返还的财产受到损害而要求赔偿的。

[依据《最高人民法院关于适用〈中华人民共和国国家赔偿法〉若干问题的解释（一）》第七条]

(五) 超期申请是否一律不予受理?

超期申请不是一律不予受理。在立案审查阶段，人民法院难以查明赔偿请求人是否存在因不可抗力或者其他障碍未按期申请赔偿的情形，且赔偿请求人提供了初步证据的，应当先予受理。

[依据《最高人民法院办公厅关于国家赔偿法实施中若干问题的座谈会纪要》(法办〔2013〕151 号) 第四条]

(六) 行政赔偿案件是否适用国家赔偿案件审理程序?

《中华人民共和国国家赔偿法》中虽然对行政赔偿作出规定，但行政赔偿案件适用行政诉讼程序由行政庭进行审理，《最高人民法院关于审理行政赔偿案件若干问题的规定》对行政赔偿案件的审理程序有明确规定。

(七)《中华人民共和国国家赔偿法》实施之前的行为能否受理?

《中华人民共和国国家赔偿法》实施之前的行为不能受理。需要明确的是并非指该类行为不能得到处理，而是不能通过国家赔偿程序来处理。

1995 年 1 月 29 日《最高人民法院关于〈中华人民共和国国家赔偿法〉溯及力和人民法院赔偿委员会受案范围问题的批复》明确："根据《国家赔偿法》第三十五条规定，《国家赔偿法》1995 年 1 月 1 日起施行。《国家赔偿法》不溯及既往。即：国家机关及其工作人员行使职权时侵犯公民、法人和其他组织合法权益的行为，发生在 1994 年 12 月 31 日以前的，依照以前的有关规定处理。发生在 1995 年 1 月 1 日以后并经依法确认的，适用《国家赔偿法》予以赔偿。发生在 1994 年 12 月 31 日以前，但持续至 1995 年 1 月 1 日以后，并经依法确认的，属于 1995 年 1 月 1 日以后应予赔偿的部分，适用《国家赔偿法》予以赔偿；属于 1994 年 12 月 31 日以前应予赔偿的部分，适用当时的规定予以赔偿；当时没有规定的，参照《国家赔偿法》的规定予以赔偿。”

（八）违法司法拘留赔偿只适用于发生在民事、行政诉讼程序中的司法拘留强制措施吗？

在立案、申诉和信访等过程中，因哄闹、冲击人民法院，殴打法院工作人员，妨碍人民法院正常工作秩序，被人民法院采取司法拘留的强制措施，公民据此申请赔偿的，适用《中华人民共和国国家赔偿法》第三十八条的规定予以审查处理。

［依据《最高人民法院办公厅关于国家赔偿法实施中若干问题的座谈会纪要》（法办〔2013〕151号）第十四条］

（九）书面承诺放弃请求国家赔偿的权利的赔偿请求人提起国家赔偿申请如何处理？

赔偿请求人在刑事诉讼程序结束前书面承诺放弃请求国家赔偿的权利，其后在《中华人民共和国国家赔偿法》第三十九条规定的时效内又向作为赔偿义务机关的人民法院提出赔偿申请，收到申请的人民法院应当依照《最高人民法院关于国家赔偿案件立案工作的规定》予以审查立案。

［依据《最高人民法院办公厅关于国家赔偿法实施中若干问题的座谈会纪要》（法办〔2012〕490号）第三条］

（十）通知赔偿请求人补正材料后，赔偿请求人应在多长时间内补正齐全材料？

可参见《最高人民法院关于国家赔偿监督程序若干问题的规定》第五条规定：补正期限一般为十五日，最长不超过一个月。

（十一）赔偿请求人收到准予其撤回赔偿申请的决定书后，再次提出赔偿申请，如何处理？

人民法院办理自赔案件，决定准予赔偿请求人撤回赔偿申请，赔偿请求人收到该决定书后，在《中华人民共和国国家赔偿法》第三十九条规定的时效内又向作为赔偿义务机关的人民法院提出赔偿申请，且有证据证明其撤回赔偿的申请确属违背真实意思表示或者有其他正当理由的，人民法院应予受理。

［依据《最高人民法院办公厅关于国家赔偿法实施中若干问题的座谈会纪要》（法办〔2012〕490号）第一条］

（十二）精神损害赔偿只能由公民提起吗?

法人或者非法人组织请求精神损害赔偿的，人民法院不予受理。

［依据《最高人民法院关于审理国家赔偿案件确定精神损害赔偿责任适用法律若干问题的解释》第一条］

（十三）精神损害赔偿只能一并提出吗?

公民以人身权受到侵犯为由提出国家赔偿申请，未请求精神损害赔偿，或者未同时请求消除影响、恢复名誉、赔礼道歉以及精神损害抚慰金的，人民法院应当向其释明。经释明后不变更请求，案件审结后又基于同一侵权事实另行提出申请的，人民法院不予受理。

［依据《最高人民法院关于审理国家赔偿案件确定精神损害赔偿责任适用法律若干问题的解释》第二条］

【常用法律、司法解释及相关规定】

《中华人民共和国国家赔偿法》（2012 年 10 月 26 日修正）

第二条　国家机关和国家机关工作人员行使职权，有本法规定的侵犯公民、法人和其他组织合法权益的情形，造成损害的，受害人有依照本法取得国家赔偿的权利。

本法规定的赔偿义务机关，应当依照本法及时履行赔偿义务。

第六条　受害的公民、法人和其他组织有权要求赔偿。

受害的公民死亡，其继承人和其他有扶养关系的亲属有权要求赔偿。

第十二条　要求赔偿应当递交申请书，申请书应当载明下列事项：

（一）受害人的姓名、性别、年龄、工作单位和住所，法人或者其他组织的名称、住所和法定代表人或者主要负责人的姓名、职务；

（二）具体的要求、事实根据和理由；

（三）申请的年、月、日。

赔偿请求人书写申请书确有困难的，可以委托他人代书；也可以口头申请，由赔偿义务机关记入笔录。

赔偿请求人不是受害人本人的，应当说明与受害人的关系，并提供相应证明。

赔偿请求人当面递交申请书的，赔偿义务机关应当当场出具加盖本行政机关专用印章并注明收讫日期的书面凭证。申请材料不齐全的，赔偿义务机关应当当场或者在五日内一次性告知赔偿请求人需要补正的全部内容。

受害的法人或者其他组织终止的，其权利承受人有权要求赔偿。

第十七条 行使侦查、检察、审判职权的机关以及看守所、监狱管理机关及其工作人员在行使职权时有下列侵犯人身权情形之一的，受害人有取得赔偿的权利：

（一）违反刑事诉讼法的规定对公民采取拘留措施的，或者依照刑事诉讼法规定的条件和程序对公民采取拘留措施，但是拘留时间超过刑事诉讼法规定的时限，其后决定撤销案件、不起诉或者判决宣告无罪终止追究刑事责任的；

（二）对公民采取逮捕措施后，决定撤销案件、不起诉或者判决宣告无罪终止追究刑事责任的；

（三）依照审判监督程序再审改判无罪，原判刑罚已经执行的；

（四）刑讯逼供或者以殴打、虐待等行为或者唆使、放纵他人以殴打、虐待等行为造成公民身体伤害或者死亡的；

（五）违法使用武器、警械造成公民身体伤害或者死亡的。

第二十条 赔偿请求人的确定依照本法第六条的规定。

第二十二条 赔偿义务机关有本法第十七条、第十八条规定情形之一的，应当给予赔偿。

赔偿请求人要求赔偿，应当先向赔偿义务机关提出。

赔偿请求人提出赔偿请求，适用本法第十一条、第十二条的规定。

第三十八条 人民法院在民事诉讼、行政诉讼过程中，违法采取对妨害诉讼的强制措施、保全措施或者对判决、裁定及其他生效法律文书执行错误，造成损害的，赔偿请求人要求赔偿的程序，适用本法刑事赔偿程序的规定。

《最高人民法院关于适用〈中华人民共和国国家赔偿法〉若干问题的解释（一）》（2011 年 3 月 18 日施行　法释〔2011〕4 号）

第一条 国家机关及其工作人员行使职权侵犯公民、法人和其他组织合法权益的行为发生在 2010 年 12 月 1 日以后，或者发生在 2010 年 12 月 1 日以前、持续至 2010 年 12 月 1 日以后的，适用修正的国家赔偿法。

第二条 国家机关及其工作人员行使职权侵犯公民、法人和其他组织合法权益的行为发生在2010年12月1日以前的，适用修正前的国家赔偿法，但有下列情形之一的，适用修正的国家赔偿法：

（一）2010年12月1日以前已经受理赔偿请求人的赔偿请求但尚未作出生效赔偿决定的；

（二）赔偿请求人在2010年12月1日以后提出赔偿请求的。

第三条　人民法院对2010年12月1日以前已经受理但尚未审结的国家赔偿确认案件，应当继续审理。

第四条　公民、法人和其他组织对行使侦查、检察、审判职权的机关以及看守所、监狱管理机关在2010年12月1日以前作出并已发生法律效力的不予确认职务行为违法的法律文书不服，未依据修正前的国家赔偿法规定提出申诉并经有权机关作出侵权确认结论，直接向人民法院赔偿委员会申请赔偿的，不予受理。

第五条　公民、法人和其他组织对在2010年12月1日以前发生法律效力的赔偿决定不服提出申诉的，人民法院审查处理时适用修正前的国家赔偿法；但是仅就修正的国家赔偿法增加的赔偿项目及标准提出申诉的，人民法院不予受理。

第六条　人民法院审查发现2010年12月1日以前发生法律效力的确认裁定、赔偿决定确有错误应当重新审查处理的，适用修正前的国家赔偿法。

第七条　赔偿请求人认为行使侦查、检察、审判职权的机关以及看守所、监狱管理机关及其工作人员在行使职权时有修正的国家赔偿法第十七条第（一）、（二）、（三）项、第十八条规定情形的，应当在刑事诉讼程序终结后提出赔偿请求，但下列情形除外：

（一）赔偿请求人有证据证明其与尚未终结的刑事案件无关的；

（二）刑事案件被害人依据刑事诉讼法第一百九十八条的规定，以财产未返还或者认为返还的财产受到损害而要求赔偿的。

第八条　赔偿请求人认为人民法院有修正的国家赔偿法第三十八条规定情形的，应当在民事、行政诉讼程序或者执行程序终结后提出赔偿请求，但人民法院已依法撤销对妨害诉讼采取的强制措施的情形除外。

第九条　赔偿请求人或者赔偿义务机关认为人民法院赔偿委员会作出的赔偿决定存在错误，依法向上一级人民法院赔偿委员会提出申诉的，不停止赔偿决定的执行；但人民法院赔偿委员会依据修正的国家赔偿法第三十条的规定决定重新审查的，可以决定中止原赔偿决定的执行。

第十条 人民检察院依据修正的国家赔偿法第三十条第三款的规定，对人民法院赔偿委员会在2010 年12 月1 日以后作出的赔偿决定提出意见的，同级人民法院赔偿委员会应当决定重新审查，并可以决定中止原赔偿决定的执行。

《最高人民法院关于国家赔偿案件立案工作的规定》（2012 年2 月15 日施行 法释〔2012〕1 号）

第一条 本规定所称国家赔偿案件，是指国家赔偿法第十七条、第十八条、第二十一条、第三十八条规定的下列案件：

（一）违反刑事诉讼法的规定对公民采取拘留措施的，或者依照刑事诉讼法规定的条件和程序对公民采取拘留措施，但是拘留时间超过刑事诉讼法规定的时限，其后决定撤销案件、不起诉或者判决宣告无罪终止追究刑事责任的；

（二）对公民采取逮捕措施后，决定撤销案件、不起诉或者判决宣告无罪终止追究刑事责任的；

（三）二审改判无罪，以及二审发回重审后作无罪处理的；

（四）依照审判监督程序再审改判无罪，原判刑罚已经执行的；

（五）刑讯逼供或者以殴打、虐待等行为或者唆使、放纵他人以殴打、虐待等行为造成公民身体伤害或者死亡的；

（六）违法使用武器、警械造成公民身体伤害或者死亡的；

（七）在刑事诉讼过程中违法对财产采取查封、扣押、冻结、追缴等措施的；

（八）依照审判监督程序再审改判无罪，原判罚金、没收财产已经执行的；

（九）在民事诉讼、行政诉讼过程中，违法采取对妨害诉讼的强制措施、保全措施或者对判决、裁定及其他生效法律文书执行错误，造成损害的。

第四条 赔偿请求人向作为赔偿义务机关的人民法院提出赔偿申请，收到申请的人民法院经审查认为其申请符合下列条件的，应予立案：

（一）赔偿请求人具备法律规定的主体资格；

（二）本院是赔偿义务机关；

（三）有具体的申请事项和理由；

（四）属于本规定第一条规定的情形。

第九条　人民法院应当在收到申请之日起七日内决定是否立案。

决定立案的，人民法院应当在立案之日起五日内向赔偿请求人送达受理案件通知书。属于人民法院赔偿委员会审理的国家赔偿案件，还应当同时向赔偿义务机关、复议机关送达受理案件通知书、国家赔偿申请书或者《申请赔偿登记表》副本。

经审查不符合立案条件的，人民法院应当在七日内作出不予受理决定，并应当在作出决定之日起十日内送达赔偿请求人。

《最高人民法院关于人民法院办理自赔案件程序的规定》（2013 年 9 月 1 日施行　法释〔2013〕19 号）

第一条　本规定所称自赔案件，是指人民法院办理的本院作为赔偿义务机关的国家赔偿案件。

第二条　基层人民法院国家赔偿小组、中级以上人民法院赔偿委员会负责办理本院的自赔案件。

第三条　人民法院对赔偿请求人提出的赔偿申请，根据《最高人民法院关于国家赔偿案件立案工作的规定》予以审查立案。

《最高人民法院、最高人民检察院关于办理刑事赔偿案件适用法律若干问题的解释》（2016 年 6 月 1 日施行　法释〔2015〕24 号）

第一条　赔偿请求人因行使侦查、检察、审判职权的机关以及看守所、监狱管理机关及其工作人员行使职权的行为侵犯其人身权、财产权而申请国家赔偿，具备国家赔偿法第十七条、第十八条规定情形的，属于本解释规定的刑事赔偿范围。

第二条　解除、撤销拘留或者逮捕措施后虽尚未撤销案件、作出不起诉决定或者判决宣告无罪，但是符合下列情形之一的，属于国家赔偿法第十七条第一项、第二项规定的终止追究刑事责任：

（一）办案机关决定对犯罪嫌疑人终止侦查的；

（二）解除、撤销取保候审、监视居住、拘留、逮捕措施后，办案机关超过一年未移送起诉、作出不起诉决定或者撤销案件的；

（三）取保候审、监视居住法定期限届满后，办案机关超过一年未移送起诉、作出不起诉决定或者撤销案件的；

（四）人民检察院撤回起诉超过三十日未作出不起诉决定的；

（五）人民法院决定按撤诉处理后超过三十日，人民检察院未作出不起诉决定的；

（六）人民法院准许刑事自诉案件自诉人撤诉的，或者人民法院决定对刑事自诉案件按撤诉处理的。

赔偿义务机关有证据证明尚未终止追究刑事责任，且经人民法院赔偿委员会审查属实的，应当决定驳回赔偿请求人的赔偿申请。

第三条 对财产采取查封、扣押、冻结、追缴等措施后，有下列情形之一，且办案机关未依法解除查封、扣押、冻结等措施或者返还财产的，属于国家赔偿法第十八条规定的侵犯财产权：

（一）赔偿请求人有证据证明财产与尚未终结的刑事案件无关，经审查属实的；

（二）终止侦查、撤销案件、不起诉、判决宣告无罪终止追究刑事责任的；

（三）采取取保候审、监视居住、拘留或者逮捕措施，在解除、撤销强制措施或者强制措施法定期限届满后超过一年未移送起诉、作出不起诉决定或者撤销案件的；

（四）未采取取保候审、监视居住、拘留或者逮捕措施，立案后超过两年未移送起诉、作出不起诉决定或者撤销案件的；

（五）人民检察院撤回起诉超过三十日未作出不起诉决定的；

（六）人民法院决定按撤诉处理后超过三十日，人民检察院未作出不起诉决定的；

（七）对生效裁决没有处理的财产或者对该财产违法进行其他处理的。

有前款第三项至六项规定情形之一，赔偿义务机关有证据证明尚未终止追究刑事责任，且经人民法院赔偿委员会审查属实的，应当决定驳回赔偿请求人的赔偿申请。

第九条 受害的公民死亡，其继承人和其他有扶养关系的亲属有权申请国家赔偿。

依法享有继承权的同一顺序继承人有数人时，其中一人或者部分人作为赔偿请求人申请国家赔偿的，申请效力及于全体。

赔偿请求人为数人时，其中一人或者部分赔偿请求人非经全体同意，申请撤回或者放弃赔偿请求，效力不及于未明确表示撤回申请或者放弃赔偿请求的其他赔偿请求人。

第十一条　对公民采取拘留措施后又采取逮捕措施，国家承担赔偿责任的，作出逮捕决定的机关为赔偿义务机关。

第十二条　一审判决有罪，二审发回重审后具有下列情形之一的，属于国家赔偿法第二十一条第四款规定的重审无罪赔偿，作出一审有罪判决的人民法院为赔偿义务机关：

（一）原审人民法院改判无罪并已发生法律效力的；

（二）重审期间人民检察院作出不起诉决定的；

（三）人民检察院在重审期间撤回起诉超过三十日或者人民法院决定按撤诉处理超过三十日未作出不起诉决定的。

依照审判监督程序再审后作无罪处理的，作出原生效判决的人民法院为赔偿义务机关。

《最高人民法院关于审理民事、行政诉讼中司法赔偿案件适用法律若干问题的解释》（2016 年 10 月 1 日施行　法释〔2016〕20 号）

第一条　人民法院在民事、行政诉讼过程中，违法采取对妨害诉讼的强制措施、保全措施、先予执行措施，或者对判决、裁定及其他生效法律文书执行错误，侵犯公民、法人和其他组织合法权益并造成损害的，赔偿请求人可以依法向人民法院申请赔偿。

第二条　违法采取对妨害诉讼的强制措施，包括以下情形：

（一）对没有实施妨害诉讼行为的人采取罚款或者拘留措施的；

（二）超过法律规定金额采取罚款措施的；

（三）超过法律规定期限采取拘留措施的；

（四）对同一妨害诉讼的行为重复采取罚款、拘留措施的；

（五）其他违法情形。

第三条　违法采取保全措施，包括以下情形：

（一）依法不应当采取保全措施而采取的；

（二）依法不应当解除保全措施而解除，或者依法应当解除保全措施而不解除的；

（三）明显超出诉讼请求的范围采取保全措施的，但保全财产为不可分割物且被保全人无其他财产或者其他财产不足以担保债权实现的除外；

（四）在给付特定物之诉中，对与案件无关的财物采取保全措施的；

（五）违法保全案外人财产的；

（六）对查封、扣押、冻结的财产不履行监管职责，造成被保全财产毁损、灭失的；

（七）对季节性商品或者鲜活、易腐烂变质以及其他不宜长期保存的物品采取保全措施，未及时处理或者违法处理，造成物品毁损或者严重贬值的；

（八）对不动产或者船舶、航空器和机动车等特定动产采取保全措施，未依法通知有关登记机构不予办理该保全财产的变更登记，造成该保全财产所有权被转移的；

（九）违法采取行为保全措施的；

（十）其他违法情形。

第四条 违法采取先予执行措施，包括以下情形：

（一）违反法律规定的条件和范围先予执行的；

（二）超出诉讼请求的范围先予执行的；

（三）其他违法情形。

第五条 对判决、裁定及其他生效法律文书执行错误，包括以下情形：

（一）执行未生效法律文书的；

（二）超出生效法律文书确定的数额和范围执行的；

（三）对已经发现的被执行人的财产，故意拖延执行或者不执行，导致被执行财产流失的；

（四）应当恢复执行而不恢复，导致被执行财产流失的；

（五）违法执行案外人财产的；

（六）违法将案件执行款物执行给其他当事人或者案外人的；

（七）违法对抵押物、质物或者留置物采取执行措施，致使抵押权人、质权人或者留置权人的优先受偿权无法实现的；

（八）对执行中查封、扣押、冻结的财产不履行监管职责，造成财产毁损、灭失的；

（九）对季节性商品或者鲜活、易腐烂变质以及其他不宜长期保存的物品采取执行措施，未及时处理或者违法处理，造成物品毁损或者严重贬值的；

（十）对执行财产应当拍卖而未依法拍卖的，或者应当由资产评估机构评估而未依法评估，违法变卖或者以物抵债的；

（十一）其他错误情形。

第六条　人民法院工作人员在民事、行政诉讼过程中，有殴打、虐待或者唆使、放纵他人殴打、虐待等行为，以及违法使用武器、警械，造成公民身体伤害或者死亡的，适用国家赔偿法第十七条第四项、第五项的规定予以赔偿。

第十七条　用益物权人、担保物权人、承租人或者其他合法占有使用财产的人，依据国家赔偿法第三十八条规定申请赔偿的，人民法院应当依照《最高人民法院关于国家赔偿案件立案工作的规定》予以审查立案。

第十八条　人民法院在民事、行政诉讼过程中，违法采取对妨害诉讼的强制措施、保全措施、先予执行措施，或者对判决、裁定及其他生效法律文书执行错误，系因上一级人民法院复议改变原裁决所致的，由该上一级人民法院作为赔偿义务机关。

第十九条　公民、法人或者其他组织依据国家赔偿法第三十八条规定申请赔偿的，应当在民事、行政诉讼程序或者执行程序终结后提出，但下列情形除外：

（一）人民法院已依法撤销对妨害诉讼的强制措施的；

（二）人民法院采取对妨害诉讼的强制措施，造成公民身体伤害或者死亡的；

（三）经诉讼程序依法确认不属于被保全人或者被执行人的财产，且无法在相关诉讼程序或者执行程序中予以补救的；

（四）人民法院生效法律文书已确认相关行为违法，且无法在相关诉讼程序或者执行程序中予以补救的；

（五）赔偿请求人有证据证明其请求与民事、行政诉讼程序或者执行程序无关的；

（六）其他情形。

赔偿请求人依据前款规定，在民事、行政诉讼程序或者执行程序终结后申请赔偿的，该诉讼程序或者执行程序期间不计入赔偿请求时效。

《最高人民法院关于审理国家赔偿案件确定精神损害赔偿责任适用法律若干问题的解释》（2021 年 4 月 1 日施行　法释〔2021〕3 号）

第一条　公民以人身权受到侵犯为由提出国家赔偿申请，依照国家赔偿法第三十五条的规定请求精神损害赔偿的，适用本解释。

法人或者非法人组织请求精神损害赔偿的，人民法院不予受理。

第二条　公民以人身权受到侵犯为由提出国家赔偿申请，未请求精神损害赔偿，或者未同时请求消除影响、恢复名誉、赔礼道歉以及精神损害抚慰金的，人民法院应当向其释明。经释明后不变更请求，案件审结后又基于同一侵权事实另行提出申请的，人民法院不予受理。

《最高人民法院关于审理涉执行司法赔偿案件适用法律若干问题的解释》（2022 年 3 月 1 日施行　法释〔2022〕3 号）

第五条　公民、法人和其他组织申请错误执行赔偿，应当在执行程序终结后提出，终结前提出的不予受理。但有下列情形之一，且无法在相关诉讼或者执行程序中予以补救的除外：

（一）罚款、拘留等强制措施已被依法撤销，或者实施过程中造成人身损害的；

（二）被执行的财产经诉讼程序依法确认不属于被执行人，或者人民法院生效法律文书已确认执行行为违法的；

（三）自立案执行之日起超过五年，且已裁定终结本次执行程序，被执行人已无可供执行财产的；

（四）在执行程序终结前可以申请赔偿的其他情形。

赔偿请求人依据前款规定，在执行程序终结后申请赔偿的，该执行程序期间不计入赔偿请求时效。

《最高人民法院关于〈中华人民共和国国家赔偿法〉溯及力和人民法院赔偿委员会受案范围问题的批复》（1995 年 1 月 29 日施行　法复〔1995〕1 号）

《中华人民共和国国家赔偿法》（以下简称《国家赔偿法》）公布和施行以来，一些地方高级人民法院就该法的溯及力和人民法院赔偿委员会受理案件的范围问题请示我院，经研究，现答复如下：

一、根据《国家赔偿法》第三十五条规定，《国家赔偿法》1995 年 1 月 1 日起施行。《国家赔偿法》不溯及既往。即：国家机关及其工作人员行使职权时侵犯公民、法人和其他组织合法权益的行为，发生在 1994 年 12 月 31 日以前的，依照以前的有关规定处理。发生在 1995 年 1 月 1 日以后并经依法确认的，适用《国家赔偿法》予以赔偿。发生在 1994 年 12 月 31 日以前，但持续至 1995 年 1 月 1 日以后，并经依法确认的，属于 1995 年 1 月 1 日以后应予赔偿的部分，适用《国家赔偿法》予以赔偿；属于 1994 年 12 月 31 日以前应予赔偿的部分，适用当时的规定予以赔偿；当时没有规定的，参照《国家赔偿法》的规定予以赔偿。

二、依照《国家赔偿法》的有关规定，人民法院赔偿委员会受理下列案件：

1. 行使侦查、检察、监狱管理职权的机关及其工作人员在行使职权时侵犯公民、法人和其他组织的人身权、财产权，造成损害，经依法确认应予赔偿，赔偿请求人经依法申请赔偿和申请复议，因对复议决定不服或者复议机关逾期不作决定，在法定期间内向复议机关所在地的同级人民法院赔偿委员会申请作出赔偿决定的；

2. 人民法院是赔偿义务机关，赔偿请求人经申请赔偿，因赔偿义务机关逾期不予赔偿或者赔偿请求人对赔偿数额有异议，在法定期间内向赔偿义务机关的上一级人民法院赔偿委员会申请作出赔偿决定的。

《最高人民法院关于国家赔偿案件案由的规定》（2012 年 1 月 13 日施行 法〔2012〕32 号）

为正确适用法律，根据《中华人民共和国国家赔偿法》，结合国家赔偿工作实际，对国家赔偿案件案由规定如下：

一、违法刑事拘留赔偿（国家赔偿法第十七条第（一）项）。违反刑事诉讼法的规定对公民采取拘留措施的，或者依照刑事诉讼法规定的条件和程序对公民采取拘留措施，但是拘留时间超过刑事诉讼法规定的时限，其后决定撤销案件、不起诉或者判决宣告无罪终止追究刑事责任的赔偿案件。

二、无罪逮捕赔偿（国家赔偿法第十七条第（二）项）。对公民采取逮捕措施后，决定撤销案件、不起诉或者一审判决宣告无罪终止追究刑事责任的赔偿案件。

三、二审无罪赔偿（国家赔偿法第二十一条第四款）。二审改判无罪的赔偿案件。

四、重审无罪赔偿（国家赔偿法第二十一条第四款）。二审发回重审后作无罪处理的赔偿案件。

五、再审无罪赔偿（国家赔偿法第十七条第（三）项）。依照审判监督程序再审改判无罪，原判刑罚已经执行的赔偿案件。

六、刑讯逼供致伤、致死赔偿（国家赔偿法第十七条第（四）项）。刑讯逼供造成公民身体伤害或者死亡的赔偿案件。

七、殴打、虐待致伤、致死赔偿（国家赔偿法第十七条第（四）项）。以殴打、虐待等行为或者唆使、放纵他人以殴打、虐待等行为造成公民身体伤害或者死亡的赔偿案件。

八、违法使用武器、警械致伤、致死赔偿（国家赔偿法第十七条第（五）项）。违法使用武器、警械造成公民身体伤害或者死亡的赔偿案件。

九、刑事违法查封、扣押、冻结、追缴赔偿（国家赔偿法第十八条第（一）项）。在刑事诉讼过程中，违法对财产采取查封、扣押、冻结、追缴等措施的赔偿案件。

十、错判罚金、没收财产赔偿（国家赔偿法第十八条第（二）项）。依照审判监督程序再审改判无罪，原判罚金、没收财产已经执行的赔偿案件。

十一、违法司法罚款赔偿（国家赔偿法第三十八条）。人民法院在民事诉讼、行政诉讼过程中，违法司法罚款造成损害的赔偿案件。

十二、违法司法拘留赔偿（国家赔偿法第三十八条）。人民法院在民事诉讼、行政诉讼过程中，违法司法拘留造成损害的赔偿案件。

十三、违法保全赔偿（国家赔偿法第三十八条）。人民法院在民事诉讼、行政诉讼过程中，违法采取保全措施造成损害的赔偿案件。

十四、错误执行赔偿（国家赔偿法第三十八条）。人民法院在民事诉讼、行政诉讼过程中，对判决、裁定及其他生效法律文书执行错误造成损害的赔偿案件。

《最高人民法院关于国家赔偿案件立案、案由有关问题的通知》（2012年1月13日施行　法〔2012〕33号）

《最高人民法院关于国家赔偿案件立案工作的规定》（以下简称《立案规

定》)、《最高人民法院关于国家赔偿案件案由的规定》（以下简称《案由规定》）已于2011年12月26日由最高人民法院审判委员会第1537次会议讨论通过，自2012年2月15日起施行，《最高人民法院关于刑事赔偿和非刑事司法赔偿案件立案工作的暂行规定（试行)》、《最高人民法院关于刑事赔偿和非刑事司法赔偿案件案由的暂行规定（试行)》同时废止。为正确适用《立案规定》和《案由规定》，切实保障公民、法人和其他组织依法行使请求国家赔偿的权利，把好案件受理关，现就有关问题通知如下：

一、关于国家赔偿案件的立案审查

赔偿请求人向作为赔偿义务机关的人民法院提出赔偿申请，或者依照国家赔偿法第二十四条、第二十五条的规定向人民法院赔偿委员会提出赔偿申请的，由收到申请的人民法院立案部门负责立案审查。与国家赔偿相关的涉法信访接待工作，由人民法院立案信访部门负责。

二、关于立案审查工作的有关事宜

赔偿请求人向作为赔偿义务机关的人民法院提出赔偿申请的，收到申请的人民法院立案部门应当根据《立案规定》第四条的规定予以审查。经审查符合立案条件的，立案部门应当编立案号，在立案之日起五日内向赔偿请求人送达受理案件通知书，并在调齐赔偿申请所涉案件的相关卷宗材料后，一并移送该院理赔机构办理。调取卷宗材料的时间应从作出赔偿决定的期限内予以扣除。

赔偿请求人依照国家赔偿法第二十四条、第二十五条的规定向人民法院赔偿委员会提出赔偿申请的，收到申请的人民法院立案部门根据《立案规定》第五条至第八条的规定予以审查。经审查符合立案条件的，立案部门应当编立案号，在立案之日起五日内向赔偿请求人、赔偿义务机关，复议机关送达受理案件通知书，并向赔偿义务机关、复议机关送达国家赔偿申请书或者《申请赔偿登记表》副本。赔偿义务机关为下一级人民法院的，立案部门还应当向下一级人民法院调齐赔偿申请所涉案件的相关卷宗材料后，一并移送该院赔偿委员会审理。调取卷宗材料的时间应从作出赔偿决定的期限内予以扣除。

对前述两类案件经审查不符合立案条件的，由收到申请的人民法院立案部门在七日内作出不予受理决定，加盖人民法院院印，并在作出决定之日起十日内送达赔偿请求人。

三、关于国家赔偿案件案由的适用

对于赔偿请求人提出的赔偿申请属于《立案规定》第一条规定情形的，应当根据《案由规定》确定案由。在适用《案由规定》第六项至第十项时，一般应根据赔偿申请的具体情况择一确定案由，如赔偿申请涉及违法使用警械造成公民死亡的，案由为违法使用警械致死赔偿，如赔偿申请涉及虐待造成公民身体伤害的，案由为虐待致伤赔偿。

赔偿请求人提出的赔偿申请涉及同一赔偿义务机关的两个以上司法行为，且对应同一权利，应当一并审理的，可以确定并列案由。如赔偿申请既涉及刑事违法查封，又涉及刑事违法追缴的，案由为刑事违法查封、追缴赔偿；如赔偿申请既涉及违法保全，又涉及错误执行的，案由为违法保全、错误执行赔偿。

《立案规定》和《案由规定》适用过程中有何新情况和新问题，应当及时报告最高人民法院。

《最高人民法院办公厅关于国家赔偿法实施中若干问题的座谈会纪要》
(2012 年 12 月 25 日施行　法办〔2012〕490 号)

为进一步贯彻实施修正后的国家赔偿法，保障赔偿请求人请求赔偿的权利，保证人民法院依法公正审查处理各类国家赔偿案件，规范和加强国家赔偿工作，最高人民法院对修正后的国家赔偿法实施中的新情况、新问题进行了专题调研。2012 年 10 月 17 日，最高人民法院在贵州贵阳召开座谈会，各高级人民法院参加。会议总结了修正后的国家赔偿法实施中若干新情况、新问题，并依据《中华人民共和国国家赔偿法》及其司法解释，对亟待解决的若干问题形成共识，现将有关内容纪要如下：

一、人民法院办理自赔案件，决定准予赔偿请求人撤回赔偿申请，赔偿请求人收到该决定书后，在国家赔偿法第三十九条规定的时效内又向作为赔偿义务机关的人民法院提出赔偿申请，且有证据证明其撤回赔偿的申请确属违背真实意思表示或者有其他正当理由的，人民法院应予受理。

二、人民法院赔偿委员会审理国家赔偿案件，决定准予赔偿请求人撤回赔偿申请，赔偿请求人收到该决定书后又向人民法院赔偿委员会申请作出赔偿决定的，收到申请的人民法院应当依照国家赔偿法第三十条的规定审查处理。

三、赔偿请求人在刑事诉讼程序结束前书面承诺放弃请求国家赔偿的权利，其后在国家赔偿法第三十九条规定的时效内又向作为赔偿义务机关的人民法院提出赔偿申请，收到申请的人民法院应当依照《最高人民法院关于国家赔偿案件立案工作的规定》（以下简称《赔偿立案规定》）予以审查立案。

四、人民法院办理自赔案件，与赔偿请求人达成协议并作出国家赔偿决定书后，赔偿请求人反悔并依照国家赔偿法第二十四条的规定向上一级人民法院赔偿委员会提出赔偿申请，收到申请的人民法院应当依照《赔偿立案规定》予以审查立案。

人民法院办理自赔案件，与赔偿请求人达成协议，但未在规定期限内作出国家赔偿决定书，赔偿请求人依照国家赔偿法第二十四条的规定向上一级人民法院赔偿委员会提出赔偿申请，收到申请的人民法院应当依照《赔偿立案规定》予以审查立案。

五、人民法院或人民法院赔偿委员会受理国家赔偿案件后，经审查，赔偿义务机关已履行赔偿协议，且给付的金额能够填平补齐赔偿请求人实际损失的，应当决定驳回赔偿请求人提出的赔偿申请。

六、赔偿请求人以赔偿义务机关及其工作人员行使职权侵犯其财产权为由提出赔偿申请，人民法院经审查发现该财产权属尚存在争议的，应当决定不予受理。

已经受理案件的，人民法院或人民法院赔偿委员会应当决定驳回赔偿请求人提出的赔偿申请，并告知其经民事诉讼程序确认财产权属后再行申请赔偿。

七、在涉及普通合伙、合伙企业债权债务清算的民事案件中，部分合伙人以民事诉讼保全措施侵犯其财产权为由提出赔偿申请，人民法院经审查发现该民事案件尚在审理中的，应当决定不予受理。

已经受理案件的，人民法院或人民法院赔偿委员会应当决定驳回赔偿请求人提出的赔偿申请，并告知其在有关债权债务清算案件审理终结并最终确认权利义务关系后再行申请赔偿。

八、赔偿请求人认为人民法院有国家赔偿法第三十八条规定情形的，应当在民事诉讼、行政诉讼程序或者执行程序终结后提出赔偿申请。有下列情形之一的，人民法院应当依照《最高人民法院关于适用〈中华人民共和国国家赔偿法〉若干问题的解释（一）》第八条的解释精神，予以审查立案：

（一）不属于被执行人的财产，且经民事诉讼程序确认权属的；

（二）人民法院生效法律文书已确认相关行为违法的；

（三）赔偿请求人有证据证明其与民事诉讼、行政诉讼程序或者执行程序无关的。

九、人民法院办理自赔案件，应当充分听取赔偿请求人的意见。案件争议较大或者案情疑难、复杂的，人民法院可以组织赔偿请求人、原案件承办人以及其他相关人员进行听证。

人民法院赔偿委员会审理国家赔偿案件，对符合《最高人民法院关于人民法院赔偿委员会审理国家赔偿案件程序的规定》第十四条规定情形的，可以组织赔偿请求人和赔偿义务机关进行质证。

人民法院或人民法院赔偿委员会进行听证、质证的，应当对听证、质证的情况制作笔录。

十、人民法院赔偿委员会审理国家赔偿案件，赔偿请求人和赔偿义务机关应当依照国家赔偿法第二十六条的规定，对自己提出的主张承担举证责任。

赔偿义务机关主张其行为合法的，应当就其合法性承担举证责任。

被羁押人在羁押期间死亡或丧失行为能力的，赔偿义务机关应当对其行为与被羁押人死亡或者丧失行为能力是否存在因果关系承担举证责任。

十一、批准逮捕与提起公诉不是同一人民检察院的，由作出逮捕决定的人民检察院作为赔偿义务机关。

十二、在行政非诉强制执行中，由人民法院进行合法性审查，行政机关组织具体实施的案件，赔偿请求人仅就具体实施行为申请赔偿的，人民法院应告知其向作出具体实施行为的行政机关提出赔偿申请。

十三、第一审人民法院判处被告人成立数罪，第二审人民法院撤销其中部分罪名，实际羁押期限超出生效刑事判决确定刑期的，国家不承担赔偿责任。

第一审人民法院判处被告人成立两罪，第二审人民法院撤销其中一罪，并依照刑事诉讼法第十五条的规定，对另一罪不追究刑事责任的，国家不承担赔偿责任。

十四、依照国家赔偿法第十七条第（四）项的规定，行使侦查、检察、审判职权的机关以及看守所、监狱管理机关及其工作人员，有放纵他人虐待、违法不履行或怠于履行法定职责等不作为情形，且与公民在羁押期间死亡或者受到伤害存在因果关系的，受害人有取得赔偿的权利。

人民法院赔偿委员会应当根据赔偿义务机关就前款所述不作为情形对于造成损害结果所起的作用，决定其应当承担赔偿责任的比例和份额。

十五、国家赔偿法第十九条第（一）项规定的“公民自己故意作虚伪供述”，是指非因他人强迫或胁迫，赔偿请求人本人故意作出虚伪供述，导致其被羁押或被刑罚处罚的情形。

十六、修正后的国家赔偿法实施前，人民法院已将错判的罚金返还给赔偿请求人，赔偿请求人依照修正后的国家赔偿法向人民法院再行主张支付利息的，人民法院不予支持。

十七、人民法院或人民法院赔偿委员会审查处理国家赔偿案件并决定赔偿的，不得以赔偿请求人已获得原单位补发工资、奖金、津贴和补贴为由，拒绝赔偿或者在决定中扣除其依法应当获得的赔偿金。

十八、行使侦查职权的机关违反刑事诉讼法的规定延长拘留时限，其后决定撤销案件、不起诉或者判决宣告无罪终止追究刑事责任的，侵犯人身自由的赔偿金应自拘留之日起计算。

十九、人民法院作出民事判决认定民事诉讼强制措施或保全措施合法，当事人不服，经第二审程序或审判监督程序作出生效民事判决撤销该认定的，当事人可以依照国家赔偿法的规定向作为赔偿义务机关的人民法院提出赔偿申请。

二十、赔偿请求人依照《最高人民法院关于适用〈中华人民共和国国家赔偿法〉若干问题的解释（一）》第七条、第八条规定，在刑事、民事、行政诉讼或者执行程序终结后提出赔偿申请，相关诉讼、执行程序期间不计入赔偿请求时效。

二十一、人民法院赔偿委员会审理国家赔偿案件期间，赔偿请求人与赔偿义务机关达成赔偿协议，人民法院赔偿委员会经审查认为该协议不违反法律规定，应当根据协议内容制作国家赔偿决定书，并撤销原赔偿决定、复议决定。

二十二、人民法院赔偿委员会依照《最高人民法院关于人民法院赔偿委员会审理国家赔偿案件程序的规定》第十九条第二项、第三项规定依法重新作出决定的，应当撤销原赔偿决定、复议决定。

二十三、人民法院或人民法院赔偿委员会依照国家赔偿法第三十五条规定，决定为受害人消除影响，恢复名誉，赔礼道歉的，应写入国家赔偿决定书的决定主文。

《最高人民法院办公厅关于国家赔偿法实施中若干问题的座谈会纪要》
(2013年12月12日施行　法办〔2013〕151号)

为了正确贯彻实施《中华人民共和国国家赔偿法》，进一步加强人民法院国家赔偿工作对公民、法人和其他组织合法权益的司法保障，最高人民法院于2013年10月31日在山东省淄博市与各省、自治区、直辖市高级人民法院召开全国法院国家赔偿工作座谈会，就亟待解决的若干法律适用问题形成共识，现将有关内容纪要如下：

一、赔偿请求人委托他人代理申请赔偿，除向人民法院提交本人身份证明外，还应当提交被委托人的身份证明和委托人签名或者盖章的授权委托书。委托律师的，应当提交律师执业证书、授权委托书和律师事务所证明；委托有关社会团体或者所在单位推荐的人，应当提交被推荐人的身份证明，以及有关社会团体或者所在单位的推荐证明。

法人或者其他组织委托他人代理申请赔偿，除按本条第一款提交相关证明材料外，还应当提交法人或者其他组织盖章确认的法定代表人身份证明书或者组织负责人的身份证明。进入破产程序的企业法人，由依法成立的破产管理人申请或者委托他人代理申请赔偿。

赔偿请求人身份证明或者授权委托材料不齐全的，人民法院收到赔偿申请的时间应当自收到补正材料之日起计算。

二、境外自然人、法人或者其他组织申请赔偿，其提交的在我国境外生成的身份证明、组织证明和授权委托书，应当经所在国公证机关证明，并经我国驻该国使领馆认证，或者履行我国与该国订立的有关条约中规定的证明手续。

三、赔偿请求人认为人民法院及其工作人员在民事诉讼、行政诉讼过程中违法采取对妨害诉讼的强制措施、保全措施或者对判决、裁定及其他生效法律文书执行错误，侵犯其合法权益的，应当在民事诉讼、行政诉讼程序终结后请求赔偿，但以下情形除外：

（一）人民法院已依法撤销对妨害诉讼采取的强制措施的；

（二）人民法院实施对妨害诉讼采取的强制措施过程中，造成公民身体伤害或者死亡的；

（三）不属于被执行人的财产，且经民事诉讼程序确认权属的；

（四）人民法院生效法律文书已确认相关行为违法的；

（五）赔偿请求人有证据证明其请求与民事诉讼、行政诉讼程序无关的。

四、《最高人民法院关于国家赔偿案件立案工作的规定》第五条至第八条规定的“法律规定的请求期间”，是指赔偿请求人不服赔偿义务机关或者复议机关的决定，依照《国家赔偿法》第二十四条、第二十五条的规定，在三十日内向有管辖权的人民法院赔偿委员会申请作出赔偿决定的期间。赔偿请求人因不可抗力或者其他障碍不能在法定请求期间内提出申请的，请求期间中止。

在立案审查阶段，人民法院难以查明赔偿请求人是否存在因不可抗力或者其他障碍未按期申请赔偿的情形，且赔偿请求人提供了初步证据的，应当先予受理。受理后，经审查发现赔偿请求人确属无正当理由逾期申请赔偿的，应当作出程序性驳回的决定。

五、人民法院赔偿委员会审查国家赔偿案件，遗漏赔偿请求人提出的赔偿请求，作出赔偿决定确有违反《国家赔偿法》规定的，应当依据《国家赔偿法》第三十条的规定，由本院院长决定或者由上级人民法院指令重新审查。

六、赔偿请求人向人民法院赔偿委员会申请作出赔偿决定时，增加新的赔偿请求的，人民法院赔偿委员会应当组织赔偿请求人和赔偿义务机关就新增请求进行协商，协商不成的，人民法院赔偿委员会应当对新增请求一并审查处理。

赔偿请求人依照《国家赔偿法》第三十条的规定向人民法院赔偿委员会申诉时，增加新的赔偿请求的，不予审查处理。

七、人民法院审查国家赔偿案件时，发现赔偿请求人提出的请求事项或者主张的赔偿数额少于《国家赔偿法》规定的赔偿项目和赔偿标准的，应当向其释明有关法律规定并记录在案。

八、赔偿义务机关或者复议机关已作出不予赔偿的决定，人民法院赔偿委员会经审查认为赔偿请求人提出的赔偿申请事项不属于国家赔偿受案范围的，应当撤销原决定，驳回赔偿请求人的赔偿申请。

九、有下列情形的，不计入人民法院赔偿委员会审查国家赔偿案件的期限：

（一）需要向赔偿义务机关、有关人民法院或者其他国家机关调取案卷或者其他材料的；

（二）需要向最高人民法院请示法律适用问题的；

（三）人民法院赔偿委员会委托鉴定、评估的。

十、用益物权人、担保权人、承租人或者其他合法占有、使用财产的人，认为人民法院在民事诉讼、行政诉讼过程中，违法采取保全措施或者对判决、裁定及其他生效法律文书执行错误，给其合法权益造成损害并依照《国家赔偿法》第三十八条申请赔偿的，人民法院应当依据《最高人民法院关于国家赔偿案件立案工作的规定》予以受理。

人民法院发现上述财产权益存在争议的，应当决定不予受理。已经受理的，应当决定驳回赔偿请求人的赔偿申请，并告知其经民事诉讼程序确认财产权益后再行申请国家赔偿。

十一、罚款或者罚金、追缴或者没收的金钱已经上缴国库，依照生效赔偿决定应当予以返还的，由赔偿义务机关根据生效赔偿决定向有关财政部门申请支付赔偿金。

没收实物财产已经上缴国库，能够返还的，由赔偿义务机关负责协调返还原物；不能返还的，依照《国家赔偿法》第三十六条的规定支付相应的赔偿金。

十二、受托法院对判决、裁定及其他生效法律文书执行错误，系因委托法院作出执行裁定错误所致的，应由委托法院作为赔偿义务机关；因受托法院具体执行行为违法所致的，应由受托法院作为赔偿义务机关。

十三、根据《行政诉讼法》第六十六条规定，人民法院审理行政机关申请强制执行其具体行政行为的案件，由于据以强制执行的根据错误，导致人民法院执行错误，或者人民法院虽裁定准予强制执行，但由行政机关具体组织实施造成损害的，不属于《国家赔偿法》第三十八条规定的赔偿范围；但人民法院自己负责执行，在执行中有违法扩大执行范围、执行对象错误、执行行为侵害他人合法权益以及其他违法行为的除外。

十四、在立案、申诉和信访等过程中，因哄闹、冲击人民法院，殴打法院工作人员，妨碍人民法院正常工作秩序，被人民法院采取司法拘留的强制措施，公民据此申请赔偿的，适用《国家赔偿法》第三十八条的规定予以审查处理。

《内蒙古自治区高级人民法院关于全区法院国家赔偿案件立案审查工作有关问题的通知》（2014年9月3日施行 内高法〔2014〕164号）

为加强我区各级人民法院立案庭与国家赔偿委员会（理赔小组）在国家赔偿案件立案环节的协调配合，保证及时、准确审查受理国家赔偿案件，根据《最高人民法院关于国家赔偿立案工作的规定》《最高人民法院关于人民法院办理自赔案件程序的规定》及《最高人民法院关于人民法院赔偿委员会审理国家赔偿案件程序的规定》，现就我区国家赔偿案件立案环节有关问题通知如下：

一、国家赔偿案件申请及相关材料，由各级法院立案庭统一收取，并按照《最高人民法院关于国家赔偿立案工作的规定》进行初步审查。申请材料不齐的一次性告知赔偿请求人补齐材料。

二、立案材料齐全后，立案庭暂不设定案号，将立案申请及相关材料移交给本院赔偿委员会（基层法院移交院理赔小组）。赔偿委员会（理赔小组）应组成合议庭审查，并于七日内审查完毕。如遇特殊情况，需向上级法院请示或在立案审查期间需调取相关卷宗的，请示及调卷时间不计入上述审查期间。

三、赔偿委员会（理赔小组）认为应当立案的，应给立案庭书面回复，写明需要调取的相关案卷号，并准确标明立案案号代字。案卷调齐后，由立案庭发送受理案件通知书，并移交赔偿委员会（理赔小组）审理。

四、赔偿委员会（理赔小组）认为不应当立案的，告知立案庭给定此种情况下的案号，由赔偿委员会（理赔小组）下达不予受理决定书。该案件计入赔偿委员会（理赔小组）办理案件数量。

不予受理自赔案件案号为“（××××）内×法赔××号”，不予受理委赔案件案号为“（××××）内×委赔××号”。

五、在立案审查中，应严格按照《最高人民法院关于国家赔偿案件立案工作的规定》审查，注意赔偿请求人程序上的赔偿请求权与是否可获得实体赔偿的区分，不得以具体裁判标准替代立案审查标准。

【相关法律文书】

国家赔偿申请书（向人民法院申请国家赔偿用）
申请国家赔偿登记表（向人民法院口头提出国家赔偿申请用）
国家赔偿申请收讫凭证（收到国家赔偿申请材料用）
补正通知书（通知赔偿请求人补正材料用）
受理案件通知书（受理国家赔偿申请用）
不予受理案件决定书（不受理国家赔偿申请用）

国家赔偿申请书

（向人民法院申请国家赔偿用）

赔偿请求人：……（写明姓名或名称等基本情况）。

赔偿义务机关：……（写明名称、住所地）。

法定代表人：……（写明姓名、职务）。

×××（赔偿请求人姓名或名称）因……（申请国家赔偿案由），申请××××（被申请人民法院名称）……（申请国家赔偿的具体要求）。

……（事实与理由，主要是认为人民法院及其工作人员侵权造成赔偿请求人合法权益损害的事实和根据，申请国家赔偿的法律依据等）。

此致

×××人民法院

附：……（有关法律文书及证明材料目录）

赔偿请求人×××（签名或盖章）

××××年××月××日

【制作说明】

一、本申请书样式供赔偿请求人向作为赔偿义务机关的人民法院申请国家赔偿时使用。

二、赔偿请求人是自然人的，写明其姓名、性别、有效身份证件号码（包括身份证号、军官证号、护照号等）、民族、职业（或工作单位和职务）、住址、送达地址、联系电话；有别名或者曾用名，应在姓名之后用括号标明。赔偿请求人是法人的，写明其名称、住所地，并写明法定代表人的姓名和职务、联系电话。赔偿请求人是依法成立的不具备法人资格的其他组织的，写明其名称和住所地，并写明负责人姓名和职务、联系电话。赔偿请求人有法定代理人，应写明其姓名、性别、职业（或工作单位和职务）及住址、联系电话。赔偿请求人有委托代理人的，应写明其姓名、性别、职业（或工作单位和职务）及住址、联系电话。

三、用A4纸打印或书写，书写时应字迹清楚，不要使用铅笔、圆珠笔或者红色、纯蓝色墨水等易褪色不易长期保存的工具材料书写。

四、“附：……（有关法律文书及证明材料目录）”根据具体情况分别列项标注，附件目录应与提交的有关法律文书及证明材料相符。

申请国家赔偿登记表

（向人民法院口头提出国家赔偿申请用）

<table>
<tr><td>申请国家赔偿日期</td><td colspan="2">年 月 日</td></tr>
<tr><td rowspan="6">赔偿请求人</td><td>姓名</td><td>性别</td></tr>
<tr><td>民族</td><td>出生日期</td></tr>
<tr><td colspan="2">有效身份证件号码</td></tr>
<tr><td>职业</td><td>联系电话</td></tr>
<tr><td colspan="2">住址</td></tr>
<tr><td colspan="2">送达地址</td></tr>
<tr><td rowspan="3">赔偿义务机关</td><td colspan="2">名称</td></tr>
<tr><td colspan="2">住所地</td></tr>
<tr><td colspan="2">法定代表人</td></tr>
<tr><td>申请国家赔偿事项</td><td colspan="2"></td></tr>
<tr><td>事实与理由</td><td colspan="2"></td></tr>
<tr><td>备注</td><td colspan="2"></td></tr>
</table>

填表人签名　　　　　　　　　　　　　　赔偿请求人签名（捺印）

【制作说明】

一、本登记表样式供人民法院对赔偿请求人口头提出的国家赔偿申请进行登记时使用。

二、本登记表只适用于书写有困难的自然人。

三、有效身份证件是指身份证、军官证、护照等能证明身份的证件。

四、申请国家赔偿登记表由人民法院工作人员根据赔偿请求人口述的内容填写，填写后向赔偿请求人宣读，由赔偿请求人确认、签名，不能签名的，在“赔偿请求人签名（捺印）”后的空白处捺指纹，填表人在备注栏注明。

五、人民法院工作人员根据需要说明的具体情况在备注栏填写具体内容。

六、登记表内容可以用钢笔或毛笔填写，也可以用电脑录入方式填写。

××××人民法院

国家赔偿申请收讫凭证

（收到国家赔偿申请材料用）

序号	材料名称	份数	原件	备注
1	国家赔偿申请书			
2	赔偿请求人身份证明			
3	提交的证据			
4				
5				
6				
7				
8				
9				
10				
11				
12				
提交人签名：		提交日期：		
签收人签名：		签收日期：		

【制作说明】

一、本收讫凭证样式依照《中华人民共和国国家赔偿法》第十二条、第二十二条的规定制定，供人民法院收到赔偿请求人当面递交的国家赔偿申请材料时使用。

二、本收讫凭证一式二联，第一联由人民法院立案部门留存，第二联由当事人留存。

三、由于尚未立案，本收讫凭证无须编立案号。

四、人民法院收到赔偿请求人当面递交的国家赔偿申请书后，无论材料是否齐全，都应当向请求人出具收讫凭证。申请材料不齐全的，人民法院应当当场或五日内一次性告知赔偿请求人需要补正的全部内容。

五、签收人签名的同时还应加盖人民法院收讫专用印章。

××××人民法院

补正通知书

（通知赔偿请求人补正材料用）

×××（赔偿请求人姓名或名称）：

你（你单位）于××××年××月××日以……（申请国家赔偿的案由）为由，向本院提出国家赔偿申请。经审查，你（你单位）的申请材料不齐全，依照《中华人民共和国国家赔偿法》第十二条、第二十二条的规定，你（你单位）应当补正以下材料：……（补正材料的内容）。补正申请材料所用时间不计入立案审查期限。

特此通知。

××××年××月××日
（院印）

【制作说明】

一、本通知书样式依照《中华人民共和国国家赔偿法》第十二条、第二十二条的规定制定，供人民法院通知赔偿请求人补正材料时使用。

二、由于尚未立案，本通知书无须编立案号。

三、人民法院在补正通知书中应一次性告知赔偿请求人需要补正的全部内容。

四、标题中的人民法院名称，应当与人民法院院印的文字一致。基层人民法院应冠以省、自治区、直辖市名称；如系涉外案件，应在人民法院全称前冠以“中华人民共和国”字样。其他文书样式标题中的人民法院名称，参照本说明适用。

××××人民法院

受理案件通知书

（受理国家赔偿申请用）

（××××）××法赔×号

×××（赔偿请求人姓名或名称）：

你（你单位）以……（申请国家赔偿的案由）为由，向本院申请国家赔偿。经审查，你（你单位）的国家赔偿申请符合立案条件，本院于××××年××月××日决定予以受理。现将有关事项通知如下：

一、赔偿请求人应当依法行使诉讼权利，履行诉讼义务。

二、应当自收到本通知书之日起十日内向本院或本院赔偿委员会提供国家机关的职权行为违法的证据。

三、可以在收到本通知书之日起十日内依据法律规定请求本院或本院赔偿委员会调查证据，并可以请求本院或本院赔偿委员会举行听证会参加听证调查。

四、赔偿请求人可以申请质证，并参加质证调查，也可委托一至二人代为参加质证调查，授权委托书应当在提交证据的期限内一并向本院或本院赔偿委员会提交。委托书须经双方签章，载明委托事项、权限、期限等。

五、举证不能或者举证不足的，不影响本院或本院赔偿委员会审理案件。但证据不足导致的不利后果由赔偿请求人承担。

特此通知。

××××年××月××日
（院印）

【制作说明】

一、本通知书样式依照《最高人民法院关于国家赔偿案件立案工作的规定》第四条的规定制定，供人民法院受理国家赔偿案件后，通知赔偿请求人时使用。

二、人民法院受理赔偿案件后，编立“（××××）××法赔×号”案号。其中，括号内“××××”为年号，括号后“××”为受理案件的人民法院简称，“法赔”代表本院作为赔偿义务机关的案件，“×号”为该类案件顺序编号。

三、本文书样式在最高人民法院文书样式的基础上增添了需要通知的事项的具体内容，便于赔偿请求人了解自己的权利义务。

××××人民法院

不予受理案件决定书

（不受理国家赔偿申请用）

（××××）××法赔×号

赔偿请求人：……（写明姓名或名称等基本情况）。

赔偿请求人……（姓名或名称）于××××年××月××日以……（申请国家赔偿的案由）为由，向本院申请国家赔偿。

经审查，本院认为，……（阐明不予受理的具体理由）。依照《最高人民法院关于国家赔偿案件立案工作的规定》第九条的规定，决定如下：

对赔偿请求人……（姓名或名称）的国家赔偿申请不予受理。

如不服本决定，可在决定书送达之日起三十日内，向××××（上级人民法院的名称）人民法院赔偿委员会申请作出赔偿决定。

××××年××月××日

（院印）

【制作说明】

一、本决定书样式依照《最高人民法院关于国家赔偿案件立案工作的规定》第九条的规定制定，供人民法院决定不予受理赔偿请求人的国家赔偿申请时使用。

二、人民法院不予受理案件决定书统一编立“（××××）××法赔×号”案号。

三、赔偿请求人是自然人的，写明其姓名、性别、民族、职业（或工作单位和职务）、住址；有别名或者曾用名，应在姓名之后用括号标明。赔偿请求人是法人的，写明其名称、住所地，并写明法定代表人的姓名和职务。赔偿请求人是依法成立的不具备法人资格的其他组织的，写明其名称和住所地，并写明负责人姓名和职务。赔偿请求人有法定代理人，应写明其姓名、性别、职业（或工作单位和职务）及住址。赔偿请求人有委托代理人的，应写明其姓名、性别、职业（或工作单位和职务）及住址。

第二节 审 查

【工作要求】

根据《中华人民共和国国家赔偿法》第二十二条、第二十三条、第二十四、第三十八条、第三十九条,《最高人民法院关于人民法院办理自赔案件程序的规定》第四条至第十四条、第二十条,《最高人民法院、最高人民检察院关于办理刑事赔偿案件适用法律若干问题的解释》《最高人民法院关于审理民事、行政诉讼中司法赔偿案件适用法律若干问题的解释》《最高人民法院办公厅关于国家赔偿法实施中若干问题的座谈会纪要》(法办〔2012〕490号)第九条至第二十三条,《最高人民法院办公厅关于国家赔偿法实施中若干问题的座谈会纪要》(法办〔2013〕151号)第一条、第二条、第七条、第九条、第十三条至第十九条,《最高人民法院关于人民法院赔偿委员会审理国家赔偿案件适用精神损害赔偿若干问题的意见》《最高人民法院关于审理国家赔偿案件确定精神损害赔偿责任适用法律若干问题的解释》之规定,审查是否应给予赔偿请求人赔偿。

【工作内容】

(一)审查流程

(1)指定一名员额法官承办;(2)承办人查清事实并就案件审查情况写出案件审理报告,提出处理意见;(3)经国家赔偿办案机构讨论后,报请院长决定;(4)重大、疑难案件由院长提交院长办公会议讨论决定;(5)决定后制作国家赔偿决定书,自作出决定之日起十日内将国家赔偿决定书送达赔偿请求人。

[依据《最高人民法院关于人民法院办理自赔案件程序的规定》第四条]

(二)审查方式

以书面审查为主。承办法官应听取赔偿请求人意见,必要时调取原审判、执行案卷,可以向原案件承办部门或有关人员调查核实情况,应当制作笔录。

案件争议较大，或者案情疑难、复杂的，组织赔偿请求人、原案件承办人以及其他相关人员举行听证。听证应当制作笔录。

［依据《中华人民共和国国家赔偿法》第二十七条、《最高人民法院关于人民法院办理自赔案件程序的规定》第七条、《最高人民法院办公厅关于国家赔偿法实施中若干问题的座谈会纪要》（法办〔2012〕490号）第九条］

（三）处理结果

（1）决定程序性驳回国家赔偿申请；（2）决定不予赔偿；（3）决定给予赔偿；（4）决定确认协议。

（四）审查期限

人民法院应自收到赔偿申请之日起两个月内作出是否赔偿的决定。

［依据《最高人民法院关于人民法院办理自赔案件程序的规定》第十二条］

下列情形不计入办理期限：（1）需要向最高人民法院请示法律适用问题的；（2）人民法院依申请人申请委托鉴定、评估的。

［依据《最高人民法院关于人民法院办理自赔案件程序的规定》第十二条、《最高人民法院办公厅关于国家赔偿法实施中若干问题的座谈会纪要》（法办〔2013〕151号）第九条］

（五）委托代理

赔偿请求人可以委托一至二人作为代理人。律师、提出申请的公民的近亲属、有关的社会团体或者所在单位推荐的人、经人民法院许可的其他公民，都可以被委托为代理人。赔偿请求人委托他人代理，应当提交由委托人签名或者盖章的授权委托书。授权委托书应当载明委托事项和权限。代理人代为承认、放弃、变更赔偿请求，应当有委托人的特别授权。

［依据《最高人民法院关于人民法院赔偿委员会审理国家赔偿案件程序的规定》第五条、第六条］

（六）回避

1. 回避对象为参与办理案件的审判人员及书记员、翻译人员、鉴定人、勘验人。

［依据《最高人民法院关于人民法院办理自赔案件程序的规定》第五条］

2. 回避事由是赔偿请求人或其代理人的近亲属，与本案有利害关系，或者有其他关系，可能影响案件公正办理。

［依据《最高人民法院关于人民法院办理自赔案件程序的规定》第五条］

3. 回避方式。审判人员自行回避或赔偿请求人以书面或者口头方式申请其回避。

［依据《最高人民法院关于人民法院办理自赔案件程序的规定》第五条］

4. 回避申请的提出。赔偿请求人申请回避，应当在人民法院作出赔偿决定前提出。申请回避应当说明回避的具体人员、回避的事由、证据或证据线索。

［依据《最高人民法院关于人民法院办理自赔案件程序的规定》第六条］

5. 回避的决定。审判人员的回避，由院长决定；其他人员的回避，由国家赔偿小组负责人或者赔偿委员会主任决定。人民法院应当自赔偿请求人申请回避之日起三日内作出书面决定。赔偿请求人对决定不服的，可以申请复议一次。人民法院对复议申请，应当在三日内作出复议决定，并通知复议申请人。复议期间，被申请回避的人员不停止案件办理工作。

［依据《最高人民法院关于人民法院办理自赔案件程序的规定》第六条］

（七）协商

人民法院可以与赔偿请求人就赔偿方式、赔偿项目和赔偿数额在法律规定的范围内进行协商。协商应当遵循自愿、合法的原则。协商情况应当制作笔录。经协商达成协议的，人民法院应当制作国家赔偿决定书。协商不成的，人民法院应当依法及时作出决定。

［依据《最高人民法院关于人民法院办理自赔案件程序的规定》第八条］

（八）撤回申请

人民法院作出决定前，赔偿请求人撤回赔偿申请的，人民法院应当准许。赔偿请求人撤回赔偿申请后，在《中华人民共和国国家赔偿法》第三十九条规定的时效内又申请赔偿，并有证据证明其撤回申请确属违背真实意思表示或者有其他正当理由的，人民法院应予受理。

［依据《最高人民法院关于人民法院办理自赔案件程序的规定》第九条］

（九）中止审查

1. 中止审查的情形。（1）作为赔偿请求人的公民死亡，需要等待其继承人和其他有扶养关系的亲属表明是否参加赔偿案件处理的；（2）作为赔偿请求人的公民丧失行为能力，尚未确定法定代理人的；（3）作为赔偿请求人的法人或者其他组织终止，尚未确定权利承受人的；（4）赔偿请求人因不可抗力或者其他障碍，在法定期限内不能参加赔偿案件处理的；（5）宣告无罪的案件，人民法院决定再审或者人民检察院按照审判监督程序提出抗诉的。

［依据《最高人民法院关于人民法院办理自赔案件程序的规定》第十条］

2. 中止方式。作出中止审查的决定书。中止审查的法定事由消除后，人民法院应当及时依申请或依职权恢复审查，并通知赔偿请求人，但无须作出书面决定。

［依据《最高人民法院关于人民法院办理自赔案件程序的规定》第十条、《人民法院国家赔偿案件文书样式》］

（十）终结审查

有下列情形之一的，人民法院应当决定终结办理并作出终结审查决定书：（1）作为赔偿请求人的公民死亡，没有继承人和其他有扶养关系的亲属，或者其继承人和其他有扶养关系的亲属放弃要求赔偿权利的；（2）作为赔偿请求人的法人或者其他组织终止后，其权利承受人放弃要求赔偿权利的；（3）赔偿请求人据以申请赔偿的撤销案件决定、不起诉决定或者宣告无罪的判决被撤销的。

［依据《最高人民法院关于人民法院办理自赔案件程序的规定》第十一条］

（十一）决定书

1. 名称及适用范围。程序性驳回赔偿请求人申请的，适用“××××人民法院决定书”；实体作出处理的，包括决定不赔偿、决定赔偿、确认协议的，适用“××××人民法院国家赔偿决定书”。其中法院名称应与该院公章名称相同。

［依据《人民法院国家赔偿案件文书样式》］

2. 决定书内容。决定书应当载明以下事项：（1）赔偿请求人的基本情况；（2）申请事项及理由；（3）决定的事实理由及法律依据；（4）决定内容；（5）申请上一级人民法院赔偿委员会作出赔偿决定的期间和上一级人民法院名称。

［依据《最高人民法院关于人民法院办理自赔案件程序的规定》第十三条］

3. 决定书的送达。作出决定书之日起十日内送达赔偿请求人。

[依据《最高人民法院关于人民法院办理自赔案件程序的规定》第十四条]

以直接送达为主，一般只需要赔偿请求人或其有代收法律文书权限的代理人在送达回证上签字。但为避免发生新的争议，建议同时填写宣判笔录，告知赔偿请求人自行向上一级人民法院赔偿委员会申请作出赔偿决定的期间和上一级人民法院名称。

（十二）结案

司法辅助人员登录人民法院办案系统填写当事人信息、审理经过、合议庭组成人员、笔录、决定书等案件相关信息后，向审判管理办公室申请网上案件报结，待审判管理办公室审核通过后，视为案件结案。

（十三）文书上网

根据《最高人民法院关于人民法院在互联网公布裁判文书的规定》，在决定书生效后七个工作日内将决定书在互联网公布。

（十四）案卷装订与归档

将所有材料按要求依顺序分正、副卷装订后，依照本院关于归档的规定将案卷移送。

【常见问题】

（一）多个赔偿请求人中的部分赔偿请求人撤回赔偿申请的效力如何？

赔偿请求人为数人时，其中一人或者部分赔偿请求人非经全体同意，申请撤回或者放弃赔偿请求，效力不及于未明确表示撤回申请或者放弃赔偿请求的其他赔偿请求人。

[依据《最高人民法院、最高人民检察院关于办理刑事赔偿案件适用法律若干问题的解释》第九条]

（二）国家赔偿的请求时效是多久？

赔偿请求人请求国家赔偿的时效为两年，自其知道或者应当知道国家机关及其工作人员行使职权时的行为侵犯其人身权、财产权之日起计算，但被羁押等限制人身自由期间不计算在内。但最高人民法院主张，赔偿请求人就涉案问题连续多次信访、申诉的，不轻易适用两年时效予以驳回，而应予以放宽掌握。

［依据《中华人民共和国国家赔偿法》第三十九条］

（三）赔偿请求人提出的请求事项或者主张的赔偿数额少于法定的赔偿项目和赔偿标准时如何处理？

人民法院审查国家赔偿案件时，发现赔偿请求人提出的请求事项或者主张的赔偿数额少于《中华人民共和国国家赔偿法》规定的赔偿项目和赔偿标准的，应当向其释明有关法律规定并记录在案。

［依据《最高人民法院办公厅关于国家赔偿法实施中若干问题的座谈会纪要》（法办〔2013〕151号）第七条］

（四）本院就自赔案件作出的决定是否为发生法律效力的决定？

本院就自赔案件作出的决定不是发生法律效力的决定。赔偿请求人对决定不服，可以在收到决定书之日起三十日内向上一级法院赔偿委员会提出国家赔偿申请。需要注意的是，由赔偿请求人自行向上一级法院赔偿委员会提出国家赔偿申请，不能按照办理上诉案件程序处理。

［依据《中华人民共和国国家赔偿法》第二十四条］

（五）自赔案件文书是否以法院名义作出？

自赔案件文书以法院名义作出。不论是国家赔偿小组还是赔偿委员会审理的自赔案件，作出的文书都应冠以“××××人民法院”文头，法院名称应与该院公章名称相同，且需同时使用蒙文文头。

［依据《内蒙古自治区高级人民法院赔偿委员会办公室关于规范国家赔偿案件裁判文书的通知》］

（六）国家赔偿案件决定书尾部与其他裁判文书有何区别？

国家赔偿案件决定书除本院院长提起经审判委员会讨论决定进入再审程序的决定书外，尾部均不署合议庭成员名或法院名称，且无须加盖“本件与原本核对无异”章。

［依据《内蒙古自治区高级人民法院赔偿委员会办公室关于规范国家赔偿案件裁判文书的通知》］

（七）程序性驳回与实体性驳回的文书有何区别？

1. 适用范围。程序性驳回决定适用于国家赔偿案件立案后发现案件存在不属于国家赔偿受理范围、无正当理由超过请求时效、主体不适格、不属于本院管辖等程序性问题，类似于民事诉讼中的驳回起诉裁定；实体性驳回决定适用于通过对国家赔偿案件的实体审理，认为赔偿请求人的实体赔偿请求不能成立，类似于民事诉讼中的驳回诉讼请求判决。

2. 文书名称。程序性驳回的，适用“××××人民法院决定书”；实体性驳回的，适用“××××人民法院国家赔偿决定书”。

3. 主文表述。决定程序性驳回赔偿请求人的，决定主文应表述为“驳回×××（赔偿请求人姓名或名称）的赔偿申请”；决定实体性驳回赔偿请求人的，决定主文应表述为“驳回×××（赔偿请求人姓名或名称）的赔偿请求，不予赔偿”。

［依据《最高人民法院办公厅关于国家赔偿法实施中若干问题的座谈会纪要》（法办〔2013〕151号）第十九条、《人民法院国家赔偿案件文书样式》《内蒙古自治区高级人民法院赔偿委员会办公室关于规范国家赔偿案件裁判文书的通知》］

（七）确认协议的决定书主文如何表述?

参照《人民法院国家赔偿案件文书样式》中人民法院国家赔偿案件文书样式29、样式30的规定，在审理查明部分写明协议的主要内容，主文不能套用民事裁判文书的方式直接表述为“确认上述协议有效”，而是依据协议，以“赔偿的方式及赔偿的数额”的形式进行表述。

【常用法律、司法解释及相关规定】

《中华人民共和国国家赔偿法》（2012年10月26日修正）

第二十二条　赔偿义务机关有本法第十七条、第十八条规定情形之一的，应当给予赔偿。

赔偿请求人要求赔偿，应当先向赔偿义务机关提出。

赔偿请求人提出赔偿请求，适用本法第十一条、第十二条的规定。

第二十三条　赔偿义务机关应当自收到申请之日起两个月内，作出是否赔偿的决定。赔偿义务机关作出赔偿决定，应当充分听取赔偿请求人的意见，并可以与赔偿请求人就赔偿方式、赔偿项目和赔偿数额依照本法第四章的规定进行协商。

赔偿义务机关决定赔偿的，应当制作赔偿决定书，并自作出决定之日起十日内送达赔偿请求人。

赔偿义务机关决定不予赔偿的，应当自作出决定之日起十日内书面通知赔偿请求人，并说明不予赔偿的理由。

第二十四条 赔偿义务机关在规定期限内未作出是否赔偿的决定，赔偿请求人可以自期限届满之日起三十日内向赔偿义务机关的上一级机关申请复议。

赔偿请求人对赔偿的方式、项目、数额有异议的，或者赔偿义务机关作出不予赔偿决定的，赔偿请求人可以自赔偿义务机关作出赔偿或者不予赔偿决定之日起三十日内，向赔偿义务机关的上一级机关申请复议。

赔偿义务机关是人民法院的，赔偿请求人可以依照本条规定向其上一级人民法院赔偿委员会申请作出赔偿决定。

第三十八条 人民法院在民事诉讼、行政诉讼过程中，违法采取对妨害诉讼的强制措施、保全措施或者对判决、裁定及其他生效法律文书执行错误，造成损害的，赔偿请求人要求赔偿的程序，适用本法刑事赔偿程序的规定。

第三十九条 赔偿请求人请求国家赔偿的时效为两年，自其知道或者应当知道国家机关及其工作人员行使职权时的行为侵犯其人身权、财产权之日起计算，但被羁押等限制人身自由期间不计算在内。在申请行政复议或者提起行政诉讼时一并提出赔偿请求的，适用行政复议法、行政诉讼法有关时效的规定。

赔偿请求人在赔偿请求时效的最后六个月内，因不可抗力或者其他障碍不能行使请求权的，时效中止。从中止时效的原因消除之日起，赔偿请求时效期间继续计算。

《最高人民法院关于人民法院赔偿委员会审理国家赔偿案件程序的规定》（2011 年 3 月 22 日施行　法释〔2011〕6 号）

第五条 赔偿请求人可以委托一至二人作为代理人。律师、提出申请的公民的近亲属、有关的社会团体或者所在单位推荐的人、经赔偿委员会许可的其他公民，都可以被委托为代理人。

赔偿义务机关、复议机关可以委托本机关工作人员一至二人作为代理人。

第六条 赔偿请求人、赔偿义务机关、复议机关委托他人代理，应当向赔偿委员会提交由委托人签名或者盖章的授权委托书。

授权委托书应当载明委托事项和权限。代理人代为承认、放弃、变更赔偿请求，应当有委托人的特别授权。

《最高人民法院关于人民法院办理自赔案件程序的规定》（2013 年 9 月 1 日施行 法释〔2013〕19 号）

第四条 人民法院办理自赔案件，应当指定一名审判员承办。

负责承办的审判员应当查清事实并提出处理意见，经国家赔偿小组或者赔偿委员会讨论后，报请院长决定。重大、疑难案件由院长提交院长办公会议讨论决定。

第五条 参与办理自赔案件的审判人员是赔偿请求人或其代理人的近亲属，与本案有利害关系，或者有其他关系，可能影响案件公正办理的，应当主动回避。

赔偿请求人认为参与办理自赔案件的审判人员有前款规定情形的，有权以书面或者口头方式申请其回避。

以上规定，适用于书记员、翻译人员、鉴定人、勘验人。

第六条 赔偿请求人申请回避，应当在人民法院作出赔偿决定前提出。

人民法院应当自赔偿请求人申请回避之日起三日内作出书面决定。赔偿请求人对决定不服的，可以申请复议一次。人民法院对复议申请，应当在三日内作出复议决定，并通知复议申请人。复议期间，被申请回避的人员不停止案件办理工作。

审判人员的回避，由院长决定；其他人员的回避，由国家赔偿小组负责人或者赔偿委员会主任决定。

第七条 人民法院应当全面审查案件，充分听取赔偿请求人的意见。必要时可以调取原审判、执行案卷，可以向原案件承办部门或有关人员调查、核实情况。听取意见、调查核实情况，应当制作笔录。

案件争议较大，或者案情疑难、复杂的，人民法院可以组织赔偿请求人、原案件承办人以及其他相关人员举行听证。听证情况应当制作笔录。

第八条 人民法院可以与赔偿请求人就赔偿方式、赔偿项目和赔偿数额在法律规定的范围内进行协商。协商应当遵循自愿、合法的原则。协商情况应当制作笔录。

经协商达成协议的，人民法院应当制作国家赔偿决定书。协商不成的，人民法院应当依法及时作出决定。

第九条 人民法院作出决定前，赔偿请求人撤回赔偿申请的，人民法院应当准许。

赔偿请求人撤回赔偿申请后，在国家赔偿法第三十九条规定的时效内又申请赔偿，并有证据证明其撤回申请确属违背真实意思表示或者有其他正当理由的，人民法院应予受理。

第十条 有下列情形之一的，人民法院应当决定中止办理：

（一）作为赔偿请求人的公民死亡，需要等待其继承人和其他有扶养关系的亲属表明是否参加赔偿案件处理的；

（二）作为赔偿请求人的公民丧失行为能力，尚未确定法定代理人的；

（三）作为赔偿请求人的法人或者其他组织终止，尚未确定权利承受人的；

（四）赔偿请求人因不可抗力或者其他障碍，在法定期限内不能参加赔偿案件处理的；

（五）宣告无罪的案件，人民法院决定再审或者人民检察院按照审判监督程序提出抗诉的。

中止办理的原因消除后，人民法院应当及时恢复办理，并通知赔偿请求人。

第十一条 有下列情形之一的，人民法院应当决定终结办理：

（一）作为赔偿请求人的公民死亡，没有继承人和其他有扶养关系的亲属，或者其继承人和其他有扶养关系的亲属放弃要求赔偿权利的；

（二）作为赔偿请求人的法人或者其他组织终止后，其权利承受人放弃要求赔偿权利的；

（三）赔偿请求人据以申请赔偿的撤销案件决定、不起诉决定或者宣告无罪的判决被撤销的。

第十二条 人民法院应当自收到赔偿申请之日起两个月内作出是否赔偿的决定，并制作国家赔偿决定书。

申请人向人民法院申请委托鉴定、评估的，鉴定、评估期间不计入办理期限。

第十三条 国家赔偿决定书应当载明以下事项：

（一）赔偿请求人的基本情况；

（二）申请事项及理由；

（三）决定的事实理由及法律依据；

（四）决定内容；

（五）申请上一级人民法院赔偿委员会作出赔偿决定的期间和上一级人民法院名称。

第十四条 人民法院决定赔偿或不予赔偿的，应当自作出决定之日起十日内将国家赔偿决定书送达赔偿请求人。

《最高人民法院、最高人民检察院关于办理刑事赔偿案件适用法律若干问题的解释》（2016年6月1日施行 法释〔2015〕24号）

第一条 赔偿请求人因行使侦查、检察、审判职权的机关以及看守所、监狱管理机关及其工作人员行使职权的行为侵犯其人身权、财产权而申请国家赔偿，具备国家赔偿法第十七条、第十八条规定情形的，属于本解释规定的刑事赔偿范围。

第二条 解除、撤销拘留或者逮捕措施后虽尚未撤销案件、作出不起诉决定或者判决宣告无罪，但是符合下列情形之一的，属于国家赔偿法第十七条第一项、第二项规定的终止追究刑事责任：

（一）办案机关决定对犯罪嫌疑人终止侦查的；

（二）解除、撤销取保候审、监视居住、拘留、逮捕措施后，办案机关超过一年未移送起诉、作出不起诉决定或者撤销案件的；

（三）取保候审、监视居住法定期限届满后，办案机关超过一年未移送起诉、作出不起诉决定或者撤销案件的；

（四）人民检察院撤回起诉超过三十日未作出不起诉决定的；

（五）人民法院决定按撤诉处理后超过三十日，人民检察院未作出不起诉决定的；

（六）人民法院准许刑事自诉案件自诉人撤诉的，或者人民法院决定对刑事自诉案件按撤诉处理的。

赔偿义务机关有证据证明尚未终止追究刑事责任，且经人民法院赔偿委员会审查属实的，应当决定驳回赔偿请求人的赔偿申请。

第三条 对财产采取查封、扣押、冻结、追缴等措施后，有下列情形之一，且办案机关未依法解除查封、扣押、冻结等措施或者返还财产的，属于国家赔偿法第十八条规定的侵犯财产权：

（一）赔偿请求人有证据证明财产与尚未终结的刑事案件无关，经审查属实的；

（二）终止侦查、撤销案件、不起诉、判决宣告无罪终止追究刑事责任的；

（三）采取取保候审、监视居住、拘留或者逮捕措施，在解除、撤销强制措施或者强制措施法定期限届满后超过一年未移送起诉、作出不起诉决定或者撤销案件的；

（四）未采取取保候审、监视居住、拘留或者逮捕措施，立案后超过两年未移送起诉、作出不起诉决定或者撤销案件的；

（五）人民检察院撤回起诉超过三十日未作出不起诉决定的；

（六）人民法院决定按撤诉处理后超过三十日，人民检察院未作出不起诉决定的；

（七）对生效裁决没有处理的财产或者对该财产违法进行其他处理的。

有前款第三项至六项规定情形之一，赔偿义务机关有证据证明尚未终止追究刑事责任，且经人民法院赔偿委员会审查属实的，应当决定驳回赔偿请求人的赔偿申请。

第四条 赔偿义务机关作出赔偿决定，应当依法告知赔偿请求人有权在三十日内向赔偿义务机关的上一级机关申请复议。赔偿义务机关未依法告知，赔偿请求人收到赔偿决定之日起两年内提出复议申请的，复议机关应当受理。

人民法院赔偿委员会处理赔偿申请，适用前款规定。

第五条 对公民采取刑事拘留措施后终止追究刑事责任，具有下列情形之一的，属于国家赔偿法第十七条第一项规定的违法刑事拘留：

（一）违反刑事诉讼法规定的条件采取拘留措施的；

（二）违反刑事诉讼法规定的程序采取拘留措施的；

（三）依照刑事诉讼法规定的条件和程序对公民采取拘留措施，但是拘留时间超过刑事诉讼法规定的时限。

违法刑事拘留的人身自由赔偿金自拘留之日起计算。

第六条 数罪并罚的案件经再审改判部分罪名不成立，监禁期限超出再审判决确定的刑期，公民对超期监禁申请国家赔偿的，应当决定予以赔偿。

第七条　根据国家赔偿法第十九条第二项、第三项的规定，依照刑法第十七条、第十八条规定不负刑事责任的人和依照刑事诉讼法第十五条、第一百七十三条第二款规定不追究刑事责任的人被羁押，国家不承担赔偿责任。但是，对起诉后经人民法院错判拘役、有期徒刑、无期徒刑并已执行的，人民法院应当对该判决确定后继续监禁期间侵犯公民人身自由权的情形予以赔偿。

第八条　赔偿义务机关主张依据国家赔偿法第十九条第一项、第五项规定的情形免除赔偿责任的，应当就该免责事由的成立承担举证责任。

第九条　受害的公民死亡，其继承人和其他有扶养关系的亲属有权申请国家赔偿。

依法享有继承权的同一顺序继承人有数人时，其中一人或者部分人作为赔偿请求人申请国家赔偿的，申请效力及于全体。

赔偿请求人为数人时，其中一人或者部分赔偿请求人非经全体同意，申请撤回或者放弃赔偿请求，效力不及于未明确表示撤回申请或者放弃赔偿请求的其他赔偿请求人。

第十条　看守所及其工作人员在行使职权时侵犯公民合法权益造成损害的，看守所的主管机关为赔偿义务机关。

第十一条　对公民采取拘留措施后又采取逮捕措施，国家承担赔偿责任的，作出逮捕决定的机关为赔偿义务机关。

第十二条　一审判决有罪，二审发回重审后具有下列情形之一的，属于国家赔偿法第二十一条第四款规定的重审无罪赔偿，作出一审有罪判决的人民法院为赔偿义务机关：

（一）原审人民法院改判无罪并已发生法律效力的；

（二）重审期间人民检察院作出不起诉决定的；

（三）人民检察院在重审期间撤回起诉超过三十日或者人民法院决定按撤诉处理超过三十日未作出不起诉决定的。

依照审判监督程序再审后作无罪处理的，作出原生效判决的人民法院为赔偿义务机关。

第十三条　医疗费赔偿根据医疗机构出具的医药费、治疗费、住院费等收款凭证，结合病历和诊断证明等相关证据确定。赔偿义务机关对治疗的必要性和合理性提出异议的，应当承担举证责任。

第十四条 护理费赔偿参照当地护工从事同等级别护理的劳务报酬标准计算，原则上按照一名护理人员的标准计算护理费；但医疗机构或者司法鉴定人有明确意见的，可以参照确定护理人数并赔偿相应的护理费。

护理期限应当计算至公民恢复生活自理能力时止。公民因残疾不能恢复生活自理能力的，可以根据其年龄、健康状况等因素确定合理的护理期限，一般不超过二十年。

第十五条 残疾生活辅助器具费赔偿按照普通适用器具的合理费用标准计算。伤情有特殊需要的，可以参照辅助器具配制机构的意见确定。

辅助器具的更换周期和赔偿期限参照配制机构的意见确定。

第十六条 误工减少收入的赔偿根据受害公民的误工时间和国家上年度职工日平均工资确定，最高为国家上年度职工年平均工资的五倍。

误工时间根据公民接受治疗的医疗机构出具的证明确定。公民因伤致残持续误工的，误工时间可以计算至作为赔偿依据的伤残等级鉴定确定前一日。

第十七条 造成公民身体伤残的赔偿，应当根据司法鉴定人的伤残等级鉴定确定公民丧失劳动能力的程度，并参照以下标准确定残疾赔偿金：

（一）按照国家规定的伤残等级确定公民为一级至四级伤残的，视为全部丧失劳动能力，残疾赔偿金幅度为国家上年度职工年平均工资的十倍至二十倍；

（二）按照国家规定的伤残等级确定公民为五级至十级伤残的，视为部分丧失劳动能力。五至六级的，残疾赔偿金幅度为国家上年度职工年平均工资的五倍至十倍；七至十级的，残疾赔偿金幅度为国家上年度职工年平均工资的五倍以下。

有扶养义务的公民部分丧失劳动能力的，残疾赔偿金可以根据伤残等级并参考被扶养人生活来源丧失的情况进行确定，最高不超过国家上年度职工年平均工资的二十倍。

第十八条 受害的公民全部丧失劳动能力的，对其扶养的无劳动能力人的生活费发放标准，参照作出赔偿决定时被扶养人住所地所属省级人民政府确定的最低生活保障标准执行。

能够确定扶养年限的，生活费可协商确定并一次性支付。不能确定扶养年限的，可按照二十年上限确定扶养年限并一次性支付生活费，被扶养人超过六十周岁的，年龄每增加一岁，扶养年限减少一年；被扶养人年龄超过确定扶养年限的，被扶养人可逐年领取生活费至死亡时止。

第十九条　侵犯公民、法人和其他组织的财产权造成损害的，应当依照国家赔偿法第三十六条的规定承担赔偿责任。

财产不能恢复原状或者灭失的，财产损失按照损失发生时的市场价格或者其他合理方式计算。

第二十条　返还执行的罚款或者罚金、追缴或者没收的金钱，解除冻结的汇款的，应当支付银行同期存款利息，利率参照赔偿义务机关作出赔偿决定时中国人民银行公布的人民币整存整取定期存款一年期基准利率确定，不计算复利。

复议机关或者人民法院赔偿委员会改变原赔偿决定，利率参照新作出决定时中国人民银行公布的人民币整存整取定期存款一年期基准利率确定。

计息期间自侵权行为发生时起算，至作出生效赔偿决定时止；但在生效赔偿决定作出前侵权行为停止的，计算至侵权行为停止时止。

被罚没、追缴的资金属于赔偿请求人在金融机构合法存款的，在存款合同存续期间，按照合同约定的利率计算利息。

第二十一条　国家赔偿法第三十三条、第三十四条规定的上年度，是指赔偿义务机关作出赔偿决定时的上一年度；复议机关或者人民法院赔偿委员会改变原赔偿决定，按照新作出决定时的上一年度国家职工平均工资标准计算人身自由赔偿金。

作出赔偿决定、复议决定时国家上一年度职工平均工资尚未公布的，以已经公布的最近年度职工平均工资为准。

第二十二条　下列赔偿决定、复议决定是发生法律效力的决定：

（一）超过国家赔偿法第二十四条规定的期限没有申请复议或者向上一级人民法院赔偿委员会申请国家赔偿的赔偿义务机关的决定；

（二）超过国家赔偿法第二十五条规定的期限没有向人民法院赔偿委员会申请国家赔偿的复议决定；

（三）人民法院赔偿委员会作出的赔偿决定。

发生法律效力的赔偿义务机关的决定和复议决定，与发生法律效力的赔偿委员会的赔偿决定具有同等法律效力，依法必须执行。

第二十三条 本解释自2016年1月1日起施行。本解释施行前最高人民法院、最高人民检察院发布的司法解释与本解释不一致的，以本解释为准。

《最高人民法院关于审理民事、行政诉讼中司法赔偿案件适用法律若干问题的解释》（2016年10月1日施行 法释〔2016〕20号）

第一条 人民法院在民事、行政诉讼过程中，违法采取对妨害诉讼的强制措施、保全措施、先予执行措施，或者对判决、裁定及其他生效法律文书执行错误，侵犯公民、法人和其他组织合法权益并造成损害的，赔偿请求人可以依法向人民法院申请赔偿。

第二条 违法采取对妨害诉讼的强制措施，包括以下情形：

（一）对没有实施妨害诉讼行为的人采取罚款或者拘留措施的；

（二）超过法律规定金额采取罚款措施的；

（三）超过法律规定期限采取拘留措施的；

（四）对同一妨害诉讼的行为重复采取罚款、拘留措施的；

（五）其他违法情形。

第三条 违法采取保全措施，包括以下情形：

（一）依法不应当采取保全措施而采取的；

（二）依法不应当解除保全措施而解除，或者依法应当解除保全措施而不解除的；

（三）明显超出诉讼请求的范围采取保全措施的，但保全财产为不可分割物且被保全人无其他财产或者其他财产不足以担保债权实现的除外；

（四）在给付特定物之诉中，对与案件无关的财物采取保全措施的；

（五）违法保全案外人财产的；

（六）对查封、扣押、冻结的财产不履行监管职责，造成被保全财产毁损、灭失的；

（七）对季节性商品或者鲜活、易腐烂变质以及其他不宜长期保存的物品采取保全措施，未及时处理或者违法处理，造成物品毁损或者严重贬值的；

（八）对不动产或者船舶、航空器和机动车等特定动产采取保全措施，未依法通知有关登记机构不予办理该保全财产的变更登记，造成该保全财产所有权被转移的；

（九）违法采取行为保全措施的；

（十）其他违法情形。

第四条 违法采取先予执行措施，包括以下情形：

（一）违反法律规定的条件和范围先予执行的；

（二）超出诉讼请求的范围先予执行的；

（三）其他违法情形。

第五条 对判决、裁定及其他生效法律文书执行错误，包括以下情形：

（一）执行未生效法律文书的；

（二）超出生效法律文书确定的数额和范围执行的；

（三）对已经发现的被执行人的财产，故意拖延执行或者不执行，导致被执行财产流失的；

（四）应当恢复执行而不恢复，导致被执行财产流失的；

（五）违法执行案外人财产的；

（六）违法将案件执行款物执行给其他当事人或者案外人的；

（七）违法对抵押物、质物或者留置物采取执行措施，致使抵押权人、质权人或者留置权人的优先受偿权无法实现的；

（八）对执行中查封、扣押、冻结的财产不履行监管职责，造成财产毁损、灭失的；

（九）对季节性商品或者鲜活、易腐烂变质以及其他不宜长期保存的物品采取执行措施，未及时处理或者违法处理，造成物品毁损或者严重贬值的；

（十）对执行财产应当拍卖而未依法拍卖的，或者应当由资产评估机构评估而未依法评估，违法变卖或者以物抵债的；

（十一）其他错误情形。

第六条 人民法院工作人员在民事、行政诉讼过程中，有殴打、虐待或者唆使、放纵他人殴打、虐待等行为，以及违法使用武器、警械，造成公民身体伤害或者死亡的，适用国家赔偿法第十七条第四项、第五项的规定予以赔偿。

第七条 具有下列情形之一的，国家不承担赔偿责任：

（一）属于民事诉讼法第一百零五条、第一百零七条第二款和第二百三十三条规定情形的；

（二）申请执行人提供执行标的物错误的，但人民法院明知该标的物错误仍予以执行的除外；

（三）人民法院依法指定的保管人对查封、扣押、冻结的财产违法动用、隐匿、毁损、转移或者变卖的；

（四）人民法院工作人员与行使职权无关的个人行为；

（五）因不可抗力、正当防卫和紧急避险造成损害后果的；

（六）依法不应由国家承担赔偿责任的其他情形。

第八条 因多种原因造成公民、法人和其他组织合法权益损害的，应当根据人民法院及其工作人员行使职权的行为对损害结果的发生或者扩大所起的作用等因素，合理确定赔偿金额。

第九条 受害人对损害结果的发生或者扩大也有过错的，应当根据其过错对损害结果的发生或者扩大所起的作用等因素，依法减轻国家赔偿责任。

第十条 公民、法人和其他组织的损失，已经在民事、行政诉讼过程中获得赔偿、补偿的，对该部分损失，国家不承担赔偿责任。

第十一条 人民法院及其工作人员在民事、行政诉讼过程中，具有本解释第二条、第六条规定情形，侵犯公民人身权的，应当依照国家赔偿法第三十三条、第三十四条的规定计算赔偿金。致人精神损害的，应当依照国家赔偿法第三十五条的规定，在侵权行为影响的范围内，为受害人消除影响、恢复名誉、赔礼道歉；造成严重后果的，还应当支付相应的精神损害抚慰金。

第十二条 人民法院及其工作人员在民事、行政诉讼过程中，具有本解释第二条至第五条规定情形，侵犯公民、法人和其他组织的财产权并造成损害的，应当依照国家赔偿法第三十六条的规定承担赔偿责任。

财产不能恢复原状或者灭失的，应当按照侵权行为发生时的市场价格计算损失；市场价格无法确定或者该价格不足以弥补受害人所受损失的，可以采用其他合理方式计算损失。

第十三条 人民法院及其工作人员对判决、裁定及其他生效法律文书执行错误，且对公民、法人或者其他组织的财产已经依照法定程序拍卖或者变卖的，应当给付拍卖或者变卖所得的价款。

人民法院违法拍卖，或者变卖价款明显低于财产价值的，应当依照本解释第十二条的规定支付相应的赔偿金。

第十四条 国家赔偿法第三十六条第六项规定的停产停业期间必要的经常性费用开支，是指法人、其他组织和个体工商户为维系停产停业期间运营所需的基本开支，包括留守职工工资、必须缴纳的税费、水电费、房屋场地租金、设备租金、设备折旧费等必要的经常性费用。

第十五条 国家赔偿法第三十六条第七项规定的银行同期存款利息，以作出生效赔偿决定时中国人民银行公布的一年期人民币整存整取定期存款基准利率计算，不计算复利。

应当返还的财产属于金融机构合法存款的，对存款合同存续期间的利息按照合同约定利率计算。

应当返还的财产系现金的，比照本条第一款规定支付利息。

第十六条 依照国家赔偿法第三十六条规定返还的财产系国家批准的金融机构贷款的，除贷款本金外，还应当支付该贷款借贷状态下的贷款利息。

第十七条 用益物权人、担保物权人、承租人或者其他合法占有使用财产的人，依据国家赔偿法第三十八条规定申请赔偿的，人民法院应当依照《最高人民法院关于国家赔偿案件立案工作的规定》予以审查立案。

第十八条 人民法院在民事、行政诉讼过程中，违法采取对妨害诉讼的强制措施、保全措施、先予执行措施，或者对判决、裁定及其他生效法律文书执行错误，系因上一级人民法院复议改变原裁决所致的，由该上一级人民法院作为赔偿义务机关。

第十九条 公民、法人或者其他组织依据国家赔偿法第三十八条规定申请赔偿的，应当在民事、行政诉讼程序或者执行程序终结后提出，但下列情形除外：

（一）人民法院已依法撤销对妨害诉讼的强制措施的；

（二）人民法院采取对妨害诉讼的强制措施，造成公民身体伤害或者死亡的；

（三）经诉讼程序依法确认不属于被保全人或者被执行人的财产，且无法在相关诉讼程序或者执行程序中予以补救的；

（四）人民法院生效法律文书已确认相关行为违法，且无法在相关诉讼程序或者执行程序中予以补救的；

（五）赔偿请求人有证据证明其请求与民事、行政诉讼程序或者执行程序无关的；

（六）其他情形。

赔偿请求人依据前款规定，在民事、行政诉讼程序或者执行程序终结后申请赔偿的，该诉讼程序或者执行程序期间不计入赔偿请求时效。

第二十条 人民法院赔偿委员会审理民事、行政诉讼中的司法赔偿案件，有下列情形之一的，相应期间不计入审理期限：

（一）需要向赔偿义务机关、有关人民法院或者其他国家机关调取案卷或者其他材料的；

（二）人民法院赔偿委员会委托鉴定、评估的。

第二十一条 人民法院赔偿委员会审理民事、行政诉讼中的司法赔偿案件，应当对人民法院及其工作人员行使职权的行为是否符合法律规定，赔偿请求人主张的损害事实是否存在，以及该职权行为与损害事实之间是否存在因果关系等事项一并予以审查。

第二十二条 本解释自2016年10月1日起施行。本解释施行前最高人民法院发布的司法解释与本解释不一致的，以本解释为准。

《最高人民法院关于审理国家赔偿案件确定精神损害赔偿责任适用法律若干问题的解释》（2021年4月1日施行 法释〔2021〕3号）

第一条 公民以人身权受到侵犯为由提出国家赔偿申请，依照国家赔偿法第三十五条的规定请求精神损害赔偿的，适用本解释。

法人或者非法人组织请求精神损害赔偿的，人民法院不予受理。

第二条 公民以人身权受到侵犯为由提出国家赔偿申请，未请求精神损害赔偿，或者未同时请求消除影响、恢复名誉、赔礼道歉以及精神损害抚慰金的，人民法院应当向其释明。经释明后不变更请求，案件审结后又基于同一侵权事实另行提出申请的，人民法院不予受理。

第三条 赔偿义务机关有国家赔偿法第三条、第十七条规定情形之一，依法应当承担国家赔偿责任的，可以同时认定该侵权行为致人精神损害。但是赔偿义务机关有证据证明该公民不存在精神损害，或者认定精神损害违背公序良俗的除外。

第四条 侵权行为致人精神损害，应当为受害人消除影响、恢复名誉或者赔礼道歉；侵权行为致人精神损害并造成严重后果，应当在支付精神损害抚慰金的同时，视案件具体情形，为受害人消除影响、恢复名誉或者赔礼道歉。

消除影响、恢复名誉与赔礼道歉，可以单独适用，也可以合并适用，并应当与侵权行为的具体方式和造成的影响范围相当。

第五条 人民法院可以根据案件具体情况，组织赔偿请求人与赔偿义务机关就消除影响、恢复名誉或者赔礼道歉的具体方式进行协商。

协商不成作出决定的，应当采用下列方式：

（一）在受害人住所地或者所在单位发布相关信息；

（二）在侵权行为直接影响范围内的媒体上予以报道；

（三）赔偿义务机关有关负责人向赔偿请求人赔礼道歉。

第六条 决定为受害人消除影响、恢复名誉或者赔礼道歉的，应当载入决定主文。

赔偿义务机关在决定作出前已为受害人消除影响、恢复名誉或者赔礼道歉，或者原侵权案件的纠正被媒体广泛报道，客观上已经起到消除影响、恢复名誉作用，且符合本解释规定的，可以在决定书中予以说明。

第七条 有下列情形之一的，可以认定为国家赔偿法第三十五条规定的"造成严重后果"：

（一）无罪或者终止追究刑事责任的人被羁押六个月以上；

（二）受害人经鉴定为轻伤以上或者残疾；

（三）受害人经诊断、鉴定为精神障碍或者精神残疾，且与侵权行为存在关联；

（四）受害人名誉、荣誉、家庭、职业、教育等方面遭受严重损害，且与侵权行为存在关联。

受害人无罪被羁押十年以上；受害人死亡；受害人经鉴定为重伤或者残疾一至四级，且生活不能自理；受害人经诊断、鉴定为严重精神障碍或者精神残疾一至二级，生活不能自理，且与侵权行为存在关联的，可以认定为后果特别严重。

第八条 致人精神损害，造成严重后果的，精神损害抚慰金一般应当在国家赔偿法第三十三条、第三十四条规定的人身自由赔偿金、生命健康赔偿金总额的百分之五十以下（包括本数）酌定；后果特别严重，或者虽然不具有本解释第七条第二款规定情形，但是确有证据证明前述标准不足以抚慰的，可以在百分之五十以上酌定。

第九条 精神损害抚慰金的具体数额，应当在兼顾社会发展整体水平的同时，参考下列因素合理确定：

（一）精神受到损害以及造成严重后果的情况；

（二）侵权行为的目的、手段、方式等具体情节；

（三）侵权机关及其工作人员的违法、过错程度、原因力比例；

（四）原错判罪名、刑罚轻重、羁押时间；

（五）受害人的职业、影响范围；

（六）纠错的事由以及过程；

（七）其他应当考虑的因素。

第十条 精神损害抚慰金的数额一般不少于一千元；数额在一千元以上的，以千为计数单位。

赔偿请求人请求的精神损害抚慰金少于一千元，且其请求事由符合本解释规定的造成严重后果情形，经释明不予变更的，按照其请求数额支付。

第十一条 受害人对损害事实和后果的发生或者扩大有过错的，可以根据其过错程度减少或者不予支付精神损害抚慰金。

第十二条 决定中载明的支付精神损害抚慰金及其他责任承担方式，赔偿义务机关应当履行。

第十三条 人民法院审理国家赔偿法第三十八条所涉侵犯公民人身权的国家赔偿案件，以及作为赔偿义务机关审查处理国家赔偿案件，涉及精神损害赔偿的，参照本解释规定。

第十四条 本解释自2021年4月1日起施行。本解释施行前的其他有关规定与本解释不一致的，以本解释为准。

《最高人民法院关于审理涉执行司法赔偿案件适用法律若干问题的解释》
（2022年3月1日施行 法释〔2022〕3号）

第一条 人民法院在执行判决、裁定及其他生效法律文书过程中，错误采取财产调查、控制、处置、交付、分配等执行措施或者罚款、拘留等强制措施，侵犯公民、法人和其他组织合法权益并造成损害，受害人依照国家赔偿法第三十八条规定申请赔偿的，适用本解释。

第二条　公民、法人和其他组织认为有下列错误执行行为造成损害申请赔偿的，人民法院应当依法受理：

（一）执行未生效法律文书，或者明显超出生效法律文书确定的数额和范围执行的；

（二）发现被执行人有可供执行的财产，但故意拖延执行、不执行，或者应当依法恢复执行而不恢复的；

（三）违法执行案外人财产，或者违法将案件执行款物交付给其他当事人、案外人的；

（四）对抵押、质押、留置、保留所有权等财产采取执行措施，未依法保护上述权利人优先受偿权等合法权益的；

（五）对其他人民法院已经依法采取保全或者执行措施的财产违法执行的；

（六）对执行中查封、扣押、冻结的财产故意不履行或者怠于履行监管职责的；

（七）对不宜长期保存或者易贬值的财产采取执行措施，未及时处理或者违法处理的；

（八）违法拍卖、变卖、以物抵债，或者依法应当评估而未评估，依法应当拍卖而未拍卖的；

（九）违法撤销拍卖、变卖或者以物抵债的；

（十）违法采取纳入失信被执行人名单、限制消费、限制出境等措施的；

（十一）因违法或者过错采取执行措施或者强制措施的其他行为。

第三条　原债权人转让债权的，其基于债权申请国家赔偿的权利随之转移，但根据债权性质、当事人约定或者法律规定不得转让的除外。

第四条　人民法院将查封、扣押、冻结等事项委托其他人民法院执行的，公民、法人和其他组织认为错误执行行为造成损害申请赔偿的，委托法院为赔偿义务机关。

第五条　公民、法人和其他组织申请错误执行赔偿，应当在执行程序终结后提出，终结前提出的不予受理。但有下列情形之一，且无法在相关诉讼或者执行程序中予以补救的除外：

（一）罚款、拘留等强制措施已被依法撤销，或者实施过程中造成人身损害的；

（二）被执行的财产经诉讼程序依法确认不属于被执行人，或者人民法院生效法律文书已确认执行行为违法的；

（三）自立案执行之日起超过五年，且已裁定终结本次执行程序，被执行人已无可供执行财产的；

（四）在执行程序终结前可以申请赔偿的其他情形。

赔偿请求人依据前款规定，在执行程序终结后申请赔偿的，该执行程序期间不计入赔偿请求时效。

第六条 公民、法人和其他组织在执行异议、复议或者执行监督程序审查期间，就相关执行措施或者强制措施申请赔偿的，人民法院不予受理，已经受理的予以驳回，并告知其在上述程序终结后可以依照本解释第五条的规定依法提出赔偿申请。

公民、法人和其他组织在执行程序中未就相关执行措施、强制措施提出异议、申请复议或者申请执行监督，不影响其依法申请赔偿的权利。

第七条 经执行异议、复议或者执行监督程序作出的生效法律文书，对执行行为是否合法已有认定的，该生效法律文书可以作为人民法院赔偿委员会认定执行行为合法性的根据。

赔偿请求人对执行行为的合法性提出相反主张，且提供相应证据予以证明的，人民法院赔偿委员会应当对执行行为进行合法性审查并作出认定。

第八条 根据当时有效的执行依据或者依法认定的基本事实作出的执行行为，不因下列情形而认定为错误执行：

（一）采取执行措施或者强制措施后，据以执行的判决、裁定及其他生效法律文书被撤销或者变更的；

（二）被执行人足以对抗执行的实体事由，系在执行措施完成后发生或者被依法确认的；

（三）案外人对执行标的享有足以排除执行的实体权利，系在执行措施完成后经法定程序确认的；

（四）人民法院作出准予执行行政行为的裁定并实施后，该行政行为被依法变更、撤销、确认违法或者确认无效的；

（五）根据财产登记采取执行措施后，该登记被依法确认错误的；

（六）执行依据或者基本事实嗣后改变的其他情形。

第九条　赔偿请求人应当对其主张的损害负举证责任。但因人民法院未列清单、列举不详等过错致使赔偿请求人无法就损害举证的，应当由人民法院对上述事实承担举证责任。

双方主张损害的价值无法认定的，应当由负有举证责任的一方申请鉴定。负有举证责任的一方拒绝申请鉴定的，由其承担不利的法律后果；无法鉴定的，人民法院赔偿委员会应当结合双方的主张和在案证据，运用逻辑推理、日常生活经验等进行判断。

第十条　被执行人因财产权被侵犯依照本解释第五条第一款规定申请赔偿，其债务尚未清偿的，获得的赔偿金应当首先用于清偿其债务。

第十一条　因错误执行取得不当利益且无法返还的，人民法院承担赔偿责任后，可以依据赔偿决定向取得不当利益的人追偿。

因错误执行致使生效法律文书无法执行，申请执行人获得国家赔偿后申请继续执行的，不予支持。人民法院承担赔偿责任后，可以依据赔偿决定向被执行人追偿。

第十二条　在执行过程中，因保管人或者第三人的行为侵犯公民、法人和其他组织合法权益并造成损害的，应当由保管人或者第三人承担责任。但人民法院未尽监管职责的，应当在其能够防止或者制止损害发生、扩大的范围内承担相应的赔偿责任，并可以依据赔偿决定向保管人或者第三人追偿。

第十三条　属于下列情形之一的，人民法院不承担赔偿责任：

（一）申请执行人提供财产线索错误的；

（二）执行措施系根据依法提供的担保而采取或者解除的；

（三）人民法院工作人员实施与行使职权无关的个人行为的；

（四）评估或者拍卖机构实施违法行为造成损害的；

（五）因不可抗力、正当防卫或者紧急避险造成损害的；

（六）依法不应由人民法院承担赔偿责任的其他情形。

前款情形中，人民法院有错误执行行为的，应当根据其在损害发生过程和结果中所起的作用承担相应的赔偿责任。

第十四条　错误执行造成公民、法人和其他组织利息、租金等实际损失的，适用国家赔偿法第三十六条第八项的规定予以赔偿。

第十五条 侵犯公民、法人和其他组织的财产权，按照错误执行行为发生时的市场价格不足以弥补受害人损失或者该价格无法确定的，可以采用下列方式计算损失：

（一）按照错误执行行为发生时的市场价格计算财产损失并支付利息，利息计算期间从错误执行行为实施之日起至赔偿决定作出之日止；

（二）错误执行行为发生时的市场价格无法确定，或者因时间跨度长、市场价格波动大等因素按照错误执行行为发生时的市场价格计算显失公平的，可以参照赔偿决定作出时同类财产市场价格计算；

（三）其他合理方式。

第十六条 错误执行造成受害人停产停业的，下列损失属于停产停业期间必要的经常性费用开支：

（一）必要留守职工工资；

（二）必须缴纳的税款、社会保险费；

（三）应当缴纳的水电费、保管费、仓储费、承包费；

（四）合理的房屋场地租金、设备租金、设备折旧费；

（五）维系停产停业期间运营所需的其他基本开支。

错误执行生产设备、用于营运的运输工具，致使受害人丧失唯一生活来源的，按照其实际损失予以赔偿。

第十七条 错误执行侵犯债权的，赔偿范围一般应当以债权标的额为限。债权受让人申请赔偿的，赔偿范围以其受让债权时支付的对价为限。

第十八条 违法采取保全措施的案件进入执行程序后，公民、法人和其他组织申请赔偿的，应当作为错误执行案件予以立案审查。

第十九条 审理违法采取妨害诉讼的强制措施、保全、先予执行赔偿案件，可以参照适用本解释。

第二十条 本解释自2022年3月1日起施行。施行前本院公布的司法解释与本解释不一致的，以本解释为准。

《最高人民法院办公厅关于国家赔偿法实施中若干问题的座谈会纪要》
（2012年12月25日施行　法办〔2012〕490号）

九、人民法院办理自赔案件，应当充分听取赔偿请求人的意见。案件争议较大或者案情疑难、复杂的，人民法院可以组织赔偿请求人、原案件承办人以及其他相关人员进行听证。

人民法院赔偿委员会审理国家赔偿案件，对符合《最高人民法院关于人民法院赔偿委员会审理国家赔偿案件程序的规定》第十四条规定情形的，可以组织赔偿请求人和赔偿义务机关进行质证。

人民法院或人民法院赔偿委员会进行听证、质证的，应当对听证、质证的情况制作笔录。

十、人民法院赔偿委员会审理国家赔偿案件，赔偿请求人和赔偿义务机关应当依照国家赔偿法第二十六条的规定，对自己提出的主张承担举证责任。

赔偿义务机关主张其行为合法的，应当就其合法性承担举证责任。

被羁押人在羁押期间死亡或丧失行为能力的，赔偿义务机关应当对其行为与被羁押人死亡或者丧失行为能力是否存在因果关系承担举证责任。

十一、批准逮捕与提起公诉不是同一人民检察院的，由作出逮捕决定的人民检察院作为赔偿义务机关。

十二、在行政非诉强制执行中，由人民法院进行合法性审查，行政机关组织具体实施的案件，赔偿请求人仅就具体实施行为申请赔偿的，人民法院应告知其向作出具体实施行为的行政机关提出赔偿申请。

十三、第一审人民法院判处被告人成立数罪，第二审人民法院撤销其中部分罪名，实际羁押期限超出生效刑事判决确定刑期的，国家不承担赔偿责任。

第一审人民法院判处被告人成立两罪，第二审人民法院撤销其中一罪，并依照刑事诉讼法第十五条的规定，对另一罪不追究刑事责任的，国家不承担赔偿责任。

十四、依照国家赔偿法第十七条第（四）项的规定，行使侦查、检察、审判职权的机关以及看守所、监狱管理机关及其工作人员，有放纵他人虐待、违法不履行或怠于履行法定职责等不作为情形，且与公民在羁押期间死亡或者受到伤害存在因果关系的，受害人有取得赔偿的权利。

人民法院赔偿委员会应当根据赔偿义务机关就前款所述不作为情形对于造成损害结果所起的作用，决定其应当承担赔偿责任的比例和份额。

十五、国家赔偿法第十九条第（一）项规定的“公民自己故意作虚伪供述”，是指非因他人强迫或胁迫，赔偿请求人本人故意作出虚伪供述，导致其被羁押或被刑罚处罚的情形。

十六、修正后的国家赔偿法实施前，人民法院已将错判的罚金返还给赔偿请求人，赔偿请求人依照修正后的国家赔偿法向人民法院再行主张支付利息的，人民法院不予支持。

十七、人民法院或人民法院赔偿委员会审查处理国家赔偿案件并决定赔偿的，不得以赔偿请求人已获得原单位补发工资、奖金、津贴和补贴为由，拒绝赔偿或者在决定中扣除其依法应当获得的赔偿金。

十八、行使侦查职权的机关违反刑事诉讼法的规定延长拘留时限，其后决定撤销案件、不起诉或者判决宣告无罪终止追究刑事责任的，侵犯人身自由的赔偿金应自拘留之日起计算。

十九、人民法院作出民事判决认定民事诉讼强制措施或保全措施合法，当事人不服，经第二审程序或审判监督程序作出生效民事判决撤销该认定的，当事人可以依照国家赔偿法的规定向作为赔偿义务机关的人民法院提出赔偿申请。

二十、赔偿请求人依照《最高人民法院关于适用〈中华人民共和国国家赔偿法〉若干问题的解释（一）》第七条、第八条规定，在刑事、民事、行政诉讼或者执行程序终结后提出赔偿申请，相关诉讼、执行程序期间不计入赔偿请求时效。

二十一、人民法院赔偿委员会审理国家赔偿案件期间，赔偿请求人与赔偿义务机关达成赔偿协议，人民法院赔偿委员会经审查认为该协议不违反法律规定，应当根据协议内容制作国家赔偿决定书，并撤销原赔偿决定、复议决定。

二十二、人民法院赔偿委员会依照《最高人民法院关于人民法院赔偿委员会审理国家赔偿案件程序的规定》第十九条第二项、第三项规定依法重新作出决定的，应当撤销原赔偿决定、复议决定。

二十三、人民法院或人民法院赔偿委员会依照国家赔偿法第三十五条规定，决定为受害人消除影响，恢复名誉，赔礼道歉的，应写入国家赔偿决定书的决定主文。

《最高人民法院办公厅关于国家赔偿法实施中若干问题的座谈会纪要》

(2013年12月12日施行 法办〔2013〕151号)

一、赔偿请求人委托他人代理申请赔偿，除向人民法院提交本人身份证明外，还应当提交被委托人的身份证明和委托人签名或者盖章的授权委托书。委托律师的，应当提交律师执业证书、授权委托书和律师事务所证明；委托有关社会团体或者所在单位推荐的人，应当提交被推荐人的身份证明，以及有关社会团体或者所在单位的推荐证明。

法人或者其他组织委托他人代理申请赔偿，除按本条第一款提交相关证明材料外，还应当提交法人或者其他组织盖章确认的法定代表人身份证明书或者组织负责人的身份证明。进入破产程序的企业法人，由依法成立的破产管理人申请或者委托他人代理申请赔偿。

赔偿请求人身份证明或者授权委托材料不齐全的，人民法院收到赔偿申请的时间应当自收到补正材料之日起计算。

二、境外自然人、法人或者其他组织申请赔偿，其提交的在我国境外生成的身份证明、组织证明和授权委托书，应当经所在国公证机关证明，并经我国驻该国使领馆认证，或者履行我国与该国订立的有关条约中规定的证明手续。

七、人民法院审查国家赔偿案件时，发现赔偿请求人提出的请求事项或者主张的赔偿数额少于《国家赔偿法》规定的赔偿项目和赔偿标准的，应当向其释明有关法律规定并记录在案。

九、有下列情形的，不计入人民法院赔偿委员会审查国家赔偿案件的期限：

(一) 需要向赔偿义务机关、有关人民法院或者其他国家机关调取案卷或者其他材料的；

(二) 需要向最高人民法院请示法律适用问题的；

(三) 人民法院赔偿委员会委托鉴定、评估的。

十三、根据《行政诉讼法》第六十六条规定，人民法院审理行政机关申请强制执行其具体行政行为的案件，由于据以强制执行的根据错误，导致人民法院执行错误，或者人民法院虽裁定准予强制执行，但由行政机关具体组织实施造成损害的，不属于《国家赔偿法》第三十八条规定的赔偿范围；但人民法院自己负责执行，在执行中有违法扩大执行范围、执行对象错误、执行行为侵害他人合法权益以及其他违法行为的除外。

十四、在立案、申诉和信访等过程中，因哄闹、冲击人民法院，殴打法院工作人员，妨碍人民法院正常工作秩序，被人民法院采取司法拘留的强制措施，公民据此申请赔偿的，适用《国家赔偿法》第三十八条的规定予以审查处理。

十五、人民法院根据当事人的申请采取保全措施，有下列情形之一，造成被保全人合法权益损害的，不适用《最高人民法院关于民事、行政诉讼中司法赔偿若干问题的解释》第七条第（一）项的规定：

（一）明显超过申请保全数额或者保全范围的；

（二）不符合当事人申请保全的特定财产标的的；

（三）对自行保管的查封、扣押财产不履行监管职责的。

十六、根据《最高人民法院关于民事、行政诉讼中司法赔偿若干问题的解释》第七条第（五）项的规定，人民法院查封、扣押财产，指定第三人、申请执行人或者被执行人作为保管人，因保管人不履行监管职责或者擅自处分保管物，导致查封、扣押财产毁损、灭失的，国家不承担赔偿责任。但是，人民法院明知保管人有上述情形而不及时采取措施加以制止的，应当承担相应的赔偿责任。

十七、因房屋登记机构登记错误，导致人民法院对判决、裁定及其他生效法律文书执行错误，不属于《国家赔偿法》第三十八条规定的赔偿范围。

十八、赔偿请求人与赔偿义务机关就各自主张的财产损失均不能举证证明时，人民法院赔偿委员会可以委托价格鉴定机构对涉案财产进行价格鉴定。

十九、人民法院审查国家赔偿案件，决定程序性驳回赔偿请求人的，决定主文应表述为“驳回赔偿申请”；决定实体性驳回赔偿请求人的，决定主文应表述为“不予赔偿”。

《最高人民法院关于人民法院赔偿委员会审理国家赔偿案件适用精神损害赔偿若干问题的意见》（2014年7月29日施行　法发〔2014〕14号）

2010年4月29日第十一届全国人大常委会第十四次会议审议通过的《全国人民代表大会常务委员会关于修改〈中华人民共和国国家赔偿法〉的决定》，扩大了消除影响、恢复名誉、赔礼道歉的适用范围，增加了有关精神损害抚慰金的规定，实现了国家赔偿中精神损害赔偿制度的重大发展。国家赔偿法第三十五条规定：“有本法第三条或者第十七条规定情形之一，致人精神损害的，应当在侵权行为影响的范围内，为受害人消除影响，恢复名誉，赔礼道歉；造成严重后果的，应当支付相应的精神损害抚慰金。”为依法充分保障公民权益，妥善处理国家赔偿纠纷，现就人民法院赔偿委员会审理国家赔偿案件适用精神损害赔偿若干问题，提出以下意见：

一、充分认识精神损害赔偿的重要意义

现行国家赔偿法与1994年国家赔偿法相比，吸收了多年来理论及实践探索与发展的成果，在责任范围和责任方式等方面对精神损害赔偿进行了完善和发展，有效提升了对公民人身权益的保护水平。人民法院赔偿委员会要充分认识国家赔偿中的精神损害赔偿制度的重要意义，将贯彻落实该项制度作为“完善人权司法保障制度”的重要内容，正确适用国家赔偿法第三十五条等相关法律规定，依法处理赔偿请求人提出的精神损害赔偿申请，妥善化解国家赔偿纠纷，切实尊重和保障人权。

二、严格遵循精神损害赔偿的适用原则

人民法院赔偿委员会适用精神损害赔偿条款，应当严格遵循以下原则：一是依法赔偿原则。严格依照国家赔偿法的规定，不得扩大或者缩小精神损害赔偿的适用范围，不得增加或者减少其适用条件。二是综合裁量原则。综合考虑个案中侵权行为的致害情况，侵权机关及其工作人员的违法、过错程度等相关因素，准确认定精神损害赔偿责任。三是合理平衡原则。坚持同等情况同等对待，不同情况区别处理，适当考虑个案及地区差异，兼顾社会发展整体水平和当地居民生活水平。

三、准确把握精神损害赔偿的前提条件和构成要件

人民法院赔偿委员会适用精神损害赔偿条款，应当以公民的人身权益遭受侵犯为前提条件，并审查是否满足以下责任构成要件：行使侦查、检察、审判职权的机关以及看守所、监狱管理机关及其工作人员在行使职权时有国家赔偿法第十七条规定的侵权行为；致人精神损害；侵权行为与精神损害事实及后果之间存在因果关系。

四、依法认定“致人精神损害”和“造成严重后果”

人民法院赔偿委员会适用精神损害赔偿条款，应当严格依法认定侵权行

为是否“致人精神损害”以及是否“造成严重后果”。一般情形下，人民法院赔偿委员会应当综合考虑受害人人身自由、生命健康受到侵害的情况，精神受损情况，日常生活、工作学习、家庭关系、社会评价受到影响的情况，并考量社会伦理道德、日常生活经验等因素，依法认定侵权行为是否致人精神损害以及是否造成严重后果。

受害人因侵权行为而死亡、残疾（含精神残疾）或者所受伤害经有合法资质的机构鉴定为重伤或者诊断、鉴定为严重精神障碍的，人民法院赔偿委员会应当认定侵权行为致人精神损害并且造成严重后果。

五、妥善处理两种责任方式的内在关系

人民法院赔偿委员会适用精神损害赔偿条款，应当妥善处理“消除影响，恢复名誉，赔礼道歉”与“支付相应的精神损害抚慰金”两种责任方式的内在关系。

侵权行为致人精神损害但未造成严重后果的，人民法院赔偿委员会应当根据案件具体情况决定由赔偿义务机关为受害人消除影响、恢复名誉或者向其赔礼道歉。

侵权行为致人精神损害且造成严重后果的，人民法院赔偿委员会除依照前述规定决定由赔偿义务机关为受害人消除影响、恢复名誉或者向其赔礼道歉外，还应当决定由赔偿义务机关支付相应的精神损害抚慰金。

六、正确适用“消除影响，恢复名誉，赔礼道歉”责任方式

人民法院赔偿委员会适用精神损害赔偿条款，要注意“消除影响、恢复名誉”与“赔礼道歉”作为非财产责任方式，既可以单独适用，也可以合并适用。其中，消除影响、恢复名誉应当公开进行。人民法院赔偿委员会可以根据赔偿义务机关与赔偿请求人协商的情况，或者根据侵权行为直接影响所及、受害人住所地、经常居住地等因素确定履行范围，决定由赔偿义务机关以适当方式公开为受害人消除影响、恢复名誉。人民法院赔偿委员会决定由赔偿义务机关公开赔礼道歉的，参照前述规定执行。

赔偿义务机关在案件审理终结前已经履行消除影响、恢复名誉或者赔礼道歉义务，人民法院赔偿委员会可以在国家赔偿决定书中予以说明，不再写入决定主文。人民法院赔偿委员会决定由赔偿义务机关为受害人消除影响、恢复名誉或者向其赔礼道歉的，赔偿义务机关应当自收到人民法院赔偿委员

会国家赔偿决定书之日起三十日内主动履行消除影响、恢复名誉或者赔礼道歉义务。

赔偿义务机关逾期未履行的，赔偿请求人可以向作出生效国家赔偿决定的赔偿委员会所在法院申请强制执行。强制执行产生的费用由赔偿义务机关负担。

七、综合酌定“精神损害抚慰金”的具体数额

人民法院赔偿委员会适用精神损害赔偿条款，决定采用“支付相应的精神损害抚慰金”方式的，应当综合考虑以下因素确定精神损害抚慰金的具体数额：精神损害事实和严重后果的具体情况；侵权机关及其工作人员的违法、过错程度；侵权的手段、方式等具体情节；罪名、刑罚的轻重；纠错的环节及过程；赔偿请求人住所地或者经常居住地平均生活水平；赔偿义务机关所在地平均生活水平；其他应当考虑的因素。

人民法院赔偿委员会确定精神损害抚慰金的具体数额，还应当注意体现法律规定的“抚慰”性质，原则上不超过依照国家赔偿法第三十三条、第三十四条所确定的人身自由赔偿金、生命健康赔偿金总额的百分之三十五，最低不少于一千元。

受害人对精神损害事实和严重后果的产生或者扩大有过错的，可以根据其过错程度减少或者不予支付精神损害抚慰金。

八、认真做好法律释明工作

人民法院赔偿委员会发现赔偿请求人在申请国家赔偿时仅就人身自由或者生命健康所受侵害提出赔偿申请，没有同时就精神损害提出赔偿申请的，应当向其释明国家赔偿法第三十五条的内容，并将相关情况记录在案。在案件终结后，赔偿请求人基于同一事实、理由，就同一赔偿义务机关另行提出精神损害赔偿申请的，人民法院一般不予受理。

九、其他国家赔偿案件的参照适用

人民法院审理国家赔偿法第三条、第三十八条规定的涉及侵犯人身权的国家赔偿案件，以及人民法院办理涉及侵犯人身权的自赔案件，需要适用精神损害赔偿条款的，参照本意见处理。

《内蒙古自治区高级人民法院赔偿委员会办公室关于规范国家赔偿案件裁判文书的通知》[①]（2014 年 10 月 8 日施行　内赔通字〔2014〕1 号）

为了规范国家赔偿案件裁判文书的制作，提高国家赔偿案件的办理质量，提高司法公信力，针对当前我区国家赔偿裁判文书制作中存在的问题下发此通知，请各级人民法院认真学习，并以此指导好所辖各基层法院自赔案件的文书制作，努力提高我区国家赔偿裁判文书的制作水平。

一、关于案由编制

我国国家赔偿法实行赔偿事由法定原则，即超出国家赔偿法规定范围的赔偿申请，不应予以受理。据此最高人民法院下发的《关于国家赔偿案件案由的规定》（以下简称《案由规定》），按照国家赔偿法设定的赔偿事由，规定了十四种案由。对此各级法院在适用中应注意以下问题：

1. 对于属于国家赔偿法规定的赔偿事由的，应严格按照《案由规定》设定案由，不得随意变动。

2. 对于不属于国家赔偿范围而决定不予受理的，应当按照申请的申请事由准确概括编写案由，既不要简单地以“国家赔偿”为案由，也不要硬套法定案由。

二、关于国家赔偿文书类型及效力

国家赔偿案件裁判文书主要是决定书和通知书两大类。根据 2012 年 10 月 15 日起新实施的《人民法院国家赔偿案件文书样式》（以下简称《文书样式》）的规定，国家赔偿案件裁判文书，除驳回申诉使用通知书外，无论程序问题，还是实体处理，均应使用决定书。适用中尤其要注意以下几个问题：

1. 对于不予受理国家赔偿申请的，根据《最高人民法院关于国家赔偿案件立案工作的规定》第九条第三款的规定，要使用决定书。

2. 在使用决定书时，要注意不同的审理程序，作出决定书的效力表述不同。对人民法院的自赔案件，无论作出何种决定书，均不是生效的决定书，要赋予申请人三十日的异议期。对于申请人因不服自赔决定或其他义务机关的赔偿及复议决定，向中级以上人民法院赔偿委员会申请作出赔偿决定的案

---

① 文中关于案号的规定与现行《最高人民法院关于人民法院案件案号的若干规定》（2016 年 1 月 1 日起施行）不符的内容，本书已经作出相应修改。

件，赔偿委员会无论作出何种决定都是生效的决定，对此应在文书中明确表述。

3. 与其他审判领域不同，国家赔偿案件审理中对程序性驳回申请与实体性驳回申请均使用决定书。程序性驳回决定适用于国家赔偿案件立案后发现案件不属于国家赔偿受理范围，类似于民事诉讼中的驳回起诉裁定；实体性驳回决定适用于通过对国家赔偿案件的实体审理，认为赔偿请求人的实体赔偿请求不能成立。两种文书在格式、内容及适用法律上均有不同，对此应按照《文书样式》的规定严格适用。

三、关于文书格式

（一）关于文头

与其他审判类型不同，按照《文书样式》，国家赔偿裁判文书存在两种文头，一种是“××××人民法院”，一种是“××××人民法院赔偿委员会”。适用时应注意以下问题：

1. 所有自赔案件的裁判文书，都应冠以“××××人民法院”文头。

2. 在委赔案件中，除不受理国家赔偿申请和本院院长决定重新审理案件的决定书使用“××××人民法院”文头外，其他均应使用“××××人民法院赔偿委员会”文头。

（二）关于裁判文书的名称

除驳回申诉通知书外，国家赔偿案件裁判文书名称一般只使用决定书，但应注意以下两种特殊情况：

1. 对于不予受理赔偿申请的，必须直接写明“不予受理案件决定书”；

2. 作出实体赔偿决定的（包括委赔案件中确认赔偿协议及实体驳回赔偿请求人申请）情形，应使用“国家赔偿决定书”字样。

（三）关于案号

全区各级法院国家赔偿办案机构要按照自治区高院下发的《关于全区法院国家赔偿立案审查工作有关问题的通知》要求，做好与各级法院立案庭的沟通协调，保证国家赔偿案件案号设定的准确性。

1. 各级人民法院受理的自赔案件案号一般应为“（××××）内×法赔××号”，中、高级法院受理的委赔案件案号一般为“（××××）内×委赔××号”；不予受理赔偿申请的案件，自赔案件为“（××××）内×法赔×

×号”，中、高级人民法院委赔案件为“（××××）内×委赔××号”。

2. 中级人民法院赔偿委员会按照高级人民法院赔偿委员会的指令重新审理案件，以“（××××）内×委赔再××号”重新编写案号。

3. 本院院长决定重新审理的委赔案件应以“（××××）内×委赔监××号”为案号。

4. 自治区高院审理的申诉案件，一般以“（××××）内委赔监××号”为案号。

四、关于文书的正文部分

（一）关于各类文书的内容要求

《文书样式》对各种国家赔偿裁判文书内容均有明确规定，要严格按照规定撰写。做到用语规范流畅，结构清晰，繁简得当，尤其在结构上不得随意删减。

（二）要提高文书的说理性

在本院（赔偿委员会）认为部分，要以严谨的分析论证，突出文书的说理性和逻辑性，同时也要兼顾通俗性、可读性，要将作出决定的事实和法律依据说清楚，讲明白，做到“事理、法理、情理”兼备，摒弃以法律规定直接作为决定理由的论述方式。

（三）要注意文书外观的规范性

1. 国家赔偿裁判文书亦要求使用蒙文文头。

2. 文书排版、印刷要符合规范要求。

3. 国家赔偿裁判尾部，无须合议庭署名，只加盖人民法院印章即可，亦无须加盖“本件与原本核对无异”章。

《内蒙古自治区高级人民法院赔偿委员会办公室关于规范质证、听证程序若干问题的指引》（〔2015〕内赔办通字第2号）

为规范我区各级法院适用质证、听证程序审理国家赔偿案件，加深对国家赔偿案件中质证、听证程序的理解和适用的自觉性，提高我区各级法院国家赔偿工作水平，根据《最高人民法院关于人民法院赔偿委员会适用质证程序审理国家赔偿案件规定》（以下简称《质证程序规定》）和《最高人民法院关于人民法院办理自赔案件程序的规定》，现就国家赔偿案件审理中适用质证、听证程序作如下指引，由全区各级法院在工作中参考。

一、质证

1. 适用前提。质证程序适用的前提是人民法院赔偿委员会居中审理国家赔偿案件，经书面审理不能解决的，赔偿委员会可以组织质证。

2. 质证原则。《质证程序规定》第三条第一款、第二款明确了国家赔偿质证程序以公开为原则，以不公开为例外。同时第二款中的“可以”引申出决定不公开质证的案件，最终是否公开审理的决定权在人民法院赔偿委员会。

3. 质证范围和形式。《质证程序规定》明确规定对于侵权事实、损害后果及因果关系等有争议，经书面审理不能解决的国家赔偿案件，人民法院赔偿委员会可以适用质证程序审理。对于质证形式，由于国家赔偿案件的特殊性，质证的功能既包括查清事实，也包括化解矛盾，因此，法院可依具体案情采取法庭审理形式或圆桌会议形式。

4. 组织质证主体和参加质证人员。对于组织质证主体，《质证程序规定》根据司法实践的情况要求人民法院赔偿委员会应当指定审判员组织质证，但对于组织质证的审判员人数以及是否采取合议庭形式未作限定。在《〈最高人民法院关于人民法院赔偿委员会适用质证程序审理国家赔偿案件的规定〉的理解与适用》中，明确组织质证的审判员人数以及是否采取合议庭形式，具体视各级人民法院赔偿委员会人员配备以及案件情况而定。也就是说，赔偿委员会组织质证时，组织质证的审判员既可以是合议庭也可以是独任审判员，既可以是审判员也可以是助理审判员，既可以是奇数也可以是偶数。质证双方一般为赔偿请求人和赔偿义务机关，如有复议机关，复议机关是否参加质证，由赔偿委员会根据审理需要确定。

5. 质证程序。一般情况下，可以参照民事或行政诉讼中的庭审程序进行，但对是否着法袍、敲法槌不作硬性要求，同时需要注意以下问题：

（1）在采用圆桌会议形式进行质证时，可适当简化程序，并注重营造和谐的质证气氛；

（2）如有复议机关参加质证，复议机关只就自身作出的决定进行说明，并不直接参与质证与辩论。

4. 证据规则。国家赔偿案件事实的证明标准为优势证据标准，所认定的法律事实是高度盖然性的。与刑事诉讼中“确实充分”“排除一切合理怀疑”证明标准有着明显不同。

（1）举证责任分配原则。国家赔偿案件举证责任分配仍然要遵从“谁主张，谁举证”（当然应当包括抗辩主张）的一般原则。但应注意在事实真伪不明的情况下，《质证程序规定》第六条为赔偿义务机关设定的举证责任，具有结果意义，即如不能证明将承担不利后果。

（2）举证时限。《质证程序规定》规定的法定举证期限，赔偿请求人、赔偿义务机关应当在收到受理案件通知书之日起十日内提供证据。又《人民法院国家赔偿文书样式》样式20规定赔偿义务机关、复议机关自收到国家赔偿申请书副本之日起十日内递交有关案卷材料。

（3）延期举证。赔偿请求人、赔偿义务机关如因客观事由不能在十日期限内提供证据，可以向人民法院赔偿委员会申请延期举证，人民法院赔偿委员会可以根据其申请适当延长期限。延期举证需具备三个条件：第一，赔偿请求人、赔偿义务机关确因客观事由不能在举证期限内提供证据。赔偿请求人、赔偿义务机关对“客观事由”造成举证障碍的情形负有举证责任，并以书面形式提出。第二，赔偿请求人、赔偿义务机关应当在举证期限内向人民法院赔偿委员会申请延期举证。第三，经人民法院赔偿委员会准许。对于不具有提供证据的“客观事由”的情形，人民法院赔偿委员会应当拒绝其延期举证的申请，并书面说明拒绝的理由。对于不能提供证据的“客观事由”的情形和举证时限的适当延长，属于人民法院赔偿委员会自由裁量的范围，但考虑到国家赔偿案件的特殊性和赔偿请求人的举证能力，不宜过分苛求。

（4）逾期举证的法律后果。《质证程序规定》第十一条第二款规定为宣示性、引导性的规定，主要起到督促赔偿请求人、赔偿义务机关及时举证的作用，实践中人民法院赔偿委员会应根据案情灵活掌握。

5. 其他问题。关于质证中的无须举证证明的事实、质证笔录签字、放弃质证等规定可参照民事诉讼法相关规定。

二、听证

1. 听证与质证的区别。质证是人民法院赔偿委员会居中审理国家赔偿案件时适用的程序，质证双方是赔偿请求人和赔偿义务机关；而听证则是法院作为赔偿义务机关办理自赔案件时适用的程序，听证的双方是原承办人及其他相关人员（赔偿案件合议庭成员）和赔偿请求人。但听证与质证在前提上是相同的，都是在书面审理无法解决的基础上适用。

2．组织形式。由于听证是赔偿义务机关审理自赔案件时适用的一种程序，因此听证的主要目的在于听取赔偿请求人对事实的陈述及请求，在此基础上进行说明、协商、化解矛盾，进而决定了听证的形式为圆桌会议形式。组织形式，既可以是合议庭也可以是独任审判员，既可以是审判员也可以是助理审判员，既可以是奇数也可以是偶数。

3．听证程序。听证与质证相比程序上简化很多，减少了质证、辩论等程序。在核对赔偿请求人、告知权利义务、回避事项等基本法律程序后，更多的是听取赔偿请求人的请求事项及理由，根据赔偿请求人的请求事项及理由进行说明、协商，达到化解矛盾的目的。

【相关法律文书】

通知书（人民法院听取意见用）
国家赔偿案件听证当事人权利义务须知
决定书（准许撤回国家赔偿申请用）
决定书（决定中止审查用）
决定书（决定终结审查用）
决定书（程序性驳回国家赔偿申请用）
国家赔偿决定书（作出国家赔偿决定用）
关于……一案的审查（审理）报告
卷宗目录

××××人民法院

通知书

（人民法院听取意见用）

（××××）××法赔×号

×××（赔偿请求人姓名或名称）：

本院受理的你（你单位）……（申请国家赔偿的案由）一案于××××年××月××日×时在……（地点）听取意见。请准时参加。

××××年××月×日
（院印）

【制作说明】

一、本通知书样式依照《中华人民共和国国家赔偿法》第二十三条的规定制定，供人民法院通知赔偿请求人参加听取意见会时使用。

二、人民法院在听取意见时，认为需要给予赔偿的，可以与赔偿请求人就赔偿方式、赔偿项目和赔偿数额进行协商。

三、人民法院应在听取意见前三日将通知书送达赔偿请求人。

国家赔偿案件听证当事人权利义务须知

一、听证主持人：×××，参加人×××、×××，由×××担任记录。

二、当事人享有的权利：

1. 当事人在听证中的法律地位平等；

2. 当事人有使用本民族语言、文字的权利；

3. 当事人有委托代理人进行听证的权利；

4. 当事人有申请听证人员、书记员、鉴定人、勘验人、翻译人员回避的权利；

5. 当事人有提供证据、要求重新鉴定或勘验的权利；

6. 在决定作出前，申请人有放弃、增加或变更赔偿请求，申请撤回赔偿请求的权利；

7. 经听证人员准许，当事人及其代理人有核对听证笔录的权利；

8. 当事人对人民法院赔偿委员会发生法律效力的赔偿决定或赔偿调解书有依法申请执行的权利。

三、当事人应承担的义务：

1. 按听证人员要求提供或补充证据；

2. 服从听证人员指挥，遵守听证秩序；

3. 履行发生法律效力的决定书和调解书。

四、当事人须知：

1. 在听证中当事人必须服从听证人员的安排，按时到达指定地点参加听证；

2. 当事人接到听证通知书后，明确提出放弃听证或者无正当理由拒不参加听证的，不得对本案再次提出听证要求；

3. 当事人向人民法院提供的证据，可要求法院进行登记；

4. 双方当事人在听证时可就交换证据进行举证、听证；

5. 当事人无正当理由，不参加听证或者中途擅自退出听证的，应当终止听证；

6. 申请回避，是指当事人认为听证人员、书记员、鉴定人、翻译人员、勘验人与本案有法律上的利害关系或者有其他关系可能影响案件公正审理而申请更换听证人员、书记员或者翻译人员、鉴定人、勘验人。听证人员的回避，由赔偿委员会主任委员决定；书记员的回避，由听证主持人决定。

【制作说明】

因最高人民法院文书样式中未规定听证权利义务告知，本须知为补充制作。

××××人民法院

决 定 书

（准许撤回国家赔偿申请用）

（××××）××法赔×号

赔偿请求人：……（写明姓名或名称等基本情况）。

赔偿请求人……（姓名或名称）于××××年××月××日以……（申请国家赔偿的案由）为由，向本院申请国家赔偿。本案在审查过程中，×××（赔偿请求人姓名或名称）以……为由，提出撤回国家赔偿申请。

经审查，本院认为，……（写明赔偿请求人撤回国家赔偿申请系其真实意思表示、不违背法律规定等），决定如下：

准许……（赔偿请求人姓名或名称）撤回国家赔偿申请。

××××年××月××日

（院印）

【制作说明】

一、本决定书样式供人民法院准许赔偿请求人撤回国家赔偿申请时使用。

二、赔偿请求人是自然人的，写明其姓名、性别、民族、职业（或工作单位和职务）、住址；有别名或者曾用名，应在姓名之后用括号标明。赔偿请求人是法人的，写明其名称、住所地，并写明法定代表人的姓名和职务。赔偿请求人是依法成立的不具备法人资格的其他组织的，写明其名称和住所地，并写明负责人姓名和职务。赔偿请求人有法定代理人的，应写明其姓名、性别、职业（或工作单位和职务）及住址。赔偿请求人有委托代理人的，应写明其姓名、性别、职业（或工作单位和职务）及住址。

三、赔偿请求人应当在人民法院作出决定之前，提出撤回国家赔偿申请。

××××人民法院

决 定 书

（决定中止审查用）

（××××）××法赔×号

赔偿请求人：……（写明姓名或名称等基本情况）。

本院在审查×××（赔偿请求人姓名或名称）申请国家赔偿一案中，……（中止审查的事实和理由）。依照……（法律及司法解释条文）的规定，决定如下：

本案中止审查。

××××年××月××日
（院印）

【制作说明】

一、本决定书样式供人民法院决定中止审查国家赔偿案件时使用。

二、赔偿请求人是自然人的，写明其姓名、性别、民族、职业（或工作单位和职务）、住址；有别名或者曾用名，应在姓名之后用括号标明。赔偿请求人是法人的，写明其名称、住所地，并写明法定代表人的姓名和职务。赔偿请求人是依法成立的不具备法人资格的其他组织的，写明其名称和住所地，并写明负责人姓名和职务。赔偿请求人有法定代理人的，应写明其姓名、性别、职业（或工作单位和职务）及住址。赔偿请求人有委托代理人的，应写明其姓名、性别、职业（或工作单位和职务）及住址。

三、对于决定中止审查的案件，在中止审查的法定事由消失后，即可依申请或依职权恢复审查，无须作出恢复审查的决定书。

××××人民法院

决 定 书

（决定终结审查用）

（××××）××法赔×号

赔偿请求人：……（写明姓名或名称等基本情况）。

本院在审查×××（赔偿请求人姓名或名称）申请国家赔偿一案中，……（终结审查的事实和理由）。依照……（法律及司法解释条文）的规定，决定如下：

本案终结审查。

××××年××月××日
（院印）

【制作说明】

一、本决定书样式供人民法院决定终结审查国家赔偿案件时使用。

二、赔偿请求人是自然人的，写明其姓名、性别、民族、职业（或工作单位和职务）、住址；有别名或者曾用名，应在姓名之后用括号标明。赔偿请求人是法人的，写明其名称、住所地，并写明法定代表人的姓名和职务。赔偿请求人是依法成立的不具备法人资格的其他组织的，写明其名称和住所地，并写明负责人姓名和职务。赔偿请求人有法定代理人的，应写明其姓名、性别、职业（或工作单位和职务）及住址。赔偿请求人有委托代理人的，应写明其姓名、性别、职业（或工作单位和职务）及住址。

三、人民法院只需写明导致终结审查的法定情形，无须涉及申请国家赔偿的请求和理由等内容。

×××人民法院

决定书

（程序性驳回国家赔偿申请用）

（××××）××法赔×号

赔偿请求人：……（写明姓名或名称等基本情况）。

×××（赔偿请求人姓名或名称）于××××年××月××日以……（申请国家赔偿的案由）为由，向本院申请国家赔偿。

经审查，本院认为，……（写明应予驳回国家赔偿申请的理由），依照……（法律及司法解释条文）的规定，决定如下：

驳回×××（赔偿请求人姓名或名称）的国家赔偿申请。

如不服本决定，可在决定书送达之日起三十日内向××××人民法院赔偿委员会申请作出赔偿决定。

××××年××月××日

（院印）

【制作说明】

一、本决定书样式供人民法院程序性驳回赔偿请求人的国家赔偿申请时使用。

二、赔偿请求人是自然人的，写明其姓名、性别、民族、职业（或工作单位和职务）、住址；有别名或者曾用名，应在姓名之后用括号标明。赔偿请求人是法人的；写明其名称、住所地，并写明法定代表人的姓名和职务。赔偿请求人是依法成立的不具备法人资格的其他组织的，写明其名称和住所地，并写明负责人姓名和职务。赔偿请求人有法定代理人的，应写明其姓名、性别、职业（或工作单位和职务）及住址。赔偿请求人有委托代理人的，应写明其姓名、性别、职业（或工作单位和职务）及住址。

三、人民法院决定驳回国家赔偿申请的理由，应根据案件的具体情况在“本院认为”部分进行充分的说理。

四、人民法院应告知赔偿请求人，不服本决定的，可以向上一级人民法院赔偿委员会申请国家赔偿。

××××人民法院

国家赔偿决定书

（作出国家赔偿决定用）

（××××）××法赔×号

赔偿请求人：……（写明姓名或名称等基本情况）。

×××（赔偿请求人姓名或名称）于××××年××月××日以……（申请国家赔偿的案由）为由，向本院申请国家赔偿。……（人民法院依法审查的情况）。本案现已审查终结。

……（赔偿请求人申请事项及理由，人民法院听取赔偿请求人意见的，写明听取意见内容）。

经审查查明，……（人民法院认定的证据和查明的事实）。

……（如果与赔偿请求人达成协议的，写明协商事实和协议内容）。

本院认为，……（决定赔偿与否的理由或者认为协商协议内容合法有效）。依照……（法律及司法解释条文）的规定，决定如下：

（第一种情况，人民法院决定予以赔偿的）

……（赔偿的方式及赔偿数额）。

（第二种情况，人民法院决定不予以赔偿的）

驳回×××（赔偿请求人姓名或名称）关于……（申请事项）的国家赔偿请求，不予赔偿。

（第三种情况，人民法院决定部分赔偿的）

一、……（赔偿的方式及赔偿数额）；

二、驳回×××（赔偿请求人姓名或名称）关于……（申请事项）的国家赔偿请求，不予赔偿。

如不服本决定，可在本决定书送达之日起三十日内向××××人民法院赔偿委员会申请作出赔偿决定。

××××年××月××日

（院印）

【制作说明】

一、本决定书样式供人民法院对案件实体作出决定时使用。

二、人民法院对国家赔偿案件实体作出决定的，文书名称为“国家赔偿决定书”。

三、赔偿请求人是自然人的，写明其姓名、性别、民族、职业（或工作单位和职务）、住址；有别名或者曾用名，应在姓名之后用括号标明。赔偿请求人是法人的，写明其名称、住所地，并写明法定代表人的姓名和职务。赔偿请求人是依法成立的不具备法人资格的其他组织的，写明其名称和住所地，并写明负责人姓名和职务。赔偿请求人有法定代理人的，应写明其姓名、性别、职业（或工作单位和职务）及住址。赔偿请求人有委托代理人的，应写明其姓名、性别、职业（或工作单位和职务）及住址。

四、人民法院作为赔偿义务机关与赔偿请求人达成协议的，在“经审查查明”之后说明达成协议的情况及协议内容，并在“本院认为”部分阐明依法赔偿的依据，对赔偿协议加以确认。

五、“本院认为”部分应注重说理，阐述赔偿或不予赔偿的理由和法律依据。如果涉及违法归责或过错归责的案件，则应在“本院认为”部分增加对违法或过错认定的内容。

六、决定书主文根据是否赔偿的不同情况分别写明，人民法院对赔偿请求人申请国家赔偿事项予以部分赔偿的，应当先写予以赔偿的部分，后写不予赔偿的部分。

七、决定书主文中赔偿金额涉及国家上年度职工平均工资标准，且作出决定时尚未公布该标准的，应当在决定主文后注明“本院于××××年度国家赔偿金标准公布后十五日内，以通知书的形式确定具体的赔偿数额”。

关于……一案的审查（审理）报告

（××××）××法赔×号

一、赔偿请求人的基本情况

赔偿请求人：……（写明姓名或名称等基本情况）。

二、案件由来及处理经过

×××（赔偿请求人姓名或名称）因本院……（申请国家赔偿的案由）一案，向本院（赔偿委员会）申请作出赔偿决定。

三、申请国家赔偿事项及理由

……（写明赔偿请求人提出的申请事项及其理由、所陈述的事实及其依据。对此部分应作必要的归纳，力求简明扼要）。

四、审查认定的案件事实

……（写明经审理认定的案件基本事实及所依据的证据。如果当事人对证据和事实互相存在争议的，应当有重点地逐项分析论证）。

五、其他需要说明的问题

……（写明与本案处理有关的问题）。

六、处理意见及理由

……（对赔偿请求人的申请理由能否成立作出分析评定，对赔偿义务机关及复议机关的决定是否正确作出分析评定，根据认定的事实和有关法律规定提出处理意见）。

承办人×××

××××年××月××日

【制作说明】

一、本报告样式供人民法院赔偿委员会审理案件过程中，承办人撰写审查或审理报告时使用。

二、标题中“关于……一案”按照“关于×××（赔偿请求人姓名或名称）申请××××（赔偿义务机关名称）……（申请国家赔偿的案由）一案”格式撰写。

三、赔偿请求人是自然人的，写明其姓名、性别、民族、职业（或工作单位和职务)、住址；有别名或者曾用名，应在姓名之后用括号标明。赔偿请求人是法人的，写明其名称、住所地，并写明法定代表人的姓名和职务。赔偿请求人是依法成立的不具备法人资格的其他组织的，写明其名称和住所地，并写明负责人姓名和职务。赔偿请求人有法定代理人的，应写明其姓名、性别、职业（或工作单位和职务）及住址。赔偿请求人有委托代理人的，应写明其姓名、性别、职业（或工作单位和职务）及住址。

四、人民法院作为赔偿义务机关办理的国家赔偿案件，人民法院赔偿委员会审查处理的申诉、检察机关提出检察意见以及重新审查的国家赔偿案件等，其审查或审理报告可参照本文书样式。

五、“案件由来”部分采取直接叙述案件来源的方式。

六、“申请国家赔偿事项及理由”系指向本院赔偿委员会申请的事项及理由。除不按照原文陈述不能准确表达之外，采用概括表述方式。

七、“其他需要说明的问题”系指对案件处理有影响的问题，由承办人根据实际情况确定。

八、国家赔偿案件均应当撰写审查报告或审理报告。

卷宗目录（正卷）

序号	文书名称	页次
1	案件审判流程管理信息表	
2	案件呈批表、调卷函	
3	受理案件通知书、送达回证	
4	国家赔偿申请书	
5	身份证明、委托代理手续	
6	听证通知书、权利义务告知书及送达回证	
7	公告	
8	证据材料	
9	听证笔录	
10	决定书	
11	宣判笔录及送达回证	
12	退卷函	
13		
14		
15		
16		
备注		

本卷宗连同封面、封底共计×页，附证物袋×袋

卷宗目录（副卷）

序号	文书名称	页次
1	审理报告	
2	合议庭笔录	
3	赔偿小组、赔偿委员会笔录	
4	决定书原本	
5	决定书正本	
6		
7		
8		
9		
10		
11		
12		
13		
备注		

本卷宗连同封面、封底共×页，附证物袋×袋

第三节 赔偿金的给付

【工作要求】

依照《中华人民共和国国家赔偿法》第三十七条、《最高人民法院关于人民法院办理自赔案件程序的规定》第十五条至第十八条、《国家赔偿费用管理条例》的相关规定，向赔偿请求人支付赔偿金。

【工作内容】

（一）申请支付方式

赔偿请求人当面递交申请支付材料的，人民法院应当出具收讫凭证。赔偿请求人书写申请书确有困难的，可以口头申请，人民法院应当记入笔录，由赔偿请求人签名、捺印或者盖章。

［依据《最高人民法院关于人民法院办理自赔案件程序的规定》第十五条］

（二）申请支付材料

国家赔偿决定生效后，赔偿请求人向人民法院申请支付赔偿金的，应当递交申请书，并提交以下材料：（1）赔偿请求人的身份证明；（2）生效的国家赔偿决定书。

［依据《最高人民法院关于人民法院办理自赔案件程序的规定》第十五条］

（三）申请支付材料的补正

申请支付材料不完整的，人民法院应当当场或者在三个工作日内一次性告知赔偿请求人需要补正的全部材料。收到支付申请的时间自人民法院收到补正材料之日起计算。

［依据《最高人民法院关于人民法院办理自赔案件程序的规定》第十六条］

财政部门告知人民法院申请支付材料不符合要求的，人民法院应当自接到通知之日起五个工作日内按照要求提交补正材料。需要赔偿请求人补正材料的，人民法院应当及时通知赔偿请求人。

［依据《最高人民法院关于人民法院办理自赔案件程序的规定》第十八条、《国家赔偿费用管理条例》第九条］

（四）处理程序

申请支付材料真实、有效、完整的，人民法院应当受理，并书面通知赔偿请求人。人民法院受理后，应当自收到支付申请之日起七日内，依照预算管理权限向有关财政部门提出支付申请。财政部门告知人民法院已支付国家赔偿费用的，人民法院应当及时通知赔偿请求人。

［依据《最高人民法院关于人民法院办理自赔案件程序的规定》第十六条、第十九条，《国家赔偿费用管理条例》第九条］

（五）不予受理

申请支付材料虚假、无效，人民法院决定不予受理的，应当在三个工作日内书面通知赔偿请求人并说明理由。

赔偿请求人对人民法院不予受理申请支付的通知有异议的，可以自收到通知之日起十日内向上一级人民法院申请复核。上一级人民法院应当自收到复核申请之日起五个工作日内作出复核决定，并在作出复核决定之日起三个工作日内送达赔偿请求人。

［依据《最高人民法院关于人民法院办理自赔案件程序的规定》第十六条、第十七条］

【常用法律、司法解释及相关规定】

《最高人民法院关于人民法院办理自赔案件程序的规定》（2013年9月1日施行 法释〔2013〕19号）

第十五条 赔偿请求人依据国家赔偿法第三十七条第二款的规定向人民法院申请支付赔偿金的，应当递交申请书，并提交以下材料：

（一）赔偿请求人的身份证明；

（二）生效的国家赔偿决定书。

赔偿请求人当面递交申请支付材料的，人民法院应当出具收讫凭证。赔偿请求人书写申请书确有困难的，可以口头申请，人民法院应当记入笔录，由赔偿请求人签名、捺印或者盖章。

第十六条 申请支付材料真实、有效、完整的，人民法院应当受理，并书面通知赔偿请求人。人民法院受理后，应当自收到支付申请之日起七日内，依照预算管理权限向有关财政部门提出支付申请。

申请支付材料不完整的，人民法院应当当场或者在三个工作日内一次性告知赔偿请求人需要补正的全部材料。收到支付申请的时间自人民法院收到补正材料之日起计算。

申请支付材料虚假、无效，人民法院决定不予受理的，应当在三个工作日内书面通知赔偿请求人并说明理由。

第十七条 赔偿请求人对人民法院不予受理申请支付的通知有异议的，可以自收到通知之日起十日内向上一级人民法院申请复核。上一级人民法院应当自收到复核申请之日起五个工作日内作出复核决定，并在作出复核决定之日起三个工作日内送达赔偿请求人。

第十八条 财政部门告知人民法院申请支付材料不符合要求的，人民法院应当自接到通知之日起五个工作日内按照要求提交补正材料。

需要赔偿请求人补正材料的，人民法院应当及时通知赔偿请求人。

第十九条 财政部门告知人民法院已支付国家赔偿费用的，人民法院应当及时通知赔偿请求人。

《国家赔偿费用管理条例》（2011 年 1 月 17 日施行）

第一条 为了加强国家赔偿费用管理，保障公民、法人和其他组织享有依法取得国家赔偿的权利，促进国家机关依法行使职权，根据《中华人民共和国国家赔偿法》（以下简称国家赔偿法），制定本条例。

第二条 本条例所称国家赔偿费用，是指依照国家赔偿法的规定，应当向赔偿请求人赔偿的费用。

第三条 国家赔偿费用由各级人民政府按照财政管理体制分级负担。

各级人民政府应当根据实际情况，安排一定数额的国家赔偿费用，列入本级年度财政预算。当年需要支付的国家赔偿费用超过本级年度财政预算安排的，应当按照规定及时安排资金。

第四条 国家赔偿费用由各级人民政府财政部门统一管理。

国家赔偿费用的管理应当依法接受监督。

第五条 赔偿请求人申请支付国家赔偿费用的，应当向赔偿义务机关提出书面申请，并提交与申请有关的生效判决书、复议决定书、赔偿决定书或者调解书以及赔偿请求人的身份证明。

赔偿请求人书写申请书确有困难的，可以委托他人代书；也可以口头申请，由赔偿义务机关如实记录，交赔偿请求人核对或者向赔偿请求人宣读，并由赔偿请求人签字确认。

第六条 申请材料真实、有效、完整的，赔偿义务机关收到申请材料即为受理。赔偿义务机关受理申请的，应当书面通知赔偿请求人。

申请材料不完整的，赔偿义务机关应当当场或者在3个工作日内一次告知赔偿请求人需要补正的全部材料。赔偿请求人按照赔偿义务机关的要求提交补正材料的，赔偿义务机关收到补正材料即为受理。未告知需要补正材料的，赔偿义务机关收到申请材料即为受理。

申请材料虚假、无效，赔偿义务机关决定不予受理的，应当书面通知赔偿请求人并说明理由。

第七条 赔偿请求人对赔偿义务机关不予受理决定有异议的，可以自收到书面通知之日起10日内向赔偿义务机关的上一级机关申请复核。上一级机关应当自收到复核申请之日起5个工作日内依法作出决定。

上一级机关认为不予受理决定错误的，应当自作出复核决定之日起3个工作日内通知赔偿义务机关受理，并告知赔偿请求人。赔偿义务机关应当在收到通知后立即受理。

上一级机关维持不予受理决定的，应当自作出复核决定之日起3个工作日内书面通知赔偿请求人并说明理由。

第八条 赔偿义务机关应当自受理赔偿请求人支付申请之日起7日内，依照预算管理权限向有关财政部门提出书面支付申请，并提交下列材料：

（一）赔偿请求人请求支付国家赔偿费用的申请；

（二）生效的判决书、复议决定书、赔偿决定书或者调解书；

（三）赔偿请求人的身份证明。

第九条 财政部门收到赔偿义务机关申请材料后，应当根据下列情况分别作出处理：

（一）申请的国家赔偿费用依照预算管理权限不属于本财政部门支付的，

应当在3个工作日内退回申请材料并书面通知赔偿义务机关向有管理权限的财政部门申请；

（二）申请材料符合要求的，收到申请即为受理，并书面通知赔偿义务机关；

（三）申请材料不符合要求的，应当在3个工作日内一次告知赔偿义务机关需要补正的全部材料。赔偿义务机关应当在5个工作日内按照要求提交全部补正材料，财政部门收到补正材料即为受理。

第十条 财政部门应当自受理申请之日起15日内，按照预算和财政国库管理的有关规定支付国家赔偿费用。

财政部门发现赔偿项目、计算标准违反国家赔偿法规定的，应当提交作出赔偿决定的机关或者其上级机关依法处理、追究有关人员的责任。

第十一条 财政部门自支付国家赔偿费用之日起3个工作日内告知赔偿义务机关、赔偿请求人。

第十二条 赔偿义务机关应当依照国家赔偿法第十六条、第三十一条的规定，责令有关工作人员、受委托的组织或者个人承担或者向有关工作人员追偿部分或者全部国家赔偿费用。

赔偿义务机关依照前款规定作出决定后，应当书面通知有关财政部门。

有关工作人员、受委托的组织或者个人应当依照财政收入收缴的规定上缴应当承担或者被追偿的国家赔偿费用。

第十三条 赔偿义务机关、财政部门及其工作人员有下列行为之一，根据《财政违法行为处罚处分条例》的规定处理、处分；构成犯罪的，依法追究刑事责任：

（一）以虚报、冒领等手段骗取国家赔偿费用的；

（二）违反国家赔偿法规定的范围和计算标准实施国家赔偿造成财政资金损失的；

（三）不依法支付国家赔偿费用的；

（四）截留、滞留、挪用、侵占国家赔偿费用的；

（五）未依照规定责令有关工作人员、受委托的组织或者个人承担国家赔偿费用或者向有关工作人员追偿国家赔偿费用的；

（六）未依照规定将应当承担或者被追偿的国家赔偿费用及时上缴财

政的。

第十四条 本条例自公布之日起施行。1995 年 1 月 25 日国务院发布的《国家赔偿费用管理办法》同时废止。

【相关法律文书】

支付国家赔偿金申请书（人民法院申请赔偿金用）

××××人民法院

支付国家赔偿金申请书

（人民法院申请赔偿金用）

（××××）××法赔×号

××××（财政部门名称）：

×××（赔偿请求人姓名或名称）申请国家赔偿一案，我院经审查于××××年××月××日作出（××××）××法赔×号国家赔偿决定（如系上级人民法院赔偿委员会决定的，则写明上级人民法院赔偿委员会作出国家赔偿决定的时间及案号），……（决定的赔偿金额等内容）。依照《中华人民共和国国家赔偿法》第三十七条、《国家赔偿费用管理条例》第八条的规定，我院向你部门申请支付国家赔偿金……（具体数额）元。

特此申请。

附：1. 赔偿请求人支付国家赔偿金的申请书

2. 国家赔偿决定书

3. 赔偿请求人的身份证明

××××年××月×日

（院印）

【制作说明】

一、本申请书样式依照《中华人民共和国国家赔偿法》第三十七条、《国家赔偿费用管理条例》第八条的规定制作，供人民法院向有关财政部门申请赔偿金时使用。

二、作为赔偿义务机关的人民法院应当自收到赔偿请求人支付赔偿金申请之日起七日内，依照预算管理权限向有关财政部门提出书面的支付申请。

三、所附决定书是指发生法律效力的国家赔偿决定书，根据具体情况写明决定机关名称、案件编号和文书标题，如“××××人民法院赔偿委员会

（××××）××委赔×号国家赔偿决定书”。

四、附件应在正文下空一行、左空两格标识“附”，后标冒号和名称。附件如有序号使用阿拉伯数码（如“附：1. ……”），并且附件名称后不加标点符号。

第二章　国家赔偿委赔程序

委赔案件，是指人民法院赔偿委员会审理的国家赔偿案件，但本院为赔偿义务机关的除外。其人民法院赔偿委员会是对各司法机关自赔案件的终局裁决，包括刑事司法赔偿和民事、行政诉讼中非刑事司法赔偿，不包括行政赔偿。

第一节　立案审查

【工作要求】

根据《中华人民共和国国家赔偿法》第二条、第六条、第十二条、第二十条至第二十二条、第二十四条、第二十九条、第三十八条，《最高人民法院关于国家赔偿案件立案工作的规定》第一条、第五条至第十条，《最高人民法院关于人民法院赔偿委员会审理国家赔偿案件程序的规定》第一条至第三条，《最高人民法院、最高人民检察院关于办理刑事赔偿案件适用法律若干问题的解释》第一条至第四条、第九条至第十二条，《最高人民法院办公厅关于国家赔偿法实施中若干问题的座谈会纪要》（法办〔2012〕490 号）第三条、第四条、第十一条，《最高人民法院办公厅关于国家赔偿法实施中若干问题的座谈会纪要》（法办〔2013〕151 号）第一条、第二条、第四条，《最高人民法院关于〈中华人民共和国国家赔偿法〉溯及力和人民法院赔偿委员会受案范围问题的批复》《最高人民法院关于国家赔偿案件立案、案由有关问题的通知》《最高人民法院关于国家赔偿案件案由的规定》《内蒙古自治区高级人民法院关于全区法院国家赔偿案件立案审查工作有关问题的通知》之有关规定，审查赔偿请求人提交的国家赔偿申请是否符合立案条件。

【工作内容】

（一）赔偿请求人

1．对下级法院作为赔偿义务机关已经作出的决定或逾期未作出赔偿决定不服，向本院赔偿委员会申请作出赔偿决定的公民、法人或者其他组织。

2．对行使侦查、检察职权的机关以及看守所、监狱管理机关作为赔偿义务机关已经作出的赔偿决定或逾期未作出赔偿决定不服，向上一级机关申请复议后，对已经作出的复议决定或逾期未作出复议决定不服，向本院赔偿委员会申请作出赔偿决定的公民、法人或者其他组织。

3．对复议机关或者作为赔偿义务机关的人民法院作出的不予受理决定不服，向本院赔偿委员会申请作出赔偿决定的公民、法人或者其他组织。

［依据《中华人民共和国国家赔偿法》第六条，《最高人民法院关于国家赔偿案件立案工作的规定》第五条至第八条、第十条］

（二）赔偿义务机关、复议机关

1．赔偿义务机关包括作出决定或逾期未作出决定的本院辖区下级人民法院和作出决定或者逾期未作决定的本院辖区内下级行使侦查、检察职权的机关以及看守所、监狱管理机关。

2．复议机关为本院所在地内与本院同级的对下级机关已经作出的复议决定或者逾期未作复议决定行使侦查、检察职权的机关以及看守所、监狱管理机关。

［依据《中华人民共和国国家赔偿法》第二十一条，《最高人民法院关于国家赔偿案件立案工作的规定》第五条至第八条、第十条］

（三）受案范围

人民法院赔偿委员会受理下列案件：

1．行使侦查、检察职权的机关以及看守所、监狱管理机关及其工作人员在行使职权时侵犯公民、法人和其他组织的人身权、财产权，造成损害，赔偿请求人经依法申请赔偿和申请复议，因对复议决定不服或者复议机关逾期不作决定，在法定期间内向复议机关所在地的同级人民法院赔偿委员会申请作出赔偿决定的。

2. 人民法院是赔偿义务机关，赔偿请求人经申请赔偿，因赔偿义务机关逾期不予赔偿或者赔偿请求人对是否赔偿或赔偿数额有异议，在法定期间内向赔偿义务机关的上一级人民法院赔偿委员会申请作出赔偿决定的。

[依据《最高人民法院关于〈中华人民共和国国家赔偿法〉溯及力和人民法院赔偿委员会受案范围问题的批复》]

（四）请求期限

1. 赔偿义务机关是人民法院的，赔偿请求人向其上一级人民法院赔偿委员会申请作出赔偿决定的期限为自收到赔偿义务机关决定之日起或自期限届满之日起（逾期未作出决定）三十日内。如该决定未告知赔偿请求人向其上一级人民法院赔偿委员会申请作出赔偿决定的权利和期限，赔偿请求人自赔偿义务机关作出决定之日起两年内提出申请的，人民法院赔偿委员会应予受理。

2. 除法院外的赔偿义务机关自收到申请之日起两个月内作出或未作出是否赔偿的决定，赔偿请求人应当自收到赔偿义务机关决定之日起或期限届满之日（逾期未作出决定）起三十日内向赔偿义务机关的上一级机关申请复议。复议机关自收到申请之日起两个月内作出决定或逾期不作决定的，赔偿请求人向复议机关所在地的同级人民法院赔偿委员会申请作出赔偿决定的期限为自收到复议决定之日起或期限届满之日（逾期未作出决定）起三十日内。如该决定未告知赔偿请求人向赔偿义务机关的上一级人民法院赔偿委员会申请作出赔偿决定的权利和期限，赔偿请求人自赔偿义务机关作出决定之日起两年内提出申请的，人民法院赔偿委员会应予受理。

[依据《中华人民共和国国家赔偿法》第二十四条、第二十五条，《最高人民法院、最高人民检察院关于办理刑事赔偿案件适用法律若干问题的解释》第四条]

（五）材料的收取与补正

由立案庭收取材料并进行初步审查。

[依据《最高人民法院关于国家赔偿案件立案、案由有关问题的通知》第一条、第二条]

1. 收取的材料。

（1）载明下列事项的申请书一式四份：受害人的姓名、性别、年龄、工作单位和住所，法人或者其他组织的名称、住所和法定代表人或者主要负责人的姓名、职务；具体的要求、事实根据和理由；申请的年、月、日。

［依据《中华人民共和国国家赔偿法》第十二条、《最高人民法院关于人民法院赔偿委员会审理国家赔偿案件程序的规定》第一条］

（2）身份证明及授权文书。

第一，赔偿请求人为自然人的应当提交身份证明；为法人或者其他组织的应当提交营业执照、组织机构代码证书、盖章确认的法定代表人身份证明书或者主要负责人的身份证明，进入破产程序的企业法人，由依法成立的破产管理人申请或者委托他人代理申请赔偿。

第二，委托他人申请的，应当提交被委托人的身份证明和委托人签名或者盖章的授权委托书。委托律师的，应当提交律师执业证书、授权委托书和律师事务所证明；委托有关社会团体或所在单位推荐的人，应当提交被推荐人的身份证明，以及有关社会团体或者所在单位的推荐证明。

第三，境外自然人、法人或者其他组织申请赔偿，其提交的在我国境外生成的身份证明、组织证明和授权委托书，应当经所在国公证机关证明，并经我国驻该国使领馆认证，或者履行我国与该国订立的有关条约中规定的证明手续。

第四，赔偿请求人不是受害人本人的（包括死亡被害人的法定继承人及终止的受害的法人或者其他组织的权利承受人），应当说明与受害人的关系，并提供相应证明。

［依据《中华人民共和国国家赔偿法》第十二条、第十六条，《最高人民法院办公厅关于国家赔偿法实施中若干问题的座谈会纪要》（法办〔2013〕151号）第一条、第二条］

（3）其他应当提交的材料包括：赔偿义务机关作出的决定书；复议机关作出的复议决定书，但赔偿义务机关是人民法院的除外；赔偿义务机关或者复议机关逾期未作出决定的，应当提供赔偿义务机关对赔偿申请的收讫凭证等相关证明材料；行使侦查、检察、审判职权的机关以及看守所、监狱管理机关在赔偿申请所涉案件的刑事诉讼程序、民事诉讼程序、行政诉讼程序、执行程序中作出的法律文书；赔偿义务机关职权行为侵犯赔偿请求人合法权益造成损害的证明材料；证明赔偿申请符合申请条件的其他材料。

[依据《最高人民法院关于国家赔偿案件立案工作的规定》第五条至第八条、《最高人民法院关于人民法院赔偿委员会审理国家赔偿案件程序的规定》第二条]

2. 赔偿请求人当面递交申请书的，应当当场出具加盖本院专用印章并注明收讫日期的书面凭证。赔偿请求人以邮寄等形式提出赔偿申请的，应当及时登记审查。

[依据《中华人民共和国国家赔偿法》第十二条、《最高人民法院关于国家赔偿案件立案工作的规定》第三条]

3. 申请材料不齐全的，应当当场或者在五日内一次性告知赔偿请求人需要补正的全部内容。

[依据《中华人民共和国国家赔偿法》第十二条、《最高人民法院关于国家赔偿案件立案工作的规定》第三条、《最高人民法院关于人民法院赔偿委员会审理国家赔偿案件程序的规定》第三条]

4. 材料齐全后，立案庭将全部材料移送国家赔偿办案机构进行审查。

[依据《内蒙古自治区高级人民法院关于全区法院国家赔偿案件立案审查工作有关问题的通知》第二条]

（六）审查期限

人民法院应自收到申请之日起七日内作出是否立案的决定。通知赔偿请求人补正材料的，收到申请的时间应自人民法院收到补正材料之日起计算。

[依据《最高人民法院关于国家赔偿案件立案工作的规定》第九条、《最高人民法院关于人民法院赔偿委员会审理国家赔偿案件程序的规定》第三条]

（七）处理方式

1. 审查内容。赔偿委员会应组成合议庭，审查申请是否符合下列条件：（1）赔偿请求人具备法律规定的主体资格；（2）被申请的赔偿义务机关、复议机关是法律规定的赔偿义务机关、复议机关；（3）有具体的申请事项和理由；（4）属于《最高人民法院关于国家赔偿案件立案工作的规定》第一条规定的国家赔偿受案范围；（5）有赔偿义务机关作出的是否赔偿的决定书、复议机关作出的复议决定书，逾期未作出决定的，有赔偿义务机关、复议机关已经收到赔偿申请的收讫凭证或者相应证据；（6）符合法律规定的请求期间，因不可抗力或者其他障碍未能在法定期间行使请求权的情形除外。

［依据《最高人民法院关于国家赔偿案件立案工作的规定》第五条至第八条、《内蒙古自治区高级人民法院关于全区法院国家赔偿案件立案审查工作有关问题的通知》第二条］

2．立案。赔偿委员会审查后认为应当立案的，书面回复立案庭，写明需要调取的相关案卷号，并准确标明立案案号代字。案卷调齐后，由立案庭向赔偿请求人送达受理案件通知书，向赔偿义务机关、复议机关送达受理案件通知书及赔偿申请书副件，并移交赔偿委员会审理。

［依据《最高人民法院关于国家赔偿案件立案工作的规定》第九条、《最高人民法院关于人民法院赔偿委员会审理国家赔偿案件程序的规定》第三条、《内蒙古自治区高级人民法院关于全区法院国家赔偿案件立案审查工作有关问题的通知》第三条］

3．不予受理。赔偿委员会认为不应当立案的，告知立案庭给定案号，由赔偿委员会在七日内作出不予受理决定书，并在作出决定之日起十日内送达赔偿请求人、赔偿义务机关、复议机关。

［依据《最高人民法院关于国家赔偿案件立案工作的规定》第九条、《最高人民法院关于人民法院赔偿委员会审理国家赔偿案件程序的规定》第三条、《内蒙古自治区高级人民法院关于全区法院国家赔偿案件立案审查工作有关问题的通知》第四条］

（八）案号

依照《最高人民法院关于人民法院案件案号的若干规定》及《人民法院案件类型及其代字标准》，委赔案件案号统一编为：（××××）××委赔×号，其中括号内“××××”为收案年度，括号后“××”为法院代字，“×号”为案件编号。

（九）案由

1．法定案由。委赔案件案由包括《最高人民法院关于国家赔偿案件案由的规定》中的全部十四个案由。

2．案由的确定。在适用《最高人民法院关于国家赔偿案件案由的规定》中的多项并列案由时，一般应根据赔偿申请的具体情况择一确定案由。如赔偿申请涉及违法使用警械造成公民死亡的，案由为违法使用警械致死赔偿；如赔偿申请涉及虐待造成公民身体伤害的，案由为虐待致伤赔偿。赔偿请求人提出的赔偿申请涉及同一赔偿义务机关的两个以上司法行为，且对应同一权利，应当一并审理的，可以确定并列案由。如赔偿申请既涉及刑事违法查封，又涉及刑事违法追缴的，案由为刑事违法查封、追缴赔偿；如赔偿申请既涉及违法保全，又涉及错误执行的，案由为违法保全、错误执行赔偿。

[依据《最高人民法院关于国家赔偿案件立案、案由有关问题的通知》第三条]

3. 特殊情形。赔偿请求人提出的赔偿申请不属于法定受案范围，无法归类于法定案由时，可对其申请事由进行总结，在文书中写明“赔偿请求人×××以……为由，向我院赔偿委员会申请作出赔偿决定”，立案庭立案时选择案由为“其他”。

【常见问题】

（一）国家赔偿案件是否必须经过复议程序?

人民法院为赔偿义务机关的国家赔偿案件不需经过复议程序，但其他刑事赔偿案件均需经过复议程序。赔偿请求人对行使侦查、检察职权的机关以及看守所、监狱管理机关提出国家赔偿请求的，赔偿义务机关作出或逾期不作出决定的，赔偿请求人均应当自赔偿义务机关作出决定之日起或期限届满之日（逾期未作出决定）起三十日内向赔偿义务机关的上一级机关申请复议，待复议机关作出复议决定之日起或期限届满之日起三十日（逾期未作出决定）内向复议机关所在地同级人民法院赔偿委员会申请作出赔偿决定。

[依据《中华人民共和国国家赔偿法》第二十四条]

（二）赔偿委员会的组成方式是怎样的?

中级以上的人民法院设立赔偿委员会，由人民法院三名以上审判员组成，组成人员的人数应当为单数。

[依据《中华人民共和国国家赔偿法》第二十九条]

（三）赔偿决定中未告知复议权利和期限的，如何处理?

赔偿义务机关作出赔偿决定，应当依法告知赔偿请求人有权在三十日内向赔偿义务机关的上一级机关申请复议。赔偿义务机关未依法告知，赔偿请求人收到赔偿决定之日起两年内提出复议申请的，复议机关应当受理。人民法院赔偿委员会处理赔偿申请，适用前述规定。

［依据《最高人民法院、最高人民检察院关于办理刑事赔偿案件适用法律若干问题的解释》第四条］

（四）对赔偿请求人与办理自赔案件的人民法院达成协议后提起的国家赔偿申请如何处理？

人民法院办理自赔案件，与赔偿请求人达成协议并作出国家赔偿决定书后，赔偿请求人反悔并依照《中华人民共和国国家赔偿法》第二十四条的规定向上一级人民法院赔偿委员会提出赔偿申请，收到申请的人民法院应当依照《最高人民法院关于国家赔偿案件立案工作的规定》予以审查立案。

人民法院办理自赔案件，与赔偿请求人达成协议，但未在规定期限内作出国家赔偿决定书，赔偿请求人依照《中华人民共和国国家赔偿法》第二十四条的规定向上一级人民法院赔偿委员会提出赔偿申请，收到申请的人民法院应当依照《最高人民法院关于国家赔偿案件立案工作的规定》予以审查立案。

［依据《最高人民法院办公厅关于国家赔偿法实施中若干问题的座谈会纪要》（法办〔2012〕490号）第四条］

（五）刑事赔偿的赔偿义务机关如何确定？

1. 行使侦查、检察、审判职权的机关以及看守所、监狱管理机关及其工作人员在行使职权时侵犯公民、法人和其他组织的合法权益造成损害的，该机关为赔偿义务机关。

［依据《中华人民共和国国家赔偿法》第二十一条］

2. 对公民采取拘留措施，依照《中华人民共和国国家赔偿法》的规定应当给予国家赔偿的，作出拘留决定的机关为赔偿义务机关。

［依据《中华人民共和国国家赔偿法》第二十一条］

3. 对公民采取逮捕措施后决定撤销案件、不起诉或者判决宣告无罪的，作出逮捕决定的机关为赔偿义务机关。

［依据《中华人民共和国国家赔偿法》第二十一条］

4. 再审改判无罪的，作出原生效判决的人民法院为赔偿义务机关。二审改判无罪，以及二审发回重审后作无罪处理的，作出一审有罪判决的人民法院为赔偿义务机关。

［依据《中华人民共和国国家赔偿法》第二十一条］

5. 批准逮捕与提起公诉不是同一人民检察院的，由作出逮捕决定的人民检察院作为赔偿义务机关。

[依据《最高人民法院办公厅关于国家赔偿法实施中若干问题的座谈会纪要》（法办〔2012〕490号）第十一条]

6. 看守所及其工作人员在行使职权时侵犯公民合法权益造成损害的，看守所的主管机关为赔偿义务机关。

[依据《最高人民法院、最高人民检察院关于办理刑事赔偿案件适用法律若干问题的解释》第十条]

7. 对公民采取拘留措施后又采取逮捕措施，国家承担赔偿责任的，作出逮捕决定的机关为赔偿义务机关。

[依据《最高人民法院、最高人民检察院关于办理刑事赔偿案件适用法律若干问题的解释》第十一条]

8. 后置吸收例外。刑事赔偿案件中，赔偿义务机关的确定通常采用后置吸收原则，即公安机关对公民采取拘留措施后，检察机关又采取逮捕措施的，或者对公民采取拘留和逮捕措施后，审判机关曾作出有罪判决的，在公民最终确定无罪的情形下，以有罪方式作出过最后处理的国家机关为赔偿义务机关。但是，公民被起诉至人民法院时已经变更了强制措施不再被羁押，而后人民法院虽作出有罪判决但并未判处监禁刑，该公民最终确定无罪的情况下，该公民的被羁押并非人民法院的判决所致，对该公民的无罪羁押应承担国家赔偿责任的赔偿义务机关不是作出有罪判决的人民法院，而是最后采取拘留、逮捕措施的机关。

（六）通知赔偿请求人补正材料后，赔偿请求人应在多长时间内补正齐全材料？

根据《最高人民法院关于国家赔偿监督程序若干问题的规定》第五条规定，补正期限一般为十五日，最长不超过一个月。

【常用法律、司法解释及相关规定】

《中华人民共和国国家赔偿法》（2012年10月26日修正）

第二条 国家机关和国家机关工作人员行使职权，有本法规定的侵犯公民、法人和其他组织合法权益的情形，造成损害的，受害人有依照本法取得国家赔偿的权利。

本法规定的赔偿义务机关，应当依照本法及时履行赔偿义务。

第六条　受害的公民、法人和其他组织有权要求赔偿。

受害的公民死亡，其继承人和其他有扶养关系的亲属有权要求赔偿。

第十二条　要求赔偿应当递交申请书，申请书应当载明下列事项：

（一）受害人的姓名、性别、年龄、工作单位和住所，法人或者其他组织的名称、住所和法定代表人或者主要负责人的姓名、职务；

（二）具体的要求、事实根据和理由；

（三）申请的年、月、日。

赔偿请求人书写申请书确有困难的，可以委托他人代书；也可以口头申请，由赔偿义务机关记入笔录。

赔偿请求人不是受害人本人的，应当说明与受害人的关系，并提供相应证明。

赔偿请求人当面递交申请书的，赔偿义务机关应当当场出具加盖本行政机关专用印章并注明收讫日期的书面凭证。申请材料不齐全的，赔偿义务机关应当当场或者在五日内一次性告知赔偿请求人需要补正的全部内容。

受害的法人或者其他组织终止的，其权利承受人有权要求赔偿。

第十六条　赔偿义务机关赔偿损失后，应当责令有故意或者重大过失的工作人员或者受委托的组织或者个人承担部分或者全部赔偿费用。

对有故意或者重大过失的责任人员，有关机关应当依法给予处分；构成犯罪的，应当依法追究刑事责任。

第二十条　赔偿请求人的确定依照本法第六条的规定。

第二十一条　行使侦查、检察、审判职权的机关以及看守所、监狱管理机关及其工作人员在行使职权时侵犯公民、法人和其他组织的合法权益造成损害的，该机关为赔偿义务机关。

对公民采取拘留措施，依照本法的规定应当给予国家赔偿的，作出拘留决定的机关为赔偿义务机关。

对公民采取逮捕措施后决定撤销案件、不起诉或者判决宣告无罪的，作出逮捕决定的机关为赔偿义务机关。

第二十二条　赔偿义务机关有本法第十七条、第十八条规定情形之一的，应当给予赔偿。

赔偿请求人要求赔偿，应当先向赔偿义务机关提出。

赔偿请求人提出赔偿请求，适用本法第十一条、第十二条的规定。

第二十四条 赔偿义务机关在规定期限内未作出是否赔偿的决定，赔偿请求人可以自期限届满之日起三十日内向赔偿义务机关的上一级机关申请复议。

赔偿请求人对赔偿的方式、项目、数额有异议的，或者赔偿义务机关作出不予赔偿决定的，赔偿请求人可以自赔偿义务机关作出赔偿或者不予赔偿决定之日起三十日内，向赔偿义务机关的上一级机关申请复议。

赔偿义务机关是人民法院的，赔偿请求人可以依照本条规定向其上一级人民法院赔偿委员会申请作出赔偿决定。

第二十五条 复议机关应当自收到申请之日起两个月内作出决定。

赔偿请求人不服复议决定的，可以在收到复议决定之日起三十日内向复议机关所在地的同级人民法院赔偿委员会申请作出赔偿决定；复议机关逾期不作决定的，赔偿请求人可以自期限届满之日起三十日内向复议机关所在地的同级人民法院赔偿委员会申请作出赔偿决定。

第二十九条 中级以上的人民法院设立赔偿委员会，由人民法院三名以上审判员组成，组成人员的人数应当为单数。

赔偿委员会作赔偿决定，实行少数服从多数的原则。

赔偿委员会作出的赔偿决定，是发生法律效力的决定，必须执行。

第三十八条 人民法院在民事诉讼、行政诉讼过程中，违法采取对妨害诉讼的强制措施、保全措施或者对判决、裁定及其他生效法律文书执行错误，造成损害的，赔偿请求人要求赔偿的程序，适用本法刑事赔偿程序的规定。

《最高人民法院关于人民法院赔偿委员会审理国家赔偿案件程序的规定》（2011 年 3 月 22 日施行　法释〔2011〕6 号）

第一条 赔偿请求人向赔偿委员会申请作出赔偿决定，应当递交赔偿申请书一式四份。赔偿请求人书写申请书确有困难的，可以口头申请。口头提出申请的，人民法院应当填写《申请赔偿登记表》，由赔偿请求人签名或者盖章。

第二条 赔偿请求人向赔偿委员会申请作出赔偿决定，应当提供以下法律文书和证明材料：

（一）赔偿义务机关作出的决定书；

（二）复议机关作出的复议决定书，但赔偿义务机关是人民法院的除外；

（三）赔偿义务机关或者复议机关逾期未作出决定的，应当提供赔偿义务机关对赔偿申请的收讫凭证等相关证明材料；

（四）行使侦查、检察、审判职权的机关在赔偿申请所涉案件的刑事诉讼程序、民事诉讼程序、行政诉讼程序、执行程序中作出的法律文书；

（五）赔偿义务机关职权行为侵犯赔偿请求人合法权益造成损害的证明材料；

（六）证明赔偿申请符合申请条件的其他材料。

第三条　赔偿委员会收到赔偿申请，经审查认为符合申请条件的，应当在七日内立案，并通知赔偿请求人、赔偿义务机关和复议机关；认为不符合申请条件的，应当在七日内决定不予受理；立案后发现不符合申请条件的，决定驳回申请。

前款规定的期限，自赔偿委员会收到赔偿申请之日起计算。申请材料不齐全的，赔偿委员会应当在五日内一次性告知赔偿请求人需要补正的全部内容，收到赔偿申请的时间应当自赔偿委员会收到补正材料之日起计算。

《最高人民法院关于国家赔偿案件立案工作的规定》（2012 年 2 月 15 日施行　法释〔2012〕1 号）

第一条　本规定所称国家赔偿案件，是指国家赔偿法第十七条、第十八条、第二十一条、第三十八条规定的下列案件：

（一）违反刑事诉讼法的规定对公民采取拘留措施的，或者依照刑事诉讼法规定的条件和程序对公民采取拘留措施，但是拘留时间超过刑事诉讼法规定的时限，其后决定撤销案件、不起诉或者判决宣告无罪终止追究刑事责任的；

（二）对公民采取逮捕措施后，决定撤销案件、不起诉或者判决宣告无罪终止追究刑事责任的；

（三）二审改判无罪，以及二审发回重审后作无罪处理的；

（四）依照审判监督程序再审改判无罪，原判刑罚已经执行的；

（五）刑讯逼供或者以殴打、虐待等行为或者唆使、放纵他人以殴打、虐待等行为造成公民身体伤害或者死亡的；

（六）违法使用武器、警械造成公民身体伤害或者死亡的；

（七）在刑事诉讼过程中违法对财产采取查封、扣押、冻结、追缴等措施的；

（八）依照审判监督程序再审改判无罪，原判罚金、没收财产已经执行的；

（九）在民事诉讼、行政诉讼过程中，违法采取对妨害诉讼的强制措施、保全措施或者对判决、裁定及其他生效法律文书执行错误，造成损害的。

第五条 赔偿请求人对作为赔偿义务机关的人民法院作出的是否赔偿的决定不服，依照国家赔偿法第二十四条的规定向其上一级人民法院赔偿委员会提出赔偿申请，收到申请的人民法院经审查认为其申请符合下列条件的，应予立案：

（一）有赔偿义务机关作出的是否赔偿的决定书；

（二）符合法律规定的请求期间，因不可抗力或者其他障碍未能在法定期间行使请求权的情形除外。

第六条 作为赔偿义务机关的人民法院逾期未作出是否赔偿的决定，赔偿请求人依照国家赔偿法第二十四条的规定向其上一级人民法院赔偿委员会提出赔偿申请，收到申请的人民法院经审查认为其申请符合下列条件的，应予立案：

（一）赔偿请求人具备法律规定的主体资格；

（二）被申请的赔偿义务机关是法律规定的赔偿义务机关；

（三）有具体的申请事项和理由；

（四）属于本规定第一条规定的情形；

（五）有赔偿义务机关已经收到赔偿申请的收讫凭证或者相应证据；

（六）符合法律规定的请求期间，因不可抗力或者其他障碍未能在法定期间行使请求权的情形除外。

第七条 赔偿请求人对行使侦查、检察职权的机关以及看守所、监狱管理机关作出的决定不服，经向其上一级机关申请复议，对复议机关的复议决定仍不服，依照国家赔偿法第二十五条的规定向复议机关所在地的同级人民法院赔偿委员会提出赔偿申请，收到申请的人民法院经审查认为其申请符合下列条件的，应予立案：

（一）有复议机关的复议决定书；

（二）符合法律规定的请求期间，因不可抗力或者其他障碍未能在法定期间行使请求权的情形除外。

第八条　复议机关逾期未作出复议决定，赔偿请求人依照国家赔偿法第二十五条的规定向复议机关所在地的同级人民法院赔偿委员会提出赔偿申请，收到申请的人民法院经审查认为其申请符合下列条件的，应予立案：

（一）赔偿请求人具备法律规定的主体资格；

（二）被申请的赔偿义务机关、复议机关是法律规定的赔偿义务机关、复议机关；

（三）有具体的申请事项和理由；

（四）属于本规定第一条规定的情形；

（五）有赔偿义务机关、复议机关已经收到赔偿申请的收讫凭证或者相应证据；

（六）符合法律规定的请求期间，因不可抗力或者其他障碍未能在法定期间行使请求权的情形除外。

第九条　人民法院应当在收到申请之日起七日内决定是否立案。

决定立案的，人民法院应当在立案之日起五日内向赔偿请求人送达受理案件通知书。属于人民法院赔偿委员会审理的国家赔偿案件，还应当同时向赔偿义务机关、复议机关送达受理案件通知书、国家赔偿申请书或者《申请赔偿登记表》副本。

经审查不符合立案条件的，人民法院应当在七日内作出不予受理决定，并应当在作出决定之日起十日内送达赔偿请求人。

第十条　赔偿请求人对复议机关或者作为赔偿义务机关的人民法院作出的决定不予受理的文书不服，依照国家赔偿法第二十四条、第二十五条的规定向人民法院赔偿委员会提出赔偿申请，收到申请的人民法院可以依照本规定第六条、第八条予以审查立案。

经审查认为原不予受理错误的，人民法院赔偿委员会可以直接审查并作出决定，必要时也可以交由复议机关或者作为赔偿义务机关的人民法院作出决定。

《最高人民法院、最高人民检察院关于办理刑事赔偿案件适用法律若干问题的解释》（2016 年 6 月 1 日施行　法释〔2015〕24 号）

第一条　赔偿请求人因行使侦查、检察、审判职权的机关以及看守所、监狱管理机关及其工作人员行使职权的行为侵犯其人身权、财产权而申请国家赔偿，具备国家赔偿法第十七条、第十八条规定情形的，属于本解释规定的刑事赔偿范围。

第二条　解除、撤销拘留或者逮捕措施后虽尚未撤销案件、作出不起诉决定或者判决宣告无罪，但是符合下列情形之一的，属于国家赔偿法第十七条第一项、第二项规定的终止追究刑事责任：

（一）办案机关决定对犯罪嫌疑人终止侦查的；

（二）解除、撤销取保候审、监视居住、拘留、逮捕措施后，办案机关超过一年未移送起诉、作出不起诉决定或者撤销案件的；

（三）取保候审、监视居住法定期限届满后，办案机关超过一年未移送起诉、作出不起诉决定或者撤销案件的；

（四）人民检察院撤回起诉超过三十日未作出不起诉决定的；

（五）人民法院决定按撤诉处理后超过三十日，人民检察院未作出不起诉决定的；

（六）人民法院准许刑事自诉案件自诉人撤诉的，或者人民法院决定对刑事自诉案件按撤诉处理的。

赔偿义务机关有证据证明尚未终止追究刑事责任，且经人民法院赔偿委员会审查属实的，应当决定驳回赔偿请求人的赔偿申请。

第三条　对财产采取查封、扣押、冻结、追缴等措施后，有下列情形之一，且办案机关未依法解除查封、扣押、冻结等措施或者返还财产的，属于国家赔偿法第十八条规定的侵犯财产权：

（一）赔偿请求人有证据证明财产与尚未终结的刑事案件无关，经审查属实的；

（二）终止侦查、撤销案件、不起诉、判决宣告无罪终止追究刑事责任的；

（三）采取取保候审、监视居住、拘留或者逮捕措施，在解除、撤销强制措施或者强制措施法定期限届满后超过一年未移送起诉、作出不起诉决定或者撤销案件的；

（四）未采取取保候审、监视居住、拘留或者逮捕措施，立案后超过两年未移送起诉、作出不起诉决定或者撤销案件的；

（五）人民检察院撤回起诉超过三十日未作出不起诉决定的；

（六）人民法院决定按撤诉处理后超过三十日，人民检察院未作出不起诉决定的；

（七）对生效裁决没有处理的财产或者对该财产违法进行其他处理的。

有前款第三项至六项规定情形之一，赔偿义务机关有证据证明尚未终止追究刑事责任，且经人民法院赔偿委员会审查属实的，应当决定驳回赔偿请求人的赔偿申请。

第四条　赔偿义务机关作出赔偿决定，应当依法告知赔偿请求人有权在三十日内向赔偿义务机关的上一级机关申请复议。赔偿义务机关未依法告知，赔偿请求人收到赔偿决定之日起两年内提出复议申请的，复议机关应当受理。

人民法院赔偿委员会处理赔偿申请，适用前款规定。

第五条　对公民采取刑事拘留措施后终止追究刑事责任，具有下列情形之一的，属于国家赔偿法第十七条第一项规定的违法刑事拘留：

（一）违反刑事诉讼法规定的条件采取拘留措施的；

（二）违反刑事诉讼法规定的程序采取拘留措施的；

（三）依照刑事诉讼法规定的条件和程序对公民采取拘留措施，但是拘留时间超过刑事诉讼法规定的时限。

违法刑事拘留的人身自由赔偿金自拘留之日起计算。

第六条　数罪并罚的案件经再审改判部分罪名不成立，监禁期限超出再审判决确定的刑期，公民对超期监禁申请国家赔偿的，应当决定予以赔偿。

第七条　根据国家赔偿法第十九条第二项、第三项的规定，依照刑法第十七条、第十八条规定不负刑事责任的人和依照刑事诉讼法第十五条、第一百七十三条第二款规定不追究刑事责任的人被羁押，国家不承担赔偿责任。但是，对起诉后经人民法院错判拘役、有期徒刑、无期徒刑并已执行的，人民法院应当对该判决确定后继续监禁期间侵犯公民人身自由权的情形予以赔偿。

第八条　赔偿义务机关主张依据国家赔偿法第十九条第一项、第五项规定的情形免除赔偿责任的，应当就该免责事由的成立承担举证责任。

第九条 受害的公民死亡，其继承人和其他有扶养关系的亲属有权申请国家赔偿。

依法享有继承权的同一顺序继承人有数人时，其中一人或者部分人作为赔偿请求人申请国家赔偿的，申请效力及于全体。

赔偿请求人为数人时，其中一人或者部分赔偿请求人非经全体同意，申请撤回或者放弃赔偿请求，效力不及于未明确表示撤回申请或者放弃赔偿请求的其他赔偿请求人。

第十条 看守所及其工作人员在行使职权时侵犯公民合法权益造成损害的，看守所的主管机关为赔偿义务机关。

第十一条 对公民采取拘留措施后又采取逮捕措施，国家承担赔偿责任的，作出逮捕决定的机关为赔偿义务机关。

第十二条 一审判决有罪，二审发回重审后具有下列情形之一的，属于国家赔偿法第二十一条第四款规定的重审无罪赔偿，作出一审有罪判决的人民法院为赔偿义务机关：

（一）原审人民法院改判无罪并已发生法律效力的；

（二）重审期间人民检察院作出不起诉决定的；

（三）人民检察院在重审期间撤回起诉超过三十日或者人民法院决定按撤诉处理超过三十日未作出不起诉决定的。

依照审判监督程序再审后作无罪处理的，作出原生效判决的人民法院为赔偿义务机关。

《最高人民法院办公厅关于国家赔偿法实施中若干问题的座谈会纪要》
（2012年12月25日施行　法办〔2012〕490号）

三、赔偿请求人在刑事诉讼程序结束前书面承诺放弃请求国家赔偿的权利，其后在国家赔偿法第三十九条规定的时效内又向作为赔偿义务机关的人民法院提出赔偿申请，收到申请的人民法院应当依照《最高人民法院关于国家赔偿案件立案工作的规定》（以下简称《赔偿立案规定》）予以审查立案。

四、人民法院办理自赔案件，与赔偿请求人达成协议并作出国家赔偿决定书后，赔偿请求人反悔并依照国家赔偿法第二十四条的规定向上一级人民法院赔偿委员会提出赔偿申请，收到申请的人民法院应当依照《赔偿立案规定》予以审查立案。

人民法院办理自赔案件，与赔偿请求人达成协议，但未在规定期限内作出国家赔偿决定书，赔偿请求人依照国家赔偿法第二十四条的规定向上一级人民法院赔偿委员会提出赔偿申请，收到申请的人民法院应当依照《赔偿立案规定》予以审查立案。

十一、批准逮捕与提起公诉不是同一人民检察院的，由作出逮捕决定的人民检察院作为赔偿义务机关。

《最高人民法院办公厅关于国家赔偿法实施中若干问题的座谈会纪要》
（2013 年 12 月 12 日施行　法办〔2013〕151 号）

一、赔偿请求人委托他人代理申请赔偿，除向人民法院提交本人身份证明外，还应当提交被委托人的身份证明和委托人签名或者盖章的授权委托书。委托律师的，应当提交律师执业证书、授权委托书和律师事务所证明；委托有关社会团体或者所在单位推荐的人，应当提交被推荐人的身份证明，以及有关社会团体或者所在单位的推荐证明。

法人或者其他组织委托他人代理申请赔偿，除按本条第一款提交相关证明材料外，还应当提交法人或者其他组织盖章确认的法定代表人身份证明书或者组织负责人的身份证明。进入破产程序的企业法人，由依法成立的破产管理人申请或者委托他人代理申请赔偿。

赔偿请求人身份证明或者授权委托材料不齐全的，人民法院收到赔偿申请的时间应当自收到补正材料之日起计算。

二、境外自然人、法人或者其他组织申请赔偿，其提交的在我国境外生成的身份证明、组织证明和授权委托书，应当经所在国公证机关证明，并经我国驻该国使领馆认证，或者履行我国与该国订立的有关条约中规定的证明手续。

四、《最高人民法院关于国家赔偿案件立案工作的规定》第五条至第八条规定的“法律规定的请求期间”，是指赔偿请求人不服赔偿义务机关或者复议机关的决定，依照《国家赔偿法》第二十四条、第二十五条的规定，在三十日内向有管辖权的人民法院赔偿委员会申请作出赔偿决定的期间。赔偿请求人因不可抗力或者其他障碍不能在法定请求期间内提出申请的，请求期间中止。

在立案审查阶段，人民法院难以查明赔偿请求人是否存在因不可抗力或者其他障碍未按期申请赔偿的情形，且赔偿请求人提供了初步证据的，应当先予受理。受理后，经审查发现赔偿请求人确属无正当理由逾期申请赔偿的，应当作出程序性驳回的决定。

《最高人民法院关于〈中华人民共和国国家赔偿法〉溯及力和人民法院赔偿委员会受案范围问题的批复》（1995 年 1 月 29 日施行　法复〔1995〕1 号）

一、根据《国家赔偿法》第三十五条规定，《国家赔偿法》1995 年 1 月 1 日起施行。《国家赔偿法》不溯及既往。即：国家机关及其工作人员行使职权时侵犯公民、法人和其他组织合法权益的行为，发生在 1994 年 12 月 31 日以前的，依照以前的有关规定处理。发生在 1995 年 1 月 1 日以后并经依法确认的，适用《国家赔偿法》予以赔偿。发生在 1994 年 12 月 31 日以前，但持续至 1995 年 1 月 1 日以后，并经依法确认的，属于 1995 年 1 月 1 日以后应予赔偿的部分，适用《国家赔偿法》予以赔偿；属于 1994 年 12 月 31 日以前应予赔偿的部分，适用当时的规定予以赔偿；当时没有规定的，参照《国家赔偿法》的规定予以赔偿。

二、依照《国家赔偿法》的有关规定，人民法院赔偿委员会受理下列案件：

1. 行使侦查、检察、监狱管理职权的机关及其工作人员在行使职权时侵犯公民、法人和其他组织的人身权、财产权，造成损害，经依法确认应予赔偿，赔偿请求人经依法申请赔偿和申请复议，因对复议决定不服或者复议机关逾期不作决定，在法定期间内向复议机关所在地的同级人民法院赔偿委员会申请作出赔偿决定的；

2. 人民法院是赔偿义务机关，赔偿请求人经申请赔偿，因赔偿义务机关逾期不予赔偿或者赔偿请求人对赔偿数额有异议，在法定期间内向赔偿义务机关的上一级人民法院赔偿委员会申请作出赔偿决定的。

《最高人民法院关于国家赔偿案件案由的规定》（2012 年 1 月 13 日施行　法〔2012〕32 号）

为正确适用法律，根据《中华人民共和国国家赔偿法》，结合国家赔偿工作实际，对国家赔偿案件案由规定如下：

一、违法刑事拘留赔偿（国家赔偿法第十七条第（一）项）。违反刑事诉讼法的规定对公民采取拘留措施的，或者依照刑事诉讼法规定的条件和程序对公民采取拘留措施，但是拘留时间超过刑事诉讼法规定的时限，其后决定撤销案件、不起诉或者判决宣告无罪终止追究刑事责任的赔偿案件。

二、无罪逮捕赔偿（国家赔偿法第十七条第（二）项）。对公民采取逮捕措施后，决定撤销案件、不起诉或者一审判决宣告无罪终止追究刑事责任的赔偿案件。

三、二审无罪赔偿（国家赔偿法第二十一条第四款）。二审改判无罪的赔偿案件。

四、重审无罪赔偿（国家赔偿法第二十一条第四款）。二审发回重审后作无罪处理的赔偿案件。

五、再审无罪赔偿（国家赔偿法第十七条第（三）项）。依照审判监督程序再审改判无罪，原判刑罚已经执行的赔偿案件。

六、刑讯逼供致伤、致死赔偿（国家赔偿法第十七条第（四）项）。刑讯逼供造成公民身体伤害或者死亡的赔偿案件。

七、殴打、虐待致伤、致死赔偿（国家赔偿法第十七条第（四）项）。以殴打、虐待等行为或者唆使、放纵他人以殴打、虐待等行为造成公民身体伤害或者死亡的赔偿案件。

八、违法使用武器、警械致伤、致死赔偿（国家赔偿法第十七条第（五）项）。违法使用武器、警械造成公民身体伤害或者死亡的赔偿案件。

九、刑事违法查封、扣押、冻结、追缴赔偿（国家赔偿法第十八条第（一）项）。在刑事诉讼过程中，违法对财产采取查封、扣押、冻结、追缴等措施的赔偿案件。

十、错判罚金、没收财产赔偿（国家赔偿法第十八条第（二）项）。依照审判监督程序再审改判无罪，原判罚金、没收财产已经执行的赔偿案件。

十一、违法司法罚款赔偿（国家赔偿法第三十八条）。人民法院在民事诉讼、行政诉讼过程中，违法司法罚款造成损害的赔偿案件。

十二、违法司法拘留赔偿（国家赔偿法第三十八条）。人民法院在民事诉讼、行政诉讼过程中，违法司法拘留造成损害的赔偿案件。

十三、违法保全赔偿（国家赔偿法第三十八条）。人民法院在民事诉讼、行政诉讼过程中，违法采取保全措施造成损害的赔偿案件。

十四、错误执行赔偿（国家赔偿法第三十八条）。人民法院在民事诉讼、行政诉讼过程中，对判决、裁定及其他生效法律文书执行错误造成损害的赔偿案件。

《最高人民法院关于国家赔偿案件立案、案由有关问题的通知》（2012 年 1 月 13 日施行　法〔2012〕33 号）

《最高人民法院关于国家赔偿案件立案工作的规定》（以下简称《立案规定》）、《最高人民法院关于国家赔偿案件案由的规定》（以下简称《案由规定》）已于 2011 年 12 月 26 日由最高人民法院审判委员会第 1537 次会议讨论通过，自 2012 年 2 月 15 日起施行，《最高人民法院关于刑事赔偿和非刑事司法赔偿案件立案工作的暂行规定（试行）》、《最高人民法院关于刑事赔偿和非刑事司法赔偿案件案由的暂行规定（试行）》同时废止。为正确适用《立案规定》和《案由规定》，切实保障公民、法人和其他组织依法行使请求国家赔偿的权利，把好案件受理关，现就有关问题通知如下：

一、关于国家赔偿案件的立案审查

赔偿请求人向作为赔偿义务机关的人民法院提出赔偿申请，或者依照国家赔偿法第二十四条、第二十五条的规定向人民法院赔偿委员会提出赔偿申请的，由收到申请的人民法院立案部门负责立案审查。与国家赔偿相关的涉法信访接待工作，由人民法院立案信访部门负责。

二、关于立案审查工作的有关事宜

赔偿请求人向作为赔偿义务机关的人民法院提出赔偿申请的，收到申请的人民法院立案部门应当根据《立案规定》第四条的规定予以审查。经审查符合立案条件的，立案部门应当编立案号，在立案之日起五日内向赔偿请求人送达受理案件通知书，并在调齐赔偿申请所涉案件的相关卷宗材料后，一并移送该院理赔机构办理。调取卷宗材料的时间应从作出赔偿决定的期限内予以扣除。

赔偿请求人依照国家赔偿法第二十四条、第二十五条的规定向人民法院赔偿委员会提出赔偿申请的，收到申请的人民法院立案部门根据《立案规定》第五条至第八条的规定予以审查。经审查符合立案条件的，立案部门应当编立案号，在立案之日起五日内向赔偿请求人、赔偿义务机关，复议机关送达受理案件通知书，并向赔偿义务机关、复议机关送达国家赔偿申请书或者

《申请赔偿登记表》副本。赔偿义务机关为下一级人民法院的，立案部门还应当向下一级人民法院调齐赔偿申请所涉案件的相关卷宗材料后，一并移送该院赔偿委员会审理。调取卷宗材料的时间应从作出赔偿决定的期限内予以扣除。

对前述两类案件经审查不符合立案条件的，由收到申请的人民法院立案部门在七日内作出不予受理决定，加盖人民法院院印，并在作出决定之日起十日内送达赔偿请求人。

三、关于国家赔偿案件案由的适用

对于赔偿请求人提出的赔偿申请属于《立案规定》第一条规定情形的，应当根据《案由规定》确定案由。在适用《案由规定》第六项至第十项时，一般应根据赔偿申请的具体情况择一确定案由，如赔偿申请涉及违法使用警械造成公民死亡的，案由为违法使用警械致死赔偿，如赔偿申请涉及虐待造成公民身体伤害的，案由为虐待致伤赔偿。

赔偿请求人提出的赔偿申请涉及同一赔偿义务机关的两个以上司法行为，且对应同一权利，应当一并审理的，可以确定并列案由。如赔偿申请既涉及刑事违法查封，又涉及刑事违法追缴的，案由为刑事违法查封、追缴赔偿；如赔偿申请既涉及违法保全，又涉及错误执行的，案由为违法保全、错误执行赔偿。

《立案规定》和《案由规定》适用过程中有何新情况和新问题，应当及时报告最高人民法院。

《内蒙古自治区高级人民法院关于全区法院国家赔偿案件立案审查工作有关问题的通知》（2014年9月3日施行　内高法〔2014〕164号）

为加强我区各级人民法院立案庭与国家赔偿委员会（理赔小组）在国家赔偿案件立案环节的协调配合，保证及时、准确审查受理国家赔偿案件，根据《最高人民法院关于国家赔偿立案工作的规定》《最高人民法院关于人民法院办理自赔案件程序的规定》及《最高人民法院关于人民法院赔偿委员会审理国家赔偿案件程序的规定》，现就我区国家赔偿案件立案环节有关问题通知如下：

一、国家赔偿案件申请及相关材料，由各级法院立案庭统一收取，并按照《最高人民法院关于国家赔偿立案工作的规定》进行初步审查。申请材料不齐的一次性告知赔偿请求人补齐材料。

二、立案材料齐全后，立案庭暂不设定案号，将立案申请及相关材料移交给本院赔偿委员会（基层法院移交院理赔小组）。赔偿委员会（理赔小组）应组成合议庭审查，并于七日内审查完毕。如遇特殊情况，需向上级法院请示或在立案审查期间需调取相关卷宗的，请示及调卷时间不计入上述审查期间。

三、赔偿委员会（理赔小组）认为应当立案的，应给立案庭书面回复，写明需要调取的相关案卷号，并准确标明立案案号代字。案卷调齐后，由立案庭发送受理案件通知书，并移交赔偿委员会（理赔小组）审理。

四、赔偿委员会（理赔小组）认为不应当立案的，告知立案庭给定此种情况下的案号，由赔偿委员会（理赔小组）下达不予受理决定书。该案件计入赔偿委员会（理赔小组）办理案件数量。

不予受理自赔案件案号为“（××××）内×法赔××号”，不予受理委赔案件案号为“（××××）内×委赔××号”。

五、在立案审查中，应严格按照《最高人民法院关于国家赔偿案件立案工作的规定》审查，注意赔偿请求人程序上的赔偿请求权与是否可获得实体赔偿的区分，不得以具体裁判标准替代立案审查标准。

【相关法律文书】

国家赔偿申请书（向人民法院赔偿委员会申请国家赔偿用）
申请国家赔偿登记表（向人民法院赔偿委员会口头提出国家赔偿申请用）
国家赔偿申请收讫凭证（收到国家赔偿申请材料用）
补正通知书（通知赔偿请求人补正材料用）
受理案件通知书（一）（通知赔偿请求人用）
受理案件通知书（二）（通知赔偿义务机关或复议机关用）
不予受理案件决定书（不受理国家赔偿申请用）

国家赔偿申请书

（向人民法院赔偿委员会申请国家赔偿用）

赔偿请求人：……（写明姓名或名称等基本情况）。

赔偿义务机关：……（写明名称、住所地）。

法定代表人：……（写明姓名、职务）。

复议机关：……（写明名称、住所地）。

法定代表人：……（写明姓名、职务）。

×××（赔偿请求人姓名或名称）因……（申请国家赔偿的案由），申请××××（赔偿义务机关名称）……（申请国家赔偿的具体要求）。

……（事实与理由：主要是认为赔偿义务机关及其工作人员侵权造成赔偿请求人合法权益损害的事实和根据；已经向赔偿义务机关申请国家赔偿、向复议机关申请复议，认为赔偿义务机关、复议机关作出决定错误的理由，或者逾期不作出决定的事实和证据；根据有关法律规定应当获得国家赔偿的理由）。

……（证据和证据来源，证人姓名和住址）。

此致

××××人民法院赔偿委员会

附：……（本国家赔偿申请书副本三份和有关法律文书及证明材料目录）

赔偿请求人×××（签名或盖章）

××××年××月××日

【制作说明】

一、本申请书样式供赔偿请求人向人民法院赔偿委员会申请作出赔偿决定时使用。

二、赔偿请求人是自然人的，写明其姓名、性别、有效身份证件号码（包括身份证号、军官证号、护照号等）、民族、职业（或工作单位和职务）、住址、送达地址、联系电话；有别名或者曾用名，应在姓名之后用括号标明。赔偿请求人是法人的，写明其名称、住所地，并写明法定代表人的姓名和职务、联系电话。赔偿请求人是依法成立的不具备法人资格的其他组织的，写明其名称和住所地，并写明负责人姓名和职务、联系电话。赔偿请求人有法定代理人的，应写明其姓名、性别、职业（或工作单位和职务）及住址、联系电话。赔偿请求人有委托代理人的，应写明其姓名、性别、职业（或工作单位和职务）及住址、联系电话。

三、赔偿请求人依法应向复议机关申请复议的，应当写明复议机关的决定内容或逾期不作出决定的情形。

四、国家赔偿申请书尾部的“××××人民法院赔偿委员会”为申请指向的人民法院赔偿委员会名称。

五、“附有关法律文书及证明材料”根据具体情况分别列项标注。

六、赔偿请求人提交的国家赔偿申请书用A4纸打印或书写，书写时应字迹清楚，避免使用铅笔、圆珠笔或者红色、纯蓝色墨水等易褪色不易长期保存的工具材料书写。

申请国家赔偿登记表

（向人民法院赔偿委员会口头提出国家赔偿申请用）

<table>
<tr><td>申请国家赔偿日期</td><td colspan="2">年　月　日</td></tr>
<tr><td rowspan="6">赔偿请求人</td><td>姓名</td><td>性别</td></tr>
<tr><td>出生日期</td><td>民族</td></tr>
<tr><td colspan="2">有效身份证件号码</td></tr>
<tr><td>职业</td><td>联系电话</td></tr>
<tr><td colspan="2">住址</td></tr>
<tr><td colspan="2">送达地址</td></tr>
<tr><td rowspan="3">赔偿义务机关</td><td colspan="2">名称</td></tr>
<tr><td colspan="2">住所地</td></tr>
<tr><td colspan="2">法定代表人</td></tr>
<tr><td>赔偿义务机关决定情况</td><td colspan="2"></td></tr>
<tr><td rowspan="3">复议机关</td><td colspan="2">名称</td></tr>
<tr><td colspan="2">住所地</td></tr>
<tr><td colspan="2">法定代表人</td></tr>
<tr><td>复议机关复议情况</td><td colspan="2"></td></tr>
<tr><td>申请国家赔偿事项</td><td colspan="2"></td></tr>
<tr><td>事实和理由</td><td colspan="2"></td></tr>
<tr><td>备注</td><td colspan="2"></td></tr>
</table>

填表人签名　　　　　　　　　　　　　　　　　　赔偿请求人签名（捺印）

【制作说明】

一、本登记表样式供人民法院对赔偿请求人口头提出的国家赔偿申请进行登记时使用。

二、本登记表只适用于书写有困难的自然人。

三、本登记表（一式四份）由人民法院工作人员根据赔偿请求人口述的内容填写，填写后向赔偿请求人宣读，由赔偿请求人确认、签名，不能签名的，在“赔偿请求人签名（捺印)”后的空白处捺指纹，填表人在备注栏注明。

四、人民法院工作人员根据需要说明的具体情况在备注栏填写具体内容。

五、登记表内容可以用钢笔或毛笔填写，也可以用电脑录入方式填写。

××××人民法院

国家赔偿申请收讫凭证

（收到国家赔偿申请材料用）

<table>
<tr><th>序号</th><th>材料名称</th><th>份数</th><th>原件</th><th>备注</th></tr>
<tr><td>1</td><td>国家赔偿申请申请书</td><td></td><td></td><td></td></tr>
<tr><td>2</td><td>赔偿请求人身份证明</td><td></td><td></td><td></td></tr>
<tr><td>3</td><td>提交的证据</td><td></td><td></td><td></td></tr>
<tr><td>4</td><td></td><td></td><td></td><td></td></tr>
<tr><td>5</td><td></td><td></td><td></td><td></td></tr>
<tr><td colspan="2">提交人签名：</td><td colspan="3">提交日期：</td></tr>
<tr><td colspan="2">签收人签名：</td><td colspan="3">签收日期：</td></tr>
</table>

【制作说明】

一、本收讫凭证样式依照《最高人民法院关于国家赔偿案件立案工作的规定》第三条的规定制定，供人民法院收到赔偿请求人当面递交的国家赔偿申请材料时使用。

二、本收讫凭证一式二联，第一联由人民法院立案部门留存，第二联由当事人留存。

三、由于尚未立案，本收讫凭证无须编立案号。

四、人民法院收到赔偿请求人当面递交的国家赔偿申请书后，无论材料是否齐全，都应当向请求人出具收讫凭证。申请材料不齐全的，人民法院应当当场或五日内一次性告知赔偿请求人需要补正的全部内容。

五、签收人签名的同时还应加盖人民法院收讫专用印章。

××××人民法院

补正通知书

（通知赔偿请求人补正材料用）

×××（赔偿请求人姓名或名称）：

你（你单位）于××××年××月××日因……（申请国家赔偿的案由）申请××××（赔偿义务机关名称）国家赔偿一案，向本院赔偿委员会申请作出赔偿决定。经审查，你（你单位）的申请材料不齐全，依照《最高人民法院关于人民法院赔偿委员会审理国家赔偿案件程序的规定》第三条的规定，请补正以下材料：……（补正材料的内容）。补正申请材料所用时间不计入国家赔偿立案审查期限。

特此通知。

××××年××月×日

（院印）

【制作说明】

一、本通知书样式依照《最高人民法院关于人民法院赔偿委员会审理国家赔偿案件程序的规定》第三条的规定制定，供人民法院通知赔偿请求人补正材料时使用。

二、由于尚未立案，本通知书无须编立案号。

三、人民法院在补正通知书中应一次性告知赔偿请求人需要补正的全部内容。

四、人民法院应当场或在收到国家赔偿申请后五日内作出通知。

××××人民法院

受理案件通知书（一）

（通知赔偿请求人用）

（××××）××委赔×号

×××（赔偿请求人姓名或名称）：

你（你单位）以××××（赔偿义务机关名称）……（申请国家赔偿的案由）为由，向本院赔偿委员会申请作出赔偿决定。经审查，你（你单位）的申请符合立案条件，本院于××××年××月××日决定予以受理。现将有关事项通知如下：

一、赔偿请求人应当依法行使诉讼权利，履行诉讼义务。

二、应当自收到本通知书之日起十日内向本院赔偿委员会提供国家机关的职权行为违法的证据。

三、可以在收到本通知书之日起十日内依据法律规定请求本院赔偿委员会调查证据。

四、赔偿请求人可以申请质证，并参加质证调查，也可委托一至二人代为参加质证调查，授权委托书应当在提交证据的期限内一并向本院赔偿委员会提交。委托书须经双方签章，载明委托事项、权限、期限等。

五、举证不能或者举证不足的，不影响本院赔偿委员会审理案件。但证据不足导致的不利后果由赔偿请求人承担。

特此通知。

××××年××月××日
（院印）

【制作说明】

一、本通知书样式依照《最高人民法院关于国家赔偿案件立案工作的规定》第五条、第六条、第七条、第八条、第九条的规定制定，供人民法院受理国家赔偿案件后，通知赔偿请求人时使用。

二、人民法院受理赔偿案件后，编立“（××××）××委赔×号”案号。其中，括号内“××××”为年号，括号后“××”为受理案件的人民法院代码，“委赔”代表人民法院赔偿委员会审理案件，“×号”为该类案件顺序编号。[①]

三、本文书中具体通知事项系依据审判实践补齐。

① 本文书样式依照现行案号制度修改。

××××人民法院

受理案件通知书（二）

（通知赔偿义务机关或复议机关用）

（××××）××委赔×号

××××（赔偿义务机关或复议机关名称）：

×××（赔偿请求人姓名或名称）以你单位（赔偿义务机关名称）……（申请国家赔偿的案由）为由，向本院赔偿委员会申请作出赔偿决定。经审查，×××（赔偿请求人姓名或名称）的申请符合立案条件，本院于×××年××月××日决定予以受理。

现随文发送国家赔偿申请书副本一份，并将有关事项通知如下：

一、你单位自收到国家赔偿申请书副本之日起十日内向本院提交书面答辩意见及你单位法定代表人身份证明书；需要委托代理人的，应提交授权委托书和委托代理人的身份证明书。

二、为便于公正审理该案，请你单位自收到国家赔偿申请书副本之日起十日内向本院递交……（具体写明要递交的有关案卷材料）。

特此通知。

附：1. 国家赔偿申请书或者《申请国家赔偿登记表》副本一份

2. 证据清单副本一份

××××年××月××日

（院印）

【制作说明】

一、本通知书样式依照《最高人民法院关于国家赔偿案件立案工作的规定》第五条、第六条、第七条、第八条、第九条的规定制定，供人民法院受理国家赔偿案件后，通知赔偿义务机关、复议机关时使用。

二、人民法院受理赔偿案件后，编立“（××××）××委赔×号”案号。其中，括号内“××××”为年号，括号后“××”为受理案件的人民法院代码，“委赔”代表人民法院赔偿委员会审理案件，“×号”为该类案件顺序编号。①

① 本文书样式依照现行案号制度修改。

××××人民法院

不予受理案件决定书

（不受理国家赔偿申请用）

（××××）××委赔×号

赔偿请求人：……（写明姓名或名称等基本情况）。

赔偿义务机关：……（写明名称、住所地）。

法定代表人：……（写明姓名、职务）。

委托代理人：……（写明姓名等基本情况）。

复议机关：……（写明名称、住所地）。

法定代表人：……（写明姓名、职务）。

委托代理人：……（写明姓名等基本情况）。

×××（赔偿请求人姓名或名称）于××××年××月××日因……（申请国家赔偿的案由）申请××××（赔偿义务机关名称）国家赔偿一案，……（不服赔偿义务机关或复议机关的决定，或是赔偿义务机关、复议机关逾期不作出决定等情形），向本院赔偿委员会申请作出赔偿决定。

经审查，本院认为，……（阐明不予受理的具体理由）。依照《最高人民法院关于国家赔偿案件立案工作的规定》第九条的规定，决定如下：

对赔偿请求人×××（写明姓名或名称）的国家赔偿申请不予受理。

本决定为发生法律效力的决定。

×××××年××月××日
（院印）

【制作说明】

一、本决定书样式依照《最高人民法院关于国家赔偿案件立案工作的规定》第九条的规定制定，供人民法院审查后，决定不予受理赔偿请求人的国家赔偿申请时使用。

二、人民法院受理赔偿案件后，编立“（××××）××委赔×号”案号。其中，括号内“××××”为年号，括号后“××”为受理案件的人民法院代码，“委赔”代表人民法院赔偿委员会审理案件，“×号”为该类案件顺序编号。①

三、赔偿请求人是自然人的，写明其姓名、性别、民族、职业（或工作单位和职务）、住址；有别名或者曾用名，应在姓名之后用括号标明。赔偿请求人是法人的，写明其名称、住所地，并写明法定代表人的姓名和职务。赔偿请求人是依法成立的不具备法人资格的其他组织的，写明其名称和住所地，并写明负责人姓名和职务。赔偿请求人有法定代理人的，应写明其姓名、性别、职业（或工作单位和职务）及住址。赔偿请求人有委托代理人的，应写明其姓名、性别、职业（或工作单位和职务）及住址。

四、赔偿义务机关、复议机关的处理情况包括赔偿义务机关、复议机关不予受理、逾期不作出决定和作出决定的情形。

---

① 本文书样式依照现行案号制度修改。

第二节　审　理

【工作要求】

根据《中华人民共和国国家赔偿法》第十九条、第二十二条、第二十三条、第二十四条、第二十八条、第三十一条，《最高人民法院关于人民法院赔偿委员会审理国家赔偿案件程序的规定》第五条至第二十四条，《最高人民法院、最高人民检察院关于办理刑事赔偿案件适用法律若干问题的解释》《最高人民法院关于审理民事、行政诉讼中司法赔偿案件适用法律若干问题的解释》《最高人民法院办公厅关于国家赔偿法实施中若干问题的座谈会纪要》（法办〔2012〕490号）第九条至第十一条、第十三条至第十七条、第十九条至第二十一条、第二十三条，《最高人民法院办公厅关于国家赔偿法实施中若干问题的座谈会纪要》（法办〔2013〕151号）第十三条至第十九条，《内蒙古自治区高级人民法院赔偿委员会办公室关于规范国家赔偿案件裁判文书的通知》之有关规定，审查是否应给予赔偿请求人赔偿。

【工作内容】

（一）审理流程

（1）指定一名员额法官承办。（2）承办人应当查清事实并写出审理报告，提请赔偿委员会讨论决定。（3）赔偿委员会必须有三名以上审判员参加讨论，按照少数服从多数的原则作出决定。（4）赔偿委员会认为重大、疑难的案件，应报请院长提交审判委员会讨论决定。审判委员会的决定，赔偿委员会应当执行。（5）作出是否赔偿的决定，并制作国家赔偿决定书，自作出决定之日起十日内将决定分别送达赔偿请求人、赔偿义务机关和复议机关。

［依据《中华人民共和国国家赔偿法》第二十七条，《最高人民法院关于人民法院赔偿委员会审理国家赔偿案件程序的规定》第七条、第十五条］

（二）审理方式

以书面审理为主。

［依据《中华人民共和国国家赔偿法》第二十七条］

1．听取赔偿请求人、赔偿义务机关的陈述和申辩，必要时调取原审判、执行案卷，可以向原案件承办部门或有关人员调查核实情况，应当制作笔录。

2．有下列情形之一，经书面审理不能解决的，赔偿委员会可以组织赔偿请求人和赔偿义务机关进行质证：对侵权事实、损害后果及因果关系有争议的；对是否属于《中华人民共和国国家赔偿法》第十九条规定的国家不承担赔偿责任的情形有争议的；对赔偿方式、赔偿项目或者赔偿数额有争议的；赔偿委员会认为应当质证的其他情形。

除涉及国家秘密、个人隐私或者法律另有规定的以外，质证应当公开进行。赔偿请求人或者赔偿义务机关申请不公开质证，对方同意的，赔偿委员会可以不公开质证。

［依据《中华人民共和国国家赔偿法》第二十七条，《最高人民法院关于人民法院赔偿委员会审理国家赔偿案件程序的规定》第十四条，《最高人民法院关于人民法院赔偿委员会适用质证程序审理国家赔偿案件的规定》第二条、第三条］

关于质证程序，详见《最高人民法院关于人民法院赔偿委员会适用质证程序审理国家赔偿案件的规定》。

（三）处理结果

1．赔偿义务机关的决定或者复议机关的复议决定认定事实清楚，适用法律正确的，依法予以维持。

2．赔偿义务机关的决定、复议机关的复议决定认定事实清楚，但适用法律错误的，依法重新决定。

3．赔偿义务机关的决定、复议机关的复议决定认定事实不清、证据不足的，查清事实后依法重新决定。

4．赔偿义务机关、复议机关逾期未作决定的，查清事实后依法作出决定。

5．原不予受理决定错误的，人民法院赔偿委员会可以直接审查并作出决定，必要时也可以交由复议机关或者作为赔偿义务机关的人民法院作出决定。

［依据《最高人民法院关于人民法院赔偿委员会审理国家赔偿案件程序的规定》第十九条、《最高人民法院关于国家赔偿案件立案工作的规定》第十

条］

（四）审理期限

人民法院应当自收到赔偿申请之日起三个月内作出决定；属于疑难、复杂、重大案件的，经本院院长批准，可以延长三个月。

［依据《中华人民共和国国家赔偿法》第二十八条］

下列情形不计入审理期限：（1）需要向赔偿义务机关、有关人民法院或者其他国家机关调取案卷或者其他材料的；（2）需要向最高人民法院请示法律适用问题的；（3）人民法院赔偿委员会委托鉴定、评估的。

［依据《最高人民法院办公厅关于国家赔偿法实施中若干问题的座谈会纪要》（法办〔2013〕151号）第九条］

（五）委托代理

1. 赔偿请求人可以委托一至二人作为代理人。律师、提出申请的公民的近亲属、有关的社会团体或者所在单位推荐的人、经赔偿委员会许可的其他公民，都可以被委托为代理人。

2. 赔偿义务机关、复议机关可以委托本机关工作人员一至二人作为代理人。

3. 赔偿请求人、赔偿义务机关、复议机关委托他人代理，应当向赔偿委员会提交由委托人签名或者盖章的授权委托书。授权委托书应当载明委托事项和权限。代理人代为承认、放弃、变更赔偿请求，应当有委托人的特别授权。

［依据《最高人民法院关于人民法院赔偿委员会审理国家赔偿案件程序的规定》第五条、第六条］

（六）回避

1. 回避对象。参与办理案件的审判人员及书记员、翻译人员、鉴定人、勘验人。

［依据《最高人民法院关于人民法院赔偿委员会审理国家赔偿案件程序的规定》第八条］

2. 回避事由。（1）是赔偿请求人的近亲属；（2）是本案代理人的近亲属；（3）与本案有利害关系；（4）与本案有其他关系，可能影响对案件公正审理的。

［依据《最高人民法院关于人民法院赔偿委员会审理国家赔偿案件程序的规定》第八条］

3. 回避方式。审判人员自行回避或赔偿请求人、赔偿义务机关以书面或者口头方式申请其回避。申请回避应当说明回避的具体人员、回避的事由、证据或证据线索。

［依据《最高人民法院关于人民法院赔偿委员会审理国家赔偿案件程序的规定》第八条、《最高人民法院关于人民法院办理自赔案件程序的规定》第六条］

4. 回避申请的提出。赔偿请求人、赔偿义务机关申请回避，应当在人民法院作出赔偿决定前提出。

［依据《最高人民法院关于人民法院办理自赔案件程序的规定》第六条］

5. 回避的决定。审判人员的回避，由院长决定；其他人员的回避，由赔偿委员会主任决定。人民法院应当自赔偿请求人、赔偿义务机关申请回避之日起三日内作出书面决定。赔偿请求人、赔偿义务机关对决定不服的，可以申请复议一次。人民法院对复议申请，应当在三日内作出复议决定，并通知复议申请人。复议期间，被申请回避的人员不停止案件办理工作。

［依据《最高人民法院关于人民法院办理自赔案件程序的规定》第六条］

（七）举证责任

1. 一般举证责任。赔偿请求人、赔偿义务机关对自己提出的主张或者反驳对方主张所依据的事实有责任提供证据加以证明。没有证据或者证据不足以证明其事实主张的，由负有举证责任的一方承担不利后果。

［依据《中华人民共和国国家赔偿法》第二十六条、《最高人民法院关于人民法院赔偿委员会审理国家赔偿案件程序的规定》第十二条］

2. 特殊举证责任。

（1）赔偿义务机关对下列事实或情形负举证责任：赔偿义务机关行为的合法性；赔偿义务机关无过错；因赔偿义务机关过错致使赔偿请求人不能证明的待证事实；赔偿义务机关行为与被羁押人在羁押期间死亡或者丧失行为能力不存在因果关系；属于法定免责情形；赔偿请求超过法定时效；具有其他抗辩事由。

［依据《中华人民共和国国家赔偿法》第二十六条，《最高人民法院关于

人民法院赔偿委员会审理国家赔偿案件程序的规定》第十三条，《最高人民法院关于人民法院赔偿委员会适用质证程序审理国家赔偿案件的规定》第六条、第七条]

（2）赔偿请求人与赔偿义务机关就各自主张的财产损失均不能举证证明时，人民法院赔偿委员会可以委托价格鉴定机构对涉案财产进行价格鉴定；无法鉴定的，人民法院赔偿委员会应当结合双方的主张和在案证据，运用逻辑推理、日常生活经验等进行判断。

[依据《最高人民法院关于审理涉执行司法赔偿案件适用法律若干问题的解释》第九条、《最高人民法院办公厅关于国家赔偿法实施中若干问题的座谈会纪要》（法办〔2013〕151号）第十八条]

（八）协商

1．人民法院可以组织赔偿义务机关与赔偿请求人就赔偿方式、赔偿项目和赔偿数额在法律规定的范围内进行协商。协商应当遵循自愿、合法的原则。协商情况应当制作笔录。经协商达成协议的，赔偿委员会审查确认后应当制作国家赔偿决定书。赔偿请求人、赔偿义务机关一方或者双方不愿协商，或者协商不成的，赔偿委员会应当及时作出决定。

[依据《最高人民法院关于人民法院赔偿委员会审理国家赔偿案件程序的规定》第九条、第十条、第十一条]

2．赔偿请求人向人民法院赔偿委员会申请作出赔偿决定时，增加新的赔偿请求的，人民法院赔偿委员会应当组织赔偿请求人和赔偿义务机关就新增请求进行协商，协商不成的，人民法院赔偿委员会应当对新增请求一并审查处理。

[依据《最高人民法院办公厅关于国家赔偿法实施中若干问题的座谈会纪要》（法办〔2013〕151号）第六条]

（九）撤回申请

赔偿委员会作出决定前，赔偿请求人撤回赔偿申请的，赔偿委员会应当依法审查并作出是否准许的决定。

[依据《最高人民法院关于人民法院赔偿委员会审理国家赔偿案件程序的规定》第十六条]

（十）中止审理

1．中止审理的情形。（1）赔偿请求人死亡，需要等待其继承人和其他有扶养关系的亲属表明是否参加赔偿案件处理的；（2）赔偿请求人丧失行为能力，尚未确定法定代理人的；（3）作为赔偿请求人的法人或者其他组织终止，尚未确定权利义务承受人的；（4）赔偿请求人因不可抗拒的事由，在法定审限内不能参加赔偿案件处理的；（5）宣告无罪的案件，人民法院决定再审或者人民检察院按照审判监督程序提出抗诉的；（6）应当中止审理的其他情形。

［依据《最高人民法院关于人民法院赔偿委员会审理国家赔偿案件程序的规定》第十七条］

2. 中止方式。中止审理应作出中止审理决定书。中止审理的原因消除后，赔偿委员会应当及时恢复审理，并通知赔偿请求人、赔偿义务机关和复议机关。

［依据《最高人民法院关于人民法院赔偿委员会审理国家赔偿案件程序的规定》第十七条、《人民法院国家赔偿案件文书样式》样式25］

（十一）终结审理

有下列情形之一的，人民法院应当决定终结审理并作出终结审理决定书：（1）赔偿请求人死亡，没有继承人和其他有扶养关系的亲属或者赔偿请求人的继承人和其他有扶养关系的亲属放弃要求赔偿权利的；（2）作为赔偿请求人的法人或者其他组织终止后，其权利义务承受人放弃要求赔偿权利的；（3）赔偿请求人据以申请赔偿的撤销案件决定、不起诉决定或者无罪判决被撤销的；（4）应当终结审理的其他情形。

［依据《最高人民法院关于人民法院赔偿委员会审理国家赔偿案件程序的规定》第十八条］

（十二）决定书

1. 名称及适用范围。程序性驳回赔偿请求人申请的，适用“××××人民法院赔偿委员会决定书”；实体作出处理的，包括决定不赔偿、决定赔偿、确认协议的，适用“××××人民法院赔偿委员会国家赔偿决定书”。其中法院名称应与本院公章名称相同。

［依据《人民法院国家赔偿案件文书样式》］

2. 决定书内容。决定书应当载明以下事项：（1）赔偿请求人的基本情况，赔偿义务机关、复议机关的名称及其法定代表人；（2）赔偿请求人申请事项及理由，赔偿义务机关的决定、复议机关的复议决定情况；（3）赔偿委员会认定的事实及依据；（4）决定的理由及法律依据；（5）决定内容。

［依据《最高人民法院关于人民法院赔偿委员会审理国家赔偿案件程序的规定》第二十一条］

3．决定书的送达。作出决定书之日起十日内送达赔偿请求人。

［依据《最高人民法院关于人民法院赔偿委员会审理国家赔偿案件程序的规定》第二十二条］

送达以直接送达为主，一般只需要赔偿请求人或其有代收法律文书权限的代理人在送达回证上签字。但为避免发生新的争议，建议同时填写宣判笔录，告知赔偿请求人可以自行向上一级人民法院赔偿委员会提出申诉和上一级人民法院名称。

（十三）结案

司法辅助人员登录人民法院办案系统填写当事人信息、审理经过、合议庭组成人员、笔录、决定书等案件相关信息后，向审判管理办公室申请网上案件报结，待审判管理办公室审核通过后，视为案件结案。

（十四）文书上网

根据《最高人民法院关于人民法院在互联网公布裁判文书的规定》，在决定书生效后七个工作日内将决定书在互联网公布。

（十五）案卷装订与归档

将所有材料按要求依顺序分正、副卷装订后，依照本院关于归档的规定将案卷移送。

【常见问题】

（一）赔偿委员会就委赔案件作出的决定是否为发生法律效力的决定，有无救济途径？

赔偿委员会就委赔案件作出的决定是生效的决定，必须执行。但赔偿请求人、赔偿义务机关对决定不服，可以向上一级法院赔偿委员会提出申诉。需要注意的是，赔偿请求人自行向上一级法院赔偿委员会提交申诉申请，不能按照办理上诉案件程序处理。

［依据《中华人民共和国国家赔偿法》第二十九条、第三十条］

（二）委赔案件的决定书有几种？

从结果来区分，委赔案件的决定书有以下三种：

1. 不予受理案件决定书。经审查后，赔偿请求人的国家赔偿申请不符合受理条件，须在收到申请后七日内作出。

2. 决定书。立案后，经审理，程序性驳回赔偿请求人的国家赔偿申请；经审查认为复议机关或者作为赔偿义务机关的人民法院作出的不予受理决定书错误的，决定指令复议机关或者作为赔偿义务机关的人民法院作出决定。

3. 国家赔偿决定书。立案后，经审理，实体驳回赔偿请求人的国家赔偿请求，或决定给予国家赔偿，或对赔偿请求人与赔偿义务机关达成的国家赔偿协议进行确认。

需要强调的是，不存在“赔偿决定书”这一样式。

[依据《人民法院国家赔偿案件文书样式》]

（三）刑事赔偿中的终止追究刑事责任包括哪些情形？

解除、撤销拘留或者逮捕措施后虽尚未撤销案件、作出不起诉决定或者判决宣告无罪，但是符合下列情形之一的，属于《中华人民共和国国家赔偿法》第十七条第一项、第二项规定的终止追究刑事责任：（1）办案机关决定对犯罪嫌疑人终止侦查的；（2）解除、撤销取保候审、监视居住、拘留、逮捕措施后，办案机关超过一年未移送起诉、作出不起诉决定或者撤销案件的；（3）取保候审、监视居住法定期限届满后，办案机关超过一年未移送起诉、作出不起诉决定或者撤销案件的；（4）人民检察院撤回起诉超过三十日未作出不起诉决定的；（5）人民法院决定按撤诉处理后超过三十日，人民检察院未作出不起诉决定的；（6）人民法院准许刑事自诉案件自诉人撤诉的，或者人民法院决定对刑事自诉案件按撤诉处理的。

[依据《最高人民法院、最高人民检察院关于办理刑事赔偿案件适用法律若干问题的解释》第二条]

（四）侵犯财产权刑事赔偿的范围如何？

对财产采取查封、扣押、冻结、追缴等措施后，有下列情形之一，且办案机关未依法解除查封、扣押、冻结等措施或者返还财产的，属于《中华人民共和国国家赔偿法》第十八条规定的侵犯财产权，可以提起国家赔偿申请：（1）赔偿请求人有证据证明财产与尚未终结的刑事案件无关，经审查属实的；（2）终止侦查、撤销案件、不起诉、判决宣告无罪终止追究刑事责任的；（3）采取取保候审、监视居住、拘留或者逮捕措施，在解除、撤销强制措施或者强制措施法定期限届满后超过一年未移送起诉、作出不起诉决定或者撤销案件的；（4）未采取取保候审、监视居住、拘留或者逮捕措施，立案后超过两年未移送起诉、作出不起诉决定或者撤销案件的；（5）人民检察院撤回起诉超过三十日未作出不起诉决定的；（6）人民法院决定按撤诉处理后超过三十日，人民检察院未作出不起诉决定的；（7）对生效裁决没有处理的财产或者对该财产违法进行其他处理的。

[依据《最高人民法院、最高人民检察院关于办理刑事赔偿案件适用法律若干问题的解释》第三条]

（五）委赔案件的文书以法院名义还是以赔偿委员会名义作出?

在委赔案件中，除不受理国家赔偿申请和本院院长决定重新审理案件的决定书使用“××××人民法院”文头外，其他均应使用“××××人民法院赔偿委员会”文头。

[依据《人民法院国家赔偿案件文书样式》]

（六）赔偿委员会可以指令逾期未作决定的复议机关或者作为赔偿义务机关的人民法院作出决定吗?

现有规定中，指令复议机关或者作为赔偿义务机关的人民法院作出决定只适用于复议机关或者作为赔偿义务机关的人民法院作出的不予受理决定被赔偿委员会认为错误的情形。对复议机关或者作为赔偿义务机关的人民法院逾期未作决定的，赔偿委员会应查明事实，作出决定。

[依据《最高人民法院关于国家赔偿案件立案工作的规定》第十条、《最高人民法院关于人民法院赔偿委员会审理国家赔偿案件程序的规定》第十九条]

（七）对生效的赔偿决定可以申请法院强制执行吗?

目前，相关规定中没有规定可以对生效的国家赔偿决定书申请法院强制执行，只能由赔偿请求人向赔偿义务机关提出给付国家赔偿金申请。

（八）国家上年度职工平均工资公布后确定赔偿金额的通知书是否已经不再使用?

是的。《最高人民法院、最高人民检察院关于办理刑事赔偿案件适用法律若干问题的解释》第二十一条第二款规定：“作出赔偿决定、复议决定时国家上一年度职工平均工资尚未公布的，以已经公布的最近年度职工平均工资为准。”故该通知书已失去实际使用意义。

【常用法律、司法解释及相关规定】

《中华人民共和国国家赔偿法》（2012 年 10 月 26 日修正）

第二十六条 人民法院赔偿委员会处理赔偿请求，赔偿请求人和赔偿义务机关对自己提出的主张，应当提供证据。

被羁押人在羁押期间死亡或者丧失行为能力的，赔偿义务机关的行为与被羁押人的死亡或者丧失行为能力是否存在因果关系，赔偿义务机关应当提供证据。

第二十七条 人民法院赔偿委员会处理赔偿请求，采取书面审查的办法。必要时，可以向有关单位和人员调查情况、收集证据。赔偿请求人与赔偿义务机关对损害事实及因果关系有争议的，赔偿委员会可以听取赔偿请求人和赔偿义务机关的陈述和申辩，并可以进行质证。

第二十八条 人民法院赔偿委员会应当自收到赔偿申请之日起三个月内作出决定；属于疑难、复杂、重大案件的，经本院院长批准，可以延长三个月。

第二十九条 中级以上的人民法院设立赔偿委员会，由人民法院三名以上审判员组成，组成人员的人数应当为单数。

赔偿委员会作赔偿决定，实行少数服从多数的原则。

赔偿委员会作出的赔偿决定，是发生法律效力的决定，必须执行。

第三十条 赔偿请求人或者赔偿义务机关对赔偿委员会作出的决定，认为确有错误的，可以向上一级人民法院赔偿委员会提出申诉。

赔偿委员会作出的赔偿决定生效后，如发现赔偿决定违反本法规定的，经本院院长决定或者上级人民法院指令，赔偿委员会应当在两个月内重新审查并依法作出决定，上一级人民法院赔偿委员会也可以直接审查并作出决定。

最高人民检察院对各级人民法院赔偿委员会作出的决定，上级人民检察院对下级人民法院赔偿委员会作出的决定，发现违反本法规定的，应当向同级人民法院赔偿委员会提出意见，同级人民法院赔偿委员会应当在两个月内重新审查并依法作出决定。

第三十八条 人民法院在民事诉讼、行政诉讼过程中，违法采取对妨害诉讼的强制措施、保全措施或者对判决、裁定及其他生效法律文书执行错误，造成损害的，赔偿请求人要求赔偿的程序，适用本法刑事赔偿程序的规定。

第三十九条 赔偿请求人请求国家赔偿的时效为两年，自其知道或者应当知道国家机关及其工作人员行使职权时的行为侵犯其人身权、财产权之日起计算，但被羁押等限制人身自由期间不计算在内。在申请行政复议或者提起行政诉讼时一并提出赔偿请求的，适用行政复议法、行政诉讼法有关时效的规定。

赔偿请求人在赔偿请求时效的最后六个月内，因不可抗力或者其他障碍不能行使请求权的，时效中止。从中止时效的原因消除之日起，赔偿请求时效期间继续计算。

《最高人民法院关于适用〈中华人民共和国国家赔偿法〉若干问题的解释(一)》（2011 年 3 月 18 日施行 法释〔2011〕4 号）

第一条 国家机关及其工作人员行使职权侵犯公民、法人和其他组织合法权益的行为发生在 2010 年 12 月 1 日以后，或者发生在 2010 年 12 月 1 日以前、持续至 2010 年 12 月 1 日以后的，适用修正的国家赔偿法。

第二条 国家机关及其工作人员行使职权侵犯公民、法人和其他组织合法权益的行为发生在 2010 年 12 月 1 日以前的，适用修正前的国家赔偿法，但有下列情形之一的，适用修正的国家赔偿法：

（一）2010 年 12 月 1 日以前已经受理赔偿请求人的赔偿请求但尚未作出生效赔偿决定的；

（二）赔偿请求人在 2010 年 12 月 1 日以后提出赔偿请求的。

第三条 人民法院对 2010 年 12 月 1 日以前已经受理但尚未审结的国家赔偿确认案件，应当继续审理。

第四条 公民、法人和其他组织对行使侦查、检察、审判职权的机关以及看守所、监狱管理机关在 2010 年 12 月 1 日以前作出并已发生法律效力的不予确认职务行为违法的法律文书不服，未依据修正前的国家赔偿法规定提出申诉并经有权机关作出侵权确认结论，直接向人民法院赔偿委员会申请赔偿的，不予受理。

第五条 公民、法人和其他组织对在 2010 年 12 月 1 日以前发生法律效力的赔偿决定不服提出申诉的，人民法院审查处理时适用修正前的国家赔偿法；

但是仅就修正的国家赔偿法增加的赔偿项目及标准提出申诉的，人民法院不予受理。

第六条 人民法院审查发现2010年12月1日以前发生法律效力的确认裁定、赔偿决定确有错误应当重新审查处理的，适用修正前的国家赔偿法。

第七条 赔偿请求人认为行使侦查、检察、审判职权的机关以及看守所、监狱管理机关及其工作人员在行使职权时有修正的国家赔偿法第十七条第（一）、（二）、（三）项、第十八条规定情形的，应当在刑事诉讼程序终结后提出赔偿请求，但下列情形除外：

（一）赔偿请求人有证据证明其与尚未终结的刑事案件无关的；

（二）刑事案件被害人依据刑事诉讼法第一百九十八条的规定，以财产未返还或者认为返还的财产受到损害而要求赔偿的。

第八条 赔偿请求人认为人民法院有修正的国家赔偿法第三十八条规定情形的，应当在民事、行政诉讼程序或者执行程序终结后提出赔偿请求，但人民法院已依法撤销对妨害诉讼采取的强制措施的情形除外。

第九条 赔偿请求人或者赔偿义务机关认为人民法院赔偿委员会作出的赔偿决定存在错误，依法向上一级人民法院赔偿委员会提出申诉的，不停止赔偿决定的执行；但人民法院赔偿委员会依据修正的国家赔偿法第三十条的规定决定重新审查的，可以决定中止原赔偿决定的执行。

第十条 人民检察院依据修正的国家赔偿法第三十条第三款的规定，对人民法院赔偿委员会在2010年12月1日以后作出的赔偿决定提出意见的，同级人民法院赔偿委员会应当决定重新审查，并可以决定中止原赔偿决定的执行。

《最高人民法院关于人民法院赔偿委员会审理国家赔偿案件程序的规定》（2011年3月22日施行　法释〔2011〕6号）

第四条 赔偿委员会应当在立案之日起五日内将赔偿申请书副本或者《申请赔偿登记表》副本送达赔偿义务机关和复议机关。

第五条 赔偿请求人可以委托一至二人作为代理人。律师、提出申请的公民的近亲属、有关的社会团体或者所在单位推荐的人、经赔偿委员会许可的其他公民，都可以被委托为代理人。

赔偿义务机关、复议机关可以委托本机关工作人员一至二人作为代理人。

第六条　赔偿请求人、赔偿义务机关、复议机关委托他人代理，应当向赔偿委员会提交由委托人签名或者盖章的授权委托书。

授权委托书应当载明委托事项和权限。代理人代为承认、放弃、变更赔偿请求，应当有委托人的特别授权。

第七条　赔偿委员会审理赔偿案件，应当指定一名审判员负责具体承办。

负责具体承办赔偿案件的审判员应当查清事实并写出审理报告，提请赔偿委员会讨论决定。

赔偿委员会作赔偿决定，必须有三名以上审判员参加，按照少数服从多数的原则作出决定。

第八条　审判人员有下列情形之一的，应当回避，赔偿请求人和赔偿义务机关有权以书面或者口头方式申请其回避：

（一）是本案赔偿请求人的近亲属；

（二）是本案代理人的近亲属；

（三）与本案有利害关系；

（四）与本案有其他关系，可能影响对案件公正审理的。

前款规定，适用于书记员、翻译人员、鉴定人、勘验人。

第九条　赔偿委员会审理赔偿案件，可以组织赔偿义务机关与赔偿请求人就赔偿方式、赔偿项目和赔偿数额依照国家赔偿法第四章的规定进行协商。

第十条　组织协商应当遵循自愿和合法的原则。赔偿请求人、赔偿义务机关一方或者双方不愿协商，或者协商不成的，赔偿委员会应当及时作出决定。

第十一条　赔偿请求人和赔偿义务机关经协商达成协议的，赔偿委员会审查确认后应当制作国家赔偿决定书。

第十二条　赔偿请求人、赔偿义务机关对自己提出的主张或者反驳对方主张所依据的事实有责任提供证据加以证明。有国家赔偿法第二十六条第二款规定情形的，应当由赔偿义务机关提供证据。

没有证据或者证据不足以证明其事实主张的，由负有举证责任的一方承担不利后果。

第十三条　赔偿义务机关对其职权行为的合法性负有举证责任。

赔偿请求人可以提供证明职权行为违法的证据，但不因此免除赔偿义务机关对其职权行为合法性的举证责任。

第十四条 有下列情形之一的，赔偿委员会可以组织赔偿请求人和赔偿义务机关进行质证：

（一）对侵权事实、损害后果及因果关系争议较大的；

（二）对是否属于国家赔偿法第十九条规定的国家不承担赔偿责任的情形争议较大的；

（三）对赔偿方式、赔偿项目或者赔偿数额争议较大的；

（四）赔偿委员会认为应当质证的其他情形。

第十五条 赔偿委员会认为重大、疑难的案件，应报请院长提交审判委员会讨论决定。审判委员会的决定，赔偿委员会应当执行。

第十六条 赔偿委员会作出决定前，赔偿请求人撤回赔偿申请的，赔偿委员会应当依法审查并作出是否准许的决定。

第十七条 有下列情形之一的，赔偿委员会应当决定中止审理：

（一）赔偿请求人死亡，需要等待其继承人和其他有扶养关系的亲属表明是否参加赔偿案件处理的；

（二）赔偿请求人丧失行为能力，尚未确定法定代理人的；

（三）作为赔偿请求人的法人或者其他组织终止，尚未确定权利义务承受人的；

（四）赔偿请求人因不可抗拒的事由，在法定审限内不能参加赔偿案件处理的；

（五）宣告无罪的案件，人民法院决定再审或者人民检察院按照审判监督程序提出抗诉的；

（六）应当中止审理的其他情形。

中止审理的原因消除后，赔偿委员会应当及时恢复审理，并通知赔偿请求人、赔偿义务机关和复议机关。

第十八条 有下列情形之一的，赔偿委员会应当决定终结审理：

（一）赔偿请求人死亡，没有继承人和其他有扶养关系的亲属或者赔偿请求人的继承人和其他有扶养关系的亲属放弃要求赔偿权利的；

（二）作为赔偿请求人的法人或者其他组织终止后，其权利义务承受人放弃要求赔偿权利的；

（三）赔偿请求人据以申请赔偿的撤销案件决定、不起诉决定或者无罪判决被撤销的；

（四）应当终结审理的其他情形。

第十九条　赔偿委员会审理赔偿案件应当按照下列情形，分别作出决定：

（一）赔偿义务机关的决定或者复议机关的复议决定认定事实清楚，适用法律正确的，依法予以维持；

（二）赔偿义务机关的决定、复议机关的复议决定认定事实清楚，但适用法律错误的，依法重新决定；

（三）赔偿义务机关的决定、复议机关的复议决定认定事实不清、证据不足的，查清事实后依法重新决定；

（四）赔偿义务机关、复议机关逾期未作决定的，查清事实后依法作出决定。

第二十条　赔偿委员会审理赔偿案件作出决定，应当制作国家赔偿决定书，加盖人民法院印章。

第二十一条　国家赔偿决定书应当载明以下事项：

（一）赔偿请求人的基本情况，赔偿义务机关、复议机关的名称及其法定代表人；

（二）赔偿请求人申请事项及理由，赔偿义务机关的决定、复议机关的复议决定情况；

（三）赔偿委员会认定的事实及依据；

（四）决定的理由及法律依据；

（五）决定内容。

第二十二条　赔偿委员会作出的决定应当分别送达赔偿请求人、赔偿义务机关和复议机关。

第二十三条　人民法院办理本院为赔偿义务机关的国家赔偿案件参照本规定。

《最高人民法院关于人民法院赔偿委员会适用质证程序审理国家赔偿案件的规定》（2014 年 3 月 1 日施行　法释〔2013〕27 号）

第一条　赔偿委员会根据国家赔偿法第二十七条的规定，听取赔偿请求人、赔偿义务机关的陈述和申辩，进行质证的，适用本规定。

第二条 有下列情形之一，经书面审理不能解决的，赔偿委员会可以组织赔偿请求人和赔偿义务机关进行质证：

（一）对侵权事实、损害后果及因果关系有争议的；

（二）对是否属于国家赔偿法第十九条规定的国家不承担赔偿责任的情形有争议的；

（三）对赔偿方式、赔偿项目或者赔偿数额有争议的；

（四）赔偿委员会认为应当质证的其他情形。

第三条 除涉及国家秘密、个人隐私或者法律另有规定的以外，质证应当公开进行。

赔偿请求人或者赔偿义务机关申请不公开质证，对方同意的，赔偿委员会可以不公开质证。

第四条 赔偿请求人和赔偿义务机关在质证活动中的法律地位平等，有权委托代理人，提出回避申请，提供证据，申请查阅、复制本案质证材料，进行陈述、质询、申辩，并应当依法行使质证权利，遵守质证秩序。

第五条 赔偿请求人、赔偿义务机关对其主张的有利于自己的事实负举证责任，但法律、司法解释另有规定的除外。

没有证据或者证据不足以证明其事实主张的，由负有举证责任的一方承担不利后果。

第六条 下列事实需要证明的，由赔偿义务机关负举证责任：

（一）赔偿义务机关行为的合法性；

（二）赔偿义务机关无过错；

（三）因赔偿义务机关过错致使赔偿请求人不能证明的待证事实；

（四）赔偿义务机关行为与被羁押人在羁押期间死亡或者丧失行为能力不存在因果关系。

第七条 下列情形，由赔偿义务机关负举证责任：

（一）属于法定免责情形；

（二）赔偿请求超过法定时效；

（三）具有其他抗辩事由。

第八条 赔偿委员会认为必要时，可以通知复议机关参加质证，由复议机关对其作出复议决定的事实和法律依据进行说明。

第九条　赔偿请求人可以在举证期限内申请赔偿委员会调取下列证据：

（一）由国家有关部门保存，赔偿请求人及其委托代理人无权查阅调取的证据；

（二）涉及国家秘密、商业秘密、个人隐私的证据；

（三）赔偿请求人及其委托代理人因客观原因不能自行收集的其他证据。

赔偿请求人申请赔偿委员会调取证据，应当提供具体线索。

第十条　赔偿委员会有权要求赔偿请求人、赔偿义务机关提供或者补充证据。

涉及国家利益、社会公共利益或者他人合法权益的事实，或者涉及依职权追加质证参加人、中止审理、终结审理、回避等程序性事项的，赔偿委员会可以向有关单位和人员调查情况、收集证据。

第十一条　赔偿请求人、赔偿义务机关应当在收到受理案件通知书之日起十日内提供证据。赔偿请求人、赔偿义务机关确因客观事由不能在该期限内提供证据的，赔偿委员会可以根据其申请适当延长举证期限。

赔偿请求人、赔偿义务机关无正当理由逾期提供证据的，应当承担相应的不利后果。

第十二条　对于证据较多或者疑难复杂的案件，赔偿委员会可以组织赔偿请求人、赔偿义务机关在质证前交换证据，明确争议焦点，并将交换证据的情况记录在卷。

赔偿请求人、赔偿义务机关在证据交换过程中没有争议并记录在卷的证据，经审判员在质证中说明后，可以作为认定案件事实的依据。

第十三条　赔偿委员会应当指定审判员组织质证，并在质证三日前通知赔偿请求人、赔偿义务机关和其他质证参与人。必要时，赔偿委员会可以通知赔偿义务机关实施原职权行为的工作人员或者其他利害关系人到场接受询问。

赔偿委员会决定公开质证的，应当在质证三日前公告案由，赔偿请求人和赔偿义务机关的名称，以及质证的时间、地点。

第十四条　适用质证程序审理国家赔偿案件，未经质证的证据不得作为认定案件事实的依据，但法律、司法解释另有规定的除外。

第十五条　赔偿请求人、赔偿义务机关应围绕证据的关联性、真实性、合法性，针对证据有无证明力以及证明力大小，进行质证。

第十六条 质证开始前，由书记员查明质证参与人是否到场，宣布质证纪律。

质证开始时，由主持质证的审判员核对赔偿请求人、赔偿义务机关，宣布案由，宣布审判员、书记员名单，向赔偿请求人、赔偿义务机关告知质证权利义务以及询问是否申请回避。

第十七条 质证一般按照下列顺序进行：

（一）赔偿请求人、赔偿义务机关分别陈述，复议机关进行说明；

（二）审判员归纳争议焦点；

（三）赔偿请求人、赔偿义务机关分别出示证据，发表意见；

（四）询问参加质证的证人、鉴定人、勘验人；

（五）赔偿请求人、赔偿义务机关就争议的事项进行质询和辩论；

（六）审判员宣布赔偿请求人、赔偿义务机关认识一致的事实和证据；

（七）赔偿请求人、赔偿义务机关最后陈述意见。

第十八条 赔偿委员会根据赔偿请求人申请调取的证据，作为赔偿请求人提供的证据进行质证。

赔偿委员会依照职权调取的证据应当在质证时出示，并就调取该证据的情况予以说明，听取赔偿请求人、赔偿义务机关的意见。

第十九条 赔偿请求人或者赔偿义务机关对对方主张的不利于自己的事实，在质证中明确表示承认的，对方无需举证；既未表示承认也未否认，经审判员询问并释明法律后果后，其仍不作明确表示的，视为对该项事实的承认。

赔偿请求人、赔偿义务机关委托代理人参加质证的，代理人在代理权限范围内的承认视为被代理人的承认，但参加质证的赔偿请求人、赔偿义务机关当场明确表示反对的除外；代理人超出代理权限范围的承认，参加质证的赔偿请求人、赔偿义务机关当场不作否认表示的，视为被代理人的承认。

上述承认违反法律禁止性规定，或者损害国家利益、社会公共利益、他人合法权益的，不发生自认的效力。

第二十条 下列事实无需举证证明：

（一）自然规律以及定理、定律；

（二）众所周知的事实；

（三）根据法律规定推定的事实；

（四）已经依法证明的事实；

（五）根据日常生活经验法则推定的事实。

前款（二）、（三）、（四）、（五）项，赔偿请求人、赔偿义务机关有相反证据否定其真实性的除外。

第二十一条 有证据证明赔偿义务机关持有证据无正当理由拒不提供的，赔偿委员会可以就待证事实作出有利于赔偿请求人的推定。

第二十二条 赔偿委员会应当依据法律规定，遵照法定程序，全面客观地审核证据，运用逻辑推理和日常生活经验，对证据的证明力进行独立、综合的审查判断。

第二十三条 书记员应当将质证的全部活动记入笔录。质证笔录由赔偿请求人、赔偿义务机关和其他质证参与人核对无误或者补正后签名或者盖章。拒绝签名或者盖章的，应当记明情况附卷，由审判员和书记员签名。

具备条件的，赔偿委员会可以对质证活动进行全程同步录音录像。

第二十四条 赔偿请求人、赔偿义务机关经通知无正当理由拒不参加质证或者未经许可中途退出质证的，视为放弃质证，赔偿委员会可以综合全案情况和对方意见认定案件事实。

第二十五条 有下列情形之一的，可以延期质证：

（一）赔偿请求人、赔偿义务机关因不可抗拒的事由不能参加质证的；

（二）赔偿请求人、赔偿义务机关临时提出回避申请，是否回避的决定不能在短时间内作出的；

（三）需要通知新的证人到场，调取新的证据，重新鉴定、勘验，或者补充调查的；

（四）其他应当延期的情形。

第二十六条 本规定自2014年3月1日起施行。

《最高人民法院、最高人民检察院关于办理刑事赔偿案件适用法律若干问题的解释》（2016年6月1日施行 法释〔2015〕24号）

第一条 赔偿请求人因行使侦查、检察、审判职权的机关以及看守所、监狱管理机关及其工作人员行使职权的行为侵犯其人身权、财产权而申请国家赔偿，具备国家赔偿法第十七条、第十八条规定情形的，属于本解释规定的刑事赔偿范围。

第二条 解除、撤销拘留或者逮捕措施后虽尚未撤销案件、作出不起诉决定或者判决宣告无罪，但是符合下列情形之一的，属于国家赔偿法第十七条第一项、第二项规定的终止追究刑事责任：

（一）办案机关决定对犯罪嫌疑人终止侦查的；

（二）解除、撤销取保候审、监视居住、拘留、逮捕措施后，办案机关超过一年未移送起诉、作出不起诉决定或者撤销案件的；

（三）取保候审、监视居住法定期限届满后，办案机关超过一年未移送起诉、作出不起诉决定或者撤销案件的；

（四）人民检察院撤回起诉超过三十日未作出不起诉决定的；

（五）人民法院决定按撤诉处理后超过三十日，人民检察院未作出不起诉决定的；

（六）人民法院准许刑事自诉案件自诉人撤诉的，或者人民法院决定对刑事自诉案件按撤诉处理的。

赔偿义务机关有证据证明尚未终止追究刑事责任，且经人民法院赔偿委员会审查属实的，应当决定驳回赔偿请求人的赔偿申请。

第三条 对财产采取查封、扣押、冻结、追缴等措施后，有下列情形之一，且办案机关未依法解除查封、扣押、冻结等措施或者返还财产的，属于国家赔偿法第十八条规定的侵犯财产权：

（一）赔偿请求人有证据证明财产与尚未终结的刑事案件无关，经审查属实的；

（二）终止侦查、撤销案件、不起诉、判决宣告无罪终止追究刑事责任的；

（三）采取取保候审、监视居住、拘留或者逮捕措施，在解除、撤销强制措施或者强制措施法定期限届满后超过一年未移送起诉、作出不起诉决定或者撤销案件的；

（四）未采取取保候审、监视居住、拘留或者逮捕措施，立案后超过两年未移送起诉、作出不起诉决定或者撤销案件的；

（五）人民检察院撤回起诉超过三十日未作出不起诉决定的；

（六）人民法院决定按撤诉处理后超过三十日，人民检察院未作出不起诉决定的；

（七）对生效裁决没有处理的财产或者对该财产违法进行其他处理的。

有前款第三项至六项规定情形之一，赔偿义务机关有证据证明尚未终止追究刑事责任，且经人民法院赔偿委员会审查属实的，应当决定驳回赔偿请求人的赔偿申请。

第四条 赔偿义务机关作出赔偿决定，应当依法告知赔偿请求人有权在三十日内向赔偿义务机关的上一级机关申请复议。赔偿义务机关未依法告知，赔偿请求人收到赔偿决定之日起两年内提出复议申请的，复议机关应当受理。

人民法院赔偿委员会处理赔偿申请，适用前款规定。

第五条 对公民采取刑事拘留措施后终止追究刑事责任，具有下列情形之一的，属于国家赔偿法第十七条第一项规定的违法刑事拘留：

（一）违反刑事诉讼法规定的条件采取拘留措施的；

（二）违反刑事诉讼法规定的程序采取拘留措施的；

（三）依照刑事诉讼法规定的条件和程序对公民采取拘留措施，但是拘留时间超过刑事诉讼法规定的时限。

违法刑事拘留的人身自由赔偿金自拘留之日起计算。

第六条 数罪并罚的案件经再审改判部分罪名不成立，监禁期限超出再审判决确定的刑期，公民对超期监禁申请国家赔偿的，应当决定予以赔偿。

第七条 根据国家赔偿法第十九条第二项、第三项的规定，依照刑法第十七条、第十八条规定不负刑事责任的人和依照刑事诉讼法第十五条、第一百七十三条第二款规定不追究刑事责任的人被羁押，国家不承担赔偿责任。但是，对起诉后经人民法院错判拘役、有期徒刑、无期徒刑并已执行的，人民法院应当对该判决确定后继续监禁期间侵犯公民人身自由权的情形予以赔偿。

第八条 赔偿义务机关主张依据国家赔偿法第十九条第一项、第五项规定的情形免除赔偿责任的，应当就该免责事由的成立承担举证责任。

第九条 受害的公民死亡，其继承人和其他有扶养关系的亲属有权申请国家赔偿。

依法享有继承权的同一顺序继承人有数人时，其中一人或者部分人作为赔偿请求人申请国家赔偿的，申请效力及于全体。

赔偿请求人为数人时，其中一人或者部分赔偿请求人非经全体同意，申请撤回或者放弃赔偿请求，效力不及于未明确表示撤回申请或者放弃赔偿请求的其他赔偿请求人。

第十条 看守所及其工作人员在行使职权时侵犯公民合法权益造成损害的，看守所的主管机关为赔偿义务机关。

第十一条 对公民采取拘留措施后又采取逮捕措施，国家承担赔偿责任的，作出逮捕决定的机关为赔偿义务机关。

第十二条 一审判决有罪，二审发回重审后具有下列情形之一的，属于国家赔偿法第二十一条第四款规定的重审无罪赔偿，作出一审有罪判决的人民法院为赔偿义务机关：

（一）原审人民法院改判无罪并已发生法律效力的；

（二）重审期间人民检察院作出不起诉决定的；

（三）人民检察院在重审期间撤回起诉超过三十日或者人民法院决定按撤诉处理超过三十日未作出不起诉决定的。

依照审判监督程序再审后作无罪处理的，作出原生效判决的人民法院为赔偿义务机关。

第十三条 医疗费赔偿根据医疗机构出具的医药费、治疗费、住院费等收款凭证，结合病历和诊断证明等相关证据确定。赔偿义务机关对治疗的必要性和合理性提出异议的，应当承担举证责任。

第十四条 护理费赔偿参照当地护工从事同等级别护理的劳务报酬标准计算，原则上按照一名护理人员的标准计算护理费；但医疗机构或者司法鉴定人有明确意见的，可以参照确定护理人数并赔偿相应的护理费。

护理期限应当计算至公民恢复生活自理能力时止。公民因残疾不能恢复生活自理能力的，可以根据其年龄、健康状况等因素确定合理的护理期限，一般不超过二十年。

第十五条 残疾生活辅助器具费赔偿按照普通适用器具的合理费用标准计算。伤情有特殊需要的，可以参照辅助器具配制机构的意见确定。

辅助器具的更换周期和赔偿期限参照配制机构的意见确定。

第十六条 误工减少收入的赔偿根据受害公民的误工时间和国家上年度

职工日平均工资确定，最高为国家上年度职工年平均工资的五倍。

误工时间根据公民接受治疗的医疗机构出具的证明确定。公民因伤致残持续误工的，误工时间可以计算至作为赔偿依据的伤残等级鉴定确定前一日。

第十七条　造成公民身体伤残的赔偿，应当根据司法鉴定人的伤残等级鉴定确定公民丧失劳动能力的程度，并参照以下标准确定残疾赔偿金：

（一）按照国家规定的伤残等级确定公民为一级至四级伤残的，视为全部丧失劳动能力，残疾赔偿金幅度为国家上年度职工年平均工资的十倍至二十倍；

（二）按照国家规定的伤残等级确定公民为五级至十级伤残的，视为部分丧失劳动能力。五至六级的，残疾赔偿金幅度为国家上年度职工年平均工资的五倍至十倍；七至十级的，残疾赔偿金幅度为国家上年度职工年平均工资的五倍以下。

有扶养义务的公民部分丧失劳动能力的，残疾赔偿金可以根据伤残等级并参考被扶养人生活来源丧失的情况进行确定，最高不超过国家上年度职工年平均工资的二十倍。

第十八条　受害的公民全部丧失劳动能力的，对其扶养的无劳动能力人的生活费发放标准，参照作出赔偿决定时被扶养人住所地所属省级人民政府确定的最低生活保障标准执行。

能够确定扶养年限的，生活费可协商确定并一次性支付。不能确定扶养年限的，可按照二十年上限确定扶养年限并一次性支付生活费，被扶养人超过六十周岁的，年龄每增加一岁，扶养年限减少一年；被扶养人年龄超过确定扶养年限的，被扶养人可逐年领取生活费至死亡时止。

第十九条　侵犯公民、法人和其他组织的财产权造成损害的，应当依照国家赔偿法第三十六条的规定承担赔偿责任。

财产不能恢复原状或者灭失的，财产损失按照损失发生时的市场价格或者其他合理方式计算。

第二十条　返还执行的罚款或者罚金、追缴或者没收的金钱，解除冻结的汇款的，应当支付银行同期存款利息，利率参照赔偿义务机关作出赔偿决定时中国人民银行公布的人民币整存整取定期存款一年期基准利率确定，不计算复利。

复议机关或者人民法院赔偿委员会改变原赔偿决定，利率参照新作出决定时中国人民银行公布的人民币整存整取定期存款一年期基准利率确定。

计息期间自侵权行为发生时起算，至作出生效赔偿决定时止；但在生效赔偿决定作出前侵权行为停止的，计算至侵权行为停止时止。

被罚没、追缴的资金属于赔偿请求人在金融机构合法存款的，在存款合同存续期间，按照合同约定的利率计算利息。

第二十一条 国家赔偿法第三十三条、第三十四条规定的上年度，是指赔偿义务机关作出赔偿决定时的上一年度；复议机关或者人民法院赔偿委员会改变原赔偿决定，按照新作出决定时的上一年度国家职工平均工资标准计算人身自由赔偿金。

作出赔偿决定、复议决定时国家上一年度职工平均工资尚未公布的，以已经公布的最近年度职工平均工资为准。

第二十二条 下列赔偿决定、复议决定是发生法律效力的决定：

（一）超过国家赔偿法第二十四条规定的期限没有申请复议或者向上一级人民法院赔偿委员会申请国家赔偿的赔偿义务机关的决定；

（二）超过国家赔偿法第二十五条规定的期限没有向人民法院赔偿委员会申请国家赔偿的复议决定；

（三）人民法院赔偿委员会作出的赔偿决定。

发生法律效力的赔偿义务机关的决定和复议决定，与发生法律效力的赔偿委员会的赔偿决定具有同等法律效力，依法必须执行。

第二十三条 本解释自2016年1月1日起施行。本解释施行前最高人民法院、最高人民检察院发布的司法解释与本解释不一致的，以本解释为准。

《最高人民法院关于审理民事、行政诉讼中司法赔偿案件适用法律若干问题的解释》（2016年10月1日施行 法释〔2016〕20号）

第一条 人民法院在民事、行政诉讼过程中，违法采取对妨害诉讼的强制措施、保全措施、先予执行措施，或者对判决、裁定及其他生效法律文书执行错误，侵犯公民、法人和其他组织合法权益并造成损害的，赔偿请求人可以依法向人民法院申请赔偿。

第二条 违法采取对妨害诉讼的强制措施，包括以下情形：

（一）对没有实施妨害诉讼行为的人采取罚款或者拘留措施的；

（二）超过法律规定金额采取罚款措施的；

（三）超过法律规定期限采取拘留措施的；

（四）对同一妨害诉讼的行为重复采取罚款、拘留措施的；

（五）其他违法情形。

第三条　违法采取保全措施，包括以下情形：

（一）依法不应当采取保全措施而采取的；

（二）依法不应当解除保全措施而解除，或者依法应当解除保全措施而不解除的；

（三）明显超出诉讼请求的范围采取保全措施的，但保全财产为不可分割物且被保全人无其他财产或者其他财产不足以担保债权实现的除外；

（四）在给付特定物之诉中，对与案件无关的财物采取保全措施的；

（五）违法保全案外人财产的；

（六）对查封、扣押、冻结的财产不履行监管职责，造成被保全财产毁损、灭失的；

（七）对季节性商品或者鲜活、易腐烂变质以及其他不宜长期保存的物品采取保全措施，未及时处理或者违法处理，造成物品毁损或者严重贬值的；

（八）对不动产或者船舶、航空器和机动车等特定动产采取保全措施，未依法通知有关登记机构不予办理该保全财产的变更登记，造成该保全财产所有权被转移的；

（九）违法采取行为保全措施的；

（十）其他违法情形。

第四条　违法采取先予执行措施，包括以下情形：

（一）违反法律规定的条件和范围先予执行的；

（二）超出诉讼请求的范围先予执行的；

（三）其他违法情形。

第五条　对判决、裁定及其他生效法律文书执行错误，包括以下情形：

（一）执行未生效法律文书的；

（二）超出生效法律文书确定的数额和范围执行的；

（三）对已经发现的被执行人的财产，故意拖延执行或者不执行，导致被执行财产流失的；

（四）应当恢复执行而不恢复，导致被执行财产流失的；

（五）违法执行案外人财产的；

（六）违法将案件执行款物执行给其他当事人或者案外人的；

（七）违法对抵押物、质物或者留置物采取执行措施，致使抵押权人、质权人或者留置权人的优先受偿权无法实现的；

（八）对执行中查封、扣押、冻结的财产不履行监管职责，造成财产毁损、灭失的；

（九）对季节性商品或者鲜活、易腐烂变质以及其他不宜长期保存的物品采取执行措施，未及时处理或者违法处理，造成物品毁损或者严重贬值的；

（十）对执行财产应当拍卖而未依法拍卖的，或者应当由资产评估机构评估而未依法评估，违法变卖或者以物抵债的；

（十一）其他错误情形。

第六条 人民法院工作人员在民事、行政诉讼过程中，有殴打、虐待或者唆使、放纵他人殴打、虐待等行为，以及违法使用武器、警械，造成公民身体伤害或者死亡的，适用国家赔偿法第十七条第四项、第五项的规定予以赔偿。

第七条 具有下列情形之一的，国家不承担赔偿责任：

（一）属于民事诉讼法第一百零五条、第一百零七条第二款和第二百三十三条规定情形的；

（二）申请执行人提供执行标的物错误的，但人民法院明知该标的物错误仍予以执行的除外；

（三）人民法院依法指定的保管人对查封、扣押、冻结的财产违法动用、隐匿、毁损、转移或者变卖的；

（四）人民法院工作人员与行使职权无关的个人行为；

（五）因不可抗力、正当防卫和紧急避险造成损害后果的；

（六）依法不应由国家承担赔偿责任的其他情形。

第八条 因多种原因造成公民、法人和其他组织合法权益损害的，应当根据人民法院及其工作人员行使职权的行为对损害结果的发生或者扩大所起的作用等因素，合理确定赔偿金额。

第九条 受害人对损害结果的发生或者扩大也有过错的，应当根据其过错对损害结果的发生或者扩大所起的作用等因素，依法减轻国家赔偿责任。

第十条 公民、法人和其他组织的损失，已经在民事、行政诉讼过程中获得赔偿、补偿的，对该部分损失，国家不承担赔偿责任。

第十一条 人民法院及其工作人员在民事、行政诉讼过程中，具有本解释第二条、第六条规定情形，侵犯公民人身权的，应当依照国家赔偿法第三十三条、第三十四条的规定计算赔偿金。致人精神损害的，应当依照国家赔偿法第三十五条的规定，在侵权行为影响的范围内，为受害人消除影响、恢复名誉、赔礼道歉；造成严重后果的，还应当支付相应的精神损害抚慰金。

第十二条 人民法院及其工作人员在民事、行政诉讼过程中，具有本解释第二条至第五条规定情形，侵犯公民、法人和其他组织的财产权并造成损害的，应当依照国家赔偿法第三十六条的规定承担赔偿责任。

财产不能恢复原状或者灭失的，应当按照侵权行为发生时的市场价格计算损失；市场价格无法确定或者该价格不足以弥补受害人所受损失的，可以采用其他合理方式计算损失。

第十三条 人民法院及其工作人员对判决、裁定及其他生效法律文书执行错误，且对公民、法人或者其他组织的财产已经依照法定程序拍卖或者变卖的，应当给付拍卖或者变卖所得的价款。

人民法院违法拍卖，或者变卖价款明显低于财产价值的，应当依照本解释第十二条的规定支付相应的赔偿金。

第十四条 国家赔偿法第三十六条第六项规定的停产停业期间必要的经常性费用开支，是指法人、其他组织和个体工商户为维系停产停业期间运营所需的基本开支，包括留守职工工资、必须缴纳的税费、水电费、房屋场地租金、设备租金、设备折旧费等必要的经常性费用。

第十五条 国家赔偿法第三十六条第七项规定的银行同期存款利息，以作出生效赔偿决定时中国人民银行公布的一年期人民币整存整取定期存款基准利率计算，不计算复利。

应当返还的财产属于金融机构合法存款的，对存款合同存续期间的利息按照合同约定利率计算。

应当返还的财产系现金的，比照本条第一款规定支付利息。

第十六条 依照国家赔偿法第三十六条规定返还的财产系国家批准的金

融机构贷款的，除贷款本金外，还应当支付该贷款借贷状态下的贷款利息。

第十七条 用益物权人、担保物权人、承租人或者其他合法占有使用财产的人，依据国家赔偿法第三十八条规定申请赔偿的，人民法院应当依照《最高人民法院关于国家赔偿案件立案工作的规定》予以审查立案。

第十八条 人民法院在民事、行政诉讼过程中，违法采取对妨害诉讼的强制措施、保全措施、先予执行措施，或者对判决、裁定及其他生效法律文书执行错误，系因上一级人民法院复议改变原裁决所致的，由该上一级人民法院作为赔偿义务机关。

第十九条 公民、法人或者其他组织依据国家赔偿法第三十八条规定申请赔偿的，应当在民事、行政诉讼程序或者执行程序终结后提出，但下列情形除外：

（一）人民法院已依法撤销对妨害诉讼的强制措施的；

（二）人民法院采取对妨害诉讼的强制措施，造成公民身体伤害或者死亡的；

（三）经诉讼程序依法确认不属于被保全人或者被执行人的财产，且无法在相关诉讼程序或者执行程序中予以补救的；

（四）人民法院生效法律文书已确认相关行为违法，且无法在相关诉讼程序或者执行程序中予以补救的；

（五）赔偿请求人有证据证明其请求与民事、行政诉讼程序或者执行程序无关的；

（六）其他情形。

赔偿请求人依据前款规定，在民事、行政诉讼程序或者执行程序终结后申请赔偿的，该诉讼程序或者执行程序期间不计入赔偿请求时效。

第二十条 人民法院赔偿委员会审理民事、行政诉讼中的司法赔偿案件，有下列情形之一的，相应期间不计入审理期限：

（一）需要向赔偿义务机关、有关人民法院或者其他国家机关调取案卷或者其他材料的；

（二）人民法院赔偿委员会委托鉴定、评估的。

第二十一条 人民法院赔偿委员会审理民事、行政诉讼中的司法赔偿案件，应当对人民法院及其工作人员行使职权的行为是否符合法律规定，赔偿请求人主张的损害事实是否存在，以及该职权行为与损害事实之间是否存在因果关系等事项一并予以审查。

第二十二条　本解释自2016年10月1日起施行。本解释施行前最高人民法院发布的司法解释与本解释不一致的，以本解释为准。

《最高人民法院关于审理涉执行司法赔偿案件适用法律若干问题的解释》
(2022年3月1日施行　法释〔2022〕3号)

第一条　人民法院在执行判决、裁定及其他生效法律文书过程中，错误采取财产调查、控制、处置、交付、分配等执行措施或者罚款、拘留等强制措施，侵犯公民、法人和其他组织合法权益并造成损害，受害人依照国家赔偿法第三十八条规定申请赔偿的，适用本解释。

第二条　公民、法人和其他组织认为有下列错误执行行为造成损害申请赔偿的，人民法院应当依法受理：

（一）执行未生效法律文书，或者明显超出生效法律文书确定的数额和范围执行的；

（二）发现被执行人有可供执行的财产，但故意拖延执行、不执行，或者应当依法恢复执行而不恢复的；

（三）违法执行案外人财产，或者违法将案件执行款物交付给其他当事人、案外人的；

（四）对抵押、质押、留置、保留所有权等财产采取执行措施，未依法保护上述权利人优先受偿权等合法权益的；

（五）对其他人民法院已经依法采取保全或者执行措施的财产违法执行的；

（六）对执行中查封、扣押、冻结的财产故意不履行或者怠于履行监管职责的；

（七）对不宜长期保存或者易贬值的财产采取执行措施，未及时处理或者违法处理的；

（八）违法拍卖、变卖、以物抵债，或者依法应当评估而未评估，依法应当拍卖而未拍卖的；

（九）违法撤销拍卖、变卖或者以物抵债的；

（十）违法采取纳入失信被执行人名单、限制消费、限制出境等措施的；

（十一）因违法或者过错采取执行措施或者强制措施的其他行为。

第三条 原债权人转让债权的，其基于债权申请国家赔偿的权利随之转移，但根据债权性质、当事人约定或者法律规定不得转让的除外。

第四条 人民法院将查封、扣押、冻结等事项委托其他人民法院执行的，公民、法人和其他组织认为错误执行行为造成损害申请赔偿的，委托法院为赔偿义务机关。

第五条 公民、法人和其他组织申请错误执行赔偿，应当在执行程序终结后提出，终结前提出的不予受理。但有下列情形之一，且无法在相关诉讼或者执行程序中予以补救的除外：

（一）罚款、拘留等强制措施已被依法撤销，或者实施过程中造成人身损害的；

（二）被执行的财产经诉讼程序依法确认不属于被执行人，或者人民法院生效法律文书已确认执行行为违法的；

（三）自立案执行之日起超过五年，且已裁定终结本次执行程序，被执行人已无可供执行财产的；

（四）在执行程序终结前可以申请赔偿的其他情形。

赔偿请求人依据前款规定，在执行程序终结后申请赔偿的，该执行程序期间不计入赔偿请求时效。

第六条 公民、法人和其他组织在执行异议、复议或者执行监督程序审查期间，就相关执行措施或者强制措施申请赔偿的，人民法院不予受理，已经受理的予以驳回，并告知其在上述程序终结后可以依照本解释第五条的规定依法提出赔偿申请。

公民、法人和其他组织在执行程序中未就相关执行措施、强制措施提出异议、申请复议或者申请执行监督，不影响其依法申请赔偿的权利。

第七条 经执行异议、复议或者执行监督程序作出的生效法律文书，对执行行为是否合法已有认定的，该生效法律文书可以作为人民法院赔偿委员会认定执行行为合法性的根据。

赔偿请求人对执行行为的合法性提出相反主张，且提供相应证据予以证明的，人民法院赔偿委员会应当对执行行为进行合法性审查并作出认定。

第八条 根据当时有效的执行依据或者依法认定的基本事实作出的执行

行为，不因下列情形而认定为错误执行：

（一）采取执行措施或者强制措施后，据以执行的判决、裁定及其他生效法律文书被撤销或者变更的；

（二）被执行人足以对抗执行的实体事由，系在执行措施完成后发生或者被依法确认的；

（三）案外人对执行标的享有足以排除执行的实体权利，系在执行措施完成后经法定程序确认的；

（四）人民法院作出准予执行行政行为的裁定并实施后，该行政行为被依法变更、撤销、确认违法或者确认无效的；

（五）根据财产登记采取执行措施后，该登记被依法确认错误的；

（六）执行依据或者基本事实嗣后改变的其他情形。

第九条　赔偿请求人应当对其主张的损害负举证责任。但因人民法院未列清单、列举不详等过错致使赔偿请求人无法就损害举证的，应当由人民法院对上述事实承担举证责任。

双方主张损害的价值无法认定的，应当由负有举证责任的一方申请鉴定。负有举证责任的一方拒绝申请鉴定的，由其承担不利的法律后果；无法鉴定的，人民法院赔偿委员会应当结合双方的主张和在案证据，运用逻辑推理、日常生活经验等进行判断。

第十条　被执行人因财产权被侵犯依照本解释第五条第一款规定申请赔偿，其债务尚未清偿的，获得的赔偿金应当首先用于清偿其债务。

第十一条　因错误执行取得不当利益且无法返还的，人民法院承担赔偿责任后，可以依据赔偿决定向取得不当利益的人追偿。

因错误执行致使生效法律文书无法执行，申请执行人获得国家赔偿后申请继续执行的，不予支持。人民法院承担赔偿责任后，可以依据赔偿决定向被执行人追偿。

第十二条　在执行过程中，因保管人或者第三人的行为侵犯公民、法人和其他组织合法权益并造成损害的，应当由保管人或者第三人承担责任。但人民法院未尽监管职责的，应当在其能够防止或者制止损害发生、扩大的范围内承担相应的赔偿责任，并可以依据赔偿决定向保管人或者第三人追偿。

第十三条　属于下列情形之一的，人民法院不承担赔偿责任：

（一）申请执行人提供财产线索错误的；

（二）执行措施系根据依法提供的担保而采取或者解除的；

（三）人民法院工作人员实施与行使职权无关的个人行为的；

（四）评估或者拍卖机构实施违法行为造成损害的；

（五）因不可抗力、正当防卫或者紧急避险造成损害的；

（六）依法不应由人民法院承担赔偿责任的其他情形。

前款情形中，人民法院有错误执行行为的，应当根据其在损害发生过程和结果中所起的作用承担相应的赔偿责任。

第十四条 错误执行造成公民、法人和其他组织利息、租金等实际损失的，适用国家赔偿法第三十六条第八项的规定予以赔偿。

第十五条 侵犯公民、法人和其他组织的财产权，按照错误执行行为发生时的市场价格不足以弥补受害人损失或者该价格无法确定的，可以采用下列方式计算损失：

（一）按照错误执行行为发生时的市场价格计算财产损失并支付利息，利息计算期间从错误执行行为实施之日起至赔偿决定作出之日止；

（二）错误执行行为发生时的市场价格无法确定，或者因时间跨度长、市场价格波动大等因素按照错误执行行为发生时的市场价格计算显失公平的，可以参照赔偿决定作出时同类财产市场价格计算；

（三）其他合理方式。

第十六条 错误执行造成受害人停产停业的，下列损失属于停产停业期间必要的经常性费用开支：

（一）必要留守职工工资；

（二）必须缴纳的税款、社会保险费；

（三）应当缴纳的水电费、保管费、仓储费、承包费；

（四）合理的房屋场地租金、设备租金、设备折旧费；

（五）维系停产停业期间运营所需的其他基本开支。

错误执行生产设备、用于营运的运输工具，致使受害人丧失唯一生活来源的，按照其实际损失予以赔偿。

第十七条 错误执行侵犯债权的，赔偿范围一般应当以债权标的额为限。债权受让人申请赔偿的，赔偿范围以其受让债权时支付的对价为限。

第十八条　违法采取保全措施的案件进入执行程序后，公民、法人和其他组织申请赔偿的，应当作为错误执行案件予以立案审查。

第十九条　审理违法采取妨害诉讼的强制措施、保全、先予执行赔偿案件，可以参照适用本解释。

第二十条　本解释自2022年3月1日起施行。施行前本院公布的司法解释与本解释不一致的，以本解释为准。

《最高人民法院办公厅关于国家赔偿法实施中若干问题的座谈会纪要》（2012年12月25日施行　法办〔2012〕490号）

九、人民法院办理自赔案件，应当充分听取赔偿请求人的意见。案件争议较大或者案情疑难、复杂的，人民法院可以组织赔偿请求人、原案件承办人以及其他相关人员进行听证。

人民法院赔偿委员会审理国家赔偿案件，对符合《最高人民法院关于人民法院赔偿委员会审理国家赔偿案件程序的规定》第十四条规定情形的，可以组织赔偿请求人和赔偿义务机关进行质证。

人民法院或人民法院赔偿委员会进行听证、质证的，应当对听证、质证的情况制作笔录。

十、人民法院赔偿委员会审理国家赔偿案件，赔偿请求人和赔偿义务机关应当依照国家赔偿法第二十六条的规定，对自己提出的主张承担举证责任。

赔偿义务机关主张其行为合法的，应当就其合法性承担举证责任。

被羁押人在羁押期间死亡或丧失行为能力的，赔偿义务机关应当对其行为与被羁押人死亡或者丧失行为能力是否存在因果关系承担举证责任。

二十一、人民法院赔偿委员会审理国家赔偿案件期间，赔偿请求人与赔偿义务机关达成赔偿协议，人民法院赔偿委员会经审查认为该协议不违反法律规定，应当根据协议内容制作国家赔偿决定书，并撤销原赔偿决定、复议决定。

二十二、人民法院赔偿委员会依照《最高人民法院关于人民法院赔偿委员会审理国家赔偿案件程序的规定》第十九条第二项、第三项规定依法重新作出决定的，应当撤销原赔偿决定、复议决定。

二十三、人民法院或人民法院赔偿委员会依照国家赔偿法第三十五条规定，决定为受害人消除影响，恢复名誉，赔礼道歉的，应写入国家赔偿决定书的决定主文。

《最高人民法院办公厅关于国家赔偿法实施中若干问题的座谈会纪要》（2013 年 12 月 12 日施行　法办〔2013〕151 号）

六、赔偿请求人向人民法院赔偿委员会申请作出赔偿决定时，增加新的赔偿请求的，人民法院赔偿委员会应当组织赔偿请求人和赔偿义务机关就新增请求进行协商，协商不成的，人民法院赔偿委员会应当对新增请求一并审查处理。

赔偿请求人依照《国家赔偿法》第三十条的规定向人民法院赔偿委员会申诉时，增加新的赔偿请求的，不予审查处理。

八、赔偿义务机关或者复议机关已作出不予赔偿的决定，人民法院赔偿委员会经审查认为赔偿请求人提出的赔偿申请事项不属于国家赔偿受案范围的，应当撤销原决定，驳回赔偿请求人的赔偿申请。

九、有下列情形的，不计入人民法院赔偿委员会审查国家赔偿案件的期限：

（一）需要向赔偿义务机关、有关人民法院或者其他国家机关调取案卷或者其他材料的；

（二）需要向最高人民法院请示法律适用问题的；

（三）人民法院赔偿委员会委托鉴定、评估的。

十八、赔偿请求人与赔偿义务机关就各自主张的财产损失均不能举证证明时，人民法院赔偿委员会可以委托价格鉴定机构对涉案财产进行价格鉴定。

十九、人民法院审查国家赔偿案件，决定程序性驳回赔偿请求人的，决定主文应表述为“驳回赔偿申请”；决定实体性驳回赔偿请求人的，决定主文应表述为“不予赔偿”。

《最高人民法院关于人民法院赔偿委员会审理国家赔偿案件适用精神损害赔偿若干问题的意见》（2014 年 7 月 29 日施行　法发〔2014〕14 号）

2010 年 4 月 29 日第十一届全国人大常委会第十四次会议审议通过的《全国人民代表大会常务委员会关于修改〈中华人民共和国国家赔偿法〉的决定》，扩大了消除影响、恢复名誉、赔礼道歉的适用范围，增加了有关精神损害抚慰金的规定，实现了国家赔偿中精神损害赔偿制度的重大发展。国家赔偿法第三十五条规定：“有本法第三条或者第十七条规定情形之一，致人精神损害的，应当在侵权行为影响的范围内，为受害人消除影响，恢复名誉，赔礼道歉；造成严重后果的，应当支付相应的精神损害抚慰金。”为依法充分保障公民权益，妥善处理国家赔偿纠纷，现就人民法院赔偿委员会审理国家赔偿案件适用精神损害赔偿若干问题，提出以下意见：

一、充分认识精神损害赔偿的重要意义

现行国家赔偿法与1994年国家赔偿法相比，吸收了多年来理论及实践探索与发展的成果，在责任范围和责任方式等方面对精神损害赔偿进行了完善和发展，有效提升了对公民人身权益的保护水平。人民法院赔偿委员会要充分认识国家赔偿中的精神损害赔偿制度的重要意义，将贯彻落实该项制度作为“完善人权司法保障制度”的重要内容，正确适用国家赔偿法第三十五条等相关法律规定，依法处理赔偿请求人提出的精神损害赔偿申请，妥善化解国家赔偿纠纷，切实尊重和保障人权。

二、严格遵循精神损害赔偿的适用原则

人民法院赔偿委员会适用精神损害赔偿条款，应当严格遵循以下原则：一是依法赔偿原则。严格依照国家赔偿法的规定，不得扩大或者缩小精神损害赔偿的适用范围，不得增加或者减少其适用条件。二是综合裁量原则。综合考虑个案中侵权行为的致害情况，侵权机关及其工作人员的违法、过错程度等相关因素，准确认定精神损害赔偿责任。三是合理平衡原则。坚持同等情况同等对待，不同情况区别处理，适当考虑个案及地区差异，兼顾社会发展整体水平和当地居民生活水平。

三、准确把握精神损害赔偿的前提条件和构成要件

人民法院赔偿委员会适用精神损害赔偿条款，应当以公民的人身权益遭受侵犯为前提条件，并审查是否满足以下责任构成要件：行使侦查、检察、审判职权的机关以及看守所、监狱管理机关及其工作人员在行使职权时有国家赔偿法第十七条规定的侵权行为；致人精神损害；侵权行为与精神损害事实及后果之间存在因果关系。

四、依法认定“致人精神损害”和“造成严重后果”

人民法院赔偿委员会适用精神损害赔偿条款，应当严格依法认定侵权行为是否“致人精神损害”以及是否“造成严重后果”。一般情形下，人民法院赔偿委员会应当综合考虑受害人人身自由、生命健康受到侵害的情况，精

神受损情况，日常生活、工作学习、家庭关系、社会评价受到影响的情况，并考量社会伦理道德、日常生活经验等因素，依法认定侵权行为是否致人精神损害以及是否造成严重后果。

受害人因侵权行为而死亡、残疾（含精神残疾）或者所受伤害经有合法资质的机构鉴定为重伤或者诊断、鉴定为严重精神障碍的，人民法院赔偿委员会应当认定侵权行为致人精神损害并且造成严重后果。

五、妥善处理两种责任方式的内在关系

人民法院赔偿委员会适用精神损害赔偿条款，应当妥善处理“消除影响，恢复名誉，赔礼道歉”与“支付相应的精神损害抚慰金”两种责任方式的内在关系。

侵权行为致人精神损害但未造成严重后果的，人民法院赔偿委员会应当根据案件具体情况决定由赔偿义务机关为受害人消除影响、恢复名誉或者向其赔礼道歉。

侵权行为致人精神损害且造成严重后果的，人民法院赔偿委员会除依照前述规定决定由赔偿义务机关为受害人消除影响、恢复名誉或者向其赔礼道歉外，还应当决定由赔偿义务机关支付相应的精神损害抚慰金。

六、正确适用“消除影响，恢复名誉，赔礼道歉”责任方式

人民法院赔偿委员会适用精神损害赔偿条款，要注意“消除影响、恢复名誉”与“赔礼道歉”作为非财产责任方式，既可以单独适用，也可以合并适用。其中，消除影响、恢复名誉应当公开进行。人民法院赔偿委员会可以根据赔偿义务机关与赔偿请求人协商的情况，或者根据侵权行为直接影响所及、受害人住所地、经常居住地等因素确定履行范围，决定由赔偿义务机关以适当方式公开为受害人消除影响、恢复名誉。人民法院赔偿委员会决定由赔偿义务机关公开赔礼道歉的，参照前述规定执行。

赔偿义务机关在案件审理终结前已经履行消除影响、恢复名誉或者赔礼道歉义务，人民法院赔偿委员会可以在国家赔偿决定书中予以说明，不再写入决定主文。人民法院赔偿委员会决定由赔偿义务机关为受害人消除影响、恢复名誉或者向其赔礼道歉的，赔偿义务机关应当自收到人民法院赔偿委员会国家赔偿决定书之日起三十日内主动履行消除影响、恢复名誉或者赔礼道歉义务。

赔偿义务机关逾期未履行的，赔偿请求人可以向作出生效国家赔偿决定的赔偿委员会所在法院申请强制执行。强制执行产生的费用由赔偿义务机关负担。

七、综合酌定“精神损害抚慰金”的具体数额

人民法院赔偿委员会适用精神损害赔偿条款，决定采用“支付相应的精神损害抚慰金”方式的，应当综合考虑以下因素确定精神损害抚慰金的具体数额：精神损害事实和严重后果的具体情况；侵权机关及其工作人员的违法、过错程度；侵权的手段、方式等具体情节；罪名、刑罚的轻重；纠错的环节及过程；赔偿请求人住所地或者经常居住地平均生活水平；赔偿义务机关所在地平均生活水平；其他应当考虑的因素。

人民法院赔偿委员会确定精神损害抚慰金的具体数额，还应当注意体现法律规定的“抚慰”性质，原则上不超过依照国家赔偿法第三十三条、第三十四条所确定的人身自由赔偿金、生命健康赔偿金总额的百分之三十五，最低不少于一千元。

受害人对精神损害事实和严重后果的产生或者扩大有过错的，可以根据其过错程度减少或者不予支付精神损害抚慰金。

八、认真做好法律释明工作

人民法院赔偿委员会发现赔偿请求人在申请国家赔偿时仅就人身自由或者生命健康所受侵害提出赔偿申请，没有同时就精神损害提出赔偿申请的，应当向其释明国家赔偿法第三十五条的内容，并将相关情况记录在案。在案件终结后，赔偿请求人基于同一事实、理由，就同一赔偿义务机关另行提出精神损害赔偿申请的，人民法院一般不予受理。

九、其他国家赔偿案件的参照适用

人民法院审理国家赔偿法第三条、第三十八条规定的涉及侵犯人身权的国家赔偿案件，以及人民法院办理涉及侵犯人身权的自赔案件，需要适用精神损害赔偿条款的，参照本意见处理。

《最高人民法院赔偿委员会工作规则》（2014 年 12 月 8 日施行　法发〔2014〕22 号）

第一条　为了规范赔偿委员会工作，充分发挥其职能作用，根据《中华人民共和国国家赔偿法》和有关法律规定，制定本规则。

第二条 赔偿委员会的职责：

（一）讨论、决定下列国家赔偿案件：

1. 赔偿请求人向本院申请赔偿，应由本院作出决定的案件；

2. 不服本院赔偿委员会的决定，需要重新审查并作出决定的案件；

3. 不服高级人民法院赔偿委员会的决定，向本院申诉，需要直接审查并作出决定的案件；

4. 最高人民检察院向本院提出意见，应当重新审查并作出决定的案件；

5. 请示案件和其他重大、疑难的案件。

（二）讨论国家赔偿司法解释草案。

（三）总结国家赔偿工作经验，监督、指导地方各级法院的国家赔偿工作。

（四）讨论、决定其他有关国家赔偿工作的重大事项。

第三条 赔偿委员会两个月召开一次例会。必要时，经主任提议可随时召开。

赔偿委员会开会应有过半数的委员出席。

第四条 赔偿委员会委员应当按时出席会议。因故不能出席会议的，应当及时向主任请假。

第五条 赔偿委员会会议由主任主持，或者由主任委托副主任主持。

经会议主持人同意，赔偿委员会办公室人员或者其他有关人员可以列席会议。

第六条 赔偿委员会讨论的议题，由主任或者副主任决定。

承办人应当预先做好准备，并于会议一日前将相关材料发送各委员和有关列席人员；开会时，应当根据会议主持人的要求向会议汇报，并负责回答委员提出的问题。

赔偿委员会讨论案件的，承办人应当在会前写出审查报告。合议庭和承办人要对案件事实负责，提出的处理意见应当写明有关的法律根据。

第七条 赔偿委员会实行民主集中制。赔偿委员会讨论的案件，必须获得全体委员半数以上同意方能通过。少数委员的意见可以保留并记录在卷。

第八条 赔偿委员会认为重大、疑难的案件，或者有重大分歧的案件，应当报请主任提交审判委员会讨论决定。

审判委员会的决定，赔偿委员会应当执行。

第九条　赔偿委员会讨论、决定的事项，应当作出会议纪要，经会议主持人审定后附卷备查。

第十条　赔偿委员会办公室负责赔偿委员会的会务工作，负责执行赔偿委员会决定事项。

第十一条　赔偿委员会委员以及其他列席会议的人员，应当遵守保密规定，不得泄露赔偿委员会讨论情况。

第十二条　本规则自通过之日起施行。

《内蒙古自治区高级人民法院赔偿委员会办公室关于规范质证、听证程序若干问题的指引》（〔2015〕内赔办通字第2号）

为规范我区各级法院适用质证、听证程序审理国家赔偿案件，加深对国家赔偿案件中质证、听证程序的理解和适用的自觉性，提高我区各级法院国家赔偿工作水平，根据《最高人民法院关于人民法院赔偿委员会适用质证程序审理国家赔偿案件规定》（以下简称《质证程序规定》）和《最高人民法院关于人民法院办理自赔案件程序的规定》，现就国家赔偿案件审理中适用质证、听证程序作如下指引，由全区各级法院在工作中参考。

一、质证

1. 适用前提。质证程序适用的前提是人民法院赔偿委员会居中审理国家赔偿案件，经书面审理不能解决的，赔偿委员会可以组织质证。

2. 质证原则。《质证程序规定》第三条第一款、第二款明确了国家赔偿质证程序以公开为原则，以不公开为例外。同时第二款中的“可以”引申出决定不公开质证的案件，最终是否公开审理的决定权在人民法院赔偿委员会。

3. 质证范围和形式。《质证程序规定》明确规定对于侵权事实、损害后果及因果关系等有争议、经书面审理不能解决的国家赔偿案件，人民法院赔偿委员会可以适用质证程序审理。对于质证形式，由于国家赔偿案件的特殊性，质证的功能既包括查清事实，也包括化解矛盾，因此，法院可依具体案情采取法庭审理形式或圆桌会议形式。

4. 组织质证主体和参加质证人员。对于组织质证主体，《质证程序规定》根据司法实践的情况要求人民法院赔偿委员会应当指定审判员组织质证，但对于组织质证的审判员人数以及是否采取合议庭形式未作限定。在《〈最高人民法院关于人民法院赔偿委员会适用质证程序审理国家赔偿案件的规定〉的理解与适用》中，明确组织质证的审判员人数以及是否采取合议庭形式，具体视各级人民法院赔偿委员会人员配备以及案件情况而定。也就是说，赔偿委员会组织质证时，组织质证的审判员既可以是合议庭也可以是独任审判员，既可以是审判员也可以是助理审判员，既可以是奇数也可以是偶数。质证双方一般为赔偿请求人和赔偿义务机关，如有复议机关，复议机关是否参加质证，由赔偿委员会根据审理需要确定。

5. 质证程序。一般情况下，可以参照民事或行政诉讼中的庭审程序进行，但对是否着法袍、敲法槌不作硬性要求，同时需要注意以下问题：

(1) 在采用圆桌会议形式进行质证时，可适当简化程序，并注重营造和谐的质证气氛；

(2) 如有复议机关参加质证，复议机关只就自身作出的决定进行说明，并不直接参与质证与辩论。

6. 证据规则。国家赔偿案件事实的证明标准为优势证据标准，所认定的法律事实是高度盖然性的。与刑事诉讼中“确实充分”“排除一切合理怀疑”证明标准有着明显不同。

(1) 举证责任分配原则。国家赔偿案件举证责任分配仍然要遵从“谁主张，谁举证”（当然应当包括抗辩主张）的一般原则。但应注意在事实真伪不明的情况下，《质证程序规定》第六条为赔偿义务机关设定的举证责任，具有结果意义，即如不能证明将承担不利后果。

(2) 举证时限。《质证程序规定》规定了法定举证期限，赔偿请求人、赔偿义务机关应当在收到受理案件通知书之日起十日内提供证据。又《人民法院国家赔偿文书样式》样式20规定，赔偿义务机关、复议机关自收到国家赔偿申请书副本之日起十日内递交有关案卷材料。

(3) 延期举证。赔偿请求人、赔偿义务机关如因客观事由不能在十日期限内提供证据，可以向人民法院赔偿委员会申请延期举证，人民法院赔偿委员会可以根据其申请适当延长期限。延期举证需具备三个条件：第一，赔偿请求人、赔偿义务机关确因客观事由不能在举证期限内提供证据。赔偿请求人、赔偿义务机关对“客观事由”造成举证障碍的情形负有举证责任，并以书面形式提出。第二，赔偿请求人、赔偿义务机关应当在举证期限内向人民法院赔偿委员会申请延期举证。第三，经人民法院赔偿委员会准许。对于不具有提供证据的“客观事由”的情形，人民法院赔偿委员会应当拒绝其延期举证的申请，并书面说明拒绝的理由。对于不能提供证据的“客观事由”的情形和举证时限的适当延长，属于人民法院赔偿委员会自由裁量的范围，但考虑到国家赔偿案件的特殊性和赔偿请求人的举证能力，不宜过分苛求。

（4）逾期举证的法律后果。《质证程序规定》第十一条第二款规定为宣示性、引导性的规定。主要起到督促赔偿请求人、赔偿义务机关及时举证的作用，实践中人民法院赔偿委员会应根据案情灵活掌握。

（5）其他问题。关于质证中的无须举证证明的事实、质证笔录签字、放弃质证等规定可参照民诉法相关规定。

二、听证

1．听证与质证的区别。质证是人民法院赔偿委员会居中审理国家赔偿案件时适用的程序，质证双方是赔偿请求人和赔偿义务机关；而听证则是法院作为赔偿义务机关办理自赔案件时适用的程序，听证的双方是原承办人及其他相关人员（赔偿案件合议庭成员）和赔偿请求人。但听证与质证在前提上是相同的，都是在书面审理无法解决的基础上适用。

2．组织形式。由于听证是赔偿义务机关审理自赔案件时适用的一种程序，因此听证的主要目的在于听取赔偿请求人的对事实的陈述及请求，在此基础上进行说明、协商、化解矛盾，进而决定了听证的形式为圆桌会议形式。组织形式，既可以是合议庭也可以是独任审判员，既可以是审判员也可以是助理审判员，既可以是奇数也可以是偶数。

3．听证程序。听证与质证相比程序上简化很多，减少了质证、辩论等程序。在核对赔偿请求人、告知权利义务、回避事项等基本法律程序后，更多的是听取赔偿请求人的请求事项及理由，根据赔偿请求人的请求事项及理由进行说明、协商，达到化解矛盾的目的。

《内蒙古自治区高级人民法院赔偿委员会办公室关于规范国家赔偿案件裁判文书的通知》①（2014年10月8日施行　内赔通字〔2014〕1号）

为了规范国家赔偿案件裁判文书的制作，提高国家赔偿案件的办理质量，

① 文中关于案号的规定与现行《最高人民法院关于人民法院案件案号的若干规定》（2016年1月1日起施行）不符的内容，本书已经作出相应修改。

提高司法公信力，针对当前我区国家赔偿裁判文书制作中存在的问题下发此通知，请各级人民法院认真学习，并以此指导好所辖各基层法院自赔案件的文书制作，努力提高我区国家赔偿裁判文书的制作水平。

一、关于案由编制

我国国家赔偿法实行赔偿事由法定原则，即超出国家赔偿法规定范围的赔偿申请，不应予以受理。据此最高人民法院下发的《关于国家赔偿案件案由的规定》（以下简称《案由规定》），按照国家赔偿法设定的赔偿事由，规定了十四种案由。对此各级法院在适用中应注意以下问题：

1. 对于属于国家赔偿法规定的赔偿事由的，应严格按照《案由规定》设定案由，不得随意变动。

2. 对于不属于国家赔偿范围而决定不予受理的，应当按照申请的申请事由准确概括编写案由，既不要简单地以“国家赔偿”为案由，也不要硬套法定案由。

二、关于国家赔偿文书类型及效力

国家赔偿案件裁判文书主要是决定书和通知书两大类。根据 2012 年 10 月 15 日起新实施的《人民法院国家赔偿案件文书样式》（以下简称《文书样式》）的规定，国家赔偿案件裁判文书，除驳回申诉使用通知书外，无论程序问题，还是实体处理，均应使用决定书。适用中尤其要注意以下几个问题：

1. 对于不予受理国家赔偿申请的，根据《最高人民法院关于国家赔偿案件立案工作的规定》第九条第三款的规定，要使用决定书。

2. 在使用决定书时，要注意不同的审理程序，作出决定书的效力表述不同。对人民法院的自赔案件，无论作出何种决定书，均不是生效的决定书，要赋予申请人三十日的异议期。对于申请人因不服自赔决定或其他义务机关的赔偿及复议决定，向中级以上人民法院赔偿委员会申请作出赔偿决定的案件，赔偿委员会无论作出何种决定都是生效的决定，对此应在文书中明确表述。

3. 与其他审判领域不同，国家赔偿案件审理中对程序性驳回申请与实体性驳回申请均使用决定书。程序性驳回决定适用于国家赔偿案件立案后发现案件不属于国家赔偿受理范围，类似于民事诉讼中的驳回起诉裁定；实体性驳回决定适用于通过对国家赔偿案件的实体审理，认为赔偿请求人的实体赔偿请求不能成立。两种文书在格式、内容及适用法律上均有不同，对此应按照《文书样式》的规定严格适用。

三、关于文书格式

（一）关于文头

与其他审判类型不同，按照《文书样式》，国家赔偿裁判文书存在两种文头，一种是"××××人民法院"，一种是"××××人民法院赔偿委员会"。适用时应注意以下问题：

1. 所有自赔案件的裁判文书，都应冠以"××××人民法院"文头。

2. 在委赔案件中，除不受理国家赔偿申请和本院院长决定重新审理案件的决定书使用"××××人民法院"文头外，其他均应使用"××人民法院赔偿委员会"文头。

（二）关于裁判文书的名称

除驳回申诉通知书外，国家赔偿案件裁判文书名称一般只使用决定书，但应注意以下两种特殊情况：

1. 对于不予受理赔偿申请的，必须直接写明"不予受理案件决定书"；

2. 作出实体赔偿决定的（包括委赔案件中确认赔偿协议及实体驳回赔偿请求人申请）情形，应使用"国家赔偿决定书"字样。

（三）关于案号

全区各级法院国家赔偿办案机构要按照自治区高院下发的《关于全区法院国家赔偿立案审查工作有关问题的通知》要求，做好与各级法院立案庭的沟通协调，保证国家赔偿案件案号设定的准确性。

1. 各级人民法院受理的自赔案件案号一般应为"（××××）内×法赔××号"，中、高级法院受理的委赔案件案号一般为"（××××）内×委赔××号"；不予受理赔偿申请的案件，自赔案件为"（××××）内×法赔××号"，中、高级人民法院委赔案件为"（××××）内×委赔××号"。

2. 中级人民法院赔偿委员会按照高级人民法院赔偿委员会的指令重新审理案件，以"（××××）内×委赔再××号"重新编写案号。

3. 本院院长决定重新审理的委赔案件应以"（××××）内×委赔监××号"为案号。

4. 自治区高院审理的申诉案件，一般以"（××××）内委赔监××

号”为案号。

四、关于文书的正文部分

（一）关于各类文书的内容要求

《文书样式》对各种国家赔偿裁判文书内容均有明确规定，要严格按照规定撰写。做到用语规范流畅，结构清晰，繁简得当，尤其在结构上不得随意删减。

（二）要提高文书的说理性

在本院（赔偿委员会）认为部分，要以严谨的分析论证，突出文书的说理性和逻辑性，同时也要兼顾通俗性、可读性，要将作出决定的事实和法律依据说清楚，讲明白，做到“事理、法理、情理”兼备，摒弃以法律规定直接作为决定理由的论述方式。

（三）要注意文书外观的规范性

1. 国家赔偿裁判文书亦要求使用蒙文文头。

2. 文书排版、印刷要符合规范要求。

3. 国家赔偿裁判尾部，无须合议庭署名，只加盖人民法院印章即可，亦无须加盖“本件与原本核对无异”章。

《内蒙古自治区高级人民法院赔偿委员会工作规则（试行）》（内高法发〔2015〕11号）

第一条 为了规范赔偿委员会工作，充分发挥其职能作用，根据《中华人民共和国国家赔偿法》和有关法律规定，结合我区工作实际，制定本规则。

第二条 赔偿委员会的职责：

（一）讨论、决定下列国家赔偿案件：

1. 赔偿请求人向本院申请赔偿，应由本院作出决定的案件；

2. 不服中级人民法院赔偿委员会的决定，向本院申诉，需要直接审查并作出决定的案件；

3. 自治区人民检察院向本院提出意见，应当重新审查并作出决定的案件；

4. 请示案件和其他重大、疑难的案件。

5. 其他需要由赔偿委员会讨论、决定的案件。

（二）讨论国家赔偿工作全区性指导意见。

（三）总结国家赔偿工作经验，监督、指导全区中、基层人民法院的国家赔偿工作。

（四）讨论、决定全区其他有关国家赔偿工作的重大事项。

第三条 赔偿委员会每两个月召开一次例会。必要时，经主任提议可随时召开。

第四条 赔偿委员会委员应当按时出席会议。因故不能出席会议的，应当及时向主任请假。

第五条 赔偿委员会会议由主任主持，或者由主任委托副主任主持。

经会议主持人同意，赔偿委员会办公室人员或者其他有关人员可以列席会议。

第六条 赔偿委员会讨论的议题，由主任或者副主任决定。

承办人应当预先做好准备，并于会议一日前将相关材料发送各委员和有关列席人员；开会时，应当根据会议主持人的要求向会议汇报，并负责回答委员提出的问题。

赔偿委员会讨论案件的，承办人应当在会前写出审查报告。承办人要对案件事实负责，提出的处理意见应当写明有关的法律依据。

第七条 赔偿委员会实行民主集中制。赔偿委员会讨论的案件，必须获得全体委员半数以上同意方能通过。少数委员的意见可以保留并记录在卷。

赔偿委员会决定事项所涉及的相关文书由会议主持人签发。

第八条 赔偿委员会认为重大、疑难的案件，或者有重大分歧的案件，应当报请主任提交审判委员会讨论决定。

审判委员会的决定，赔偿委员会应当执行。

第九条 赔偿委员会讨论、决定的事项，应当作出会议记录，经参会委员签字并由会议主持人审定后附卷备查。

第十条 赔偿委员会办公室是赔偿委员会的办事机构，其主要职责是：

1. 负责指定案件承办人；

2. 负责执行赔偿委员会决定事项；

3. 负责赔偿委员会会务工作；

4. 负责处理国家赔偿工作的日常事务；

5. 会同立案庭做好国家赔偿案件的立案审查工作；

6. 负责审查国家赔偿的申诉，对于应由中级人民法院赔偿委员会重新作出决定（含指令受理）或申诉理由明显不能成立的，可直接决定或通知驳回申诉。

7. 其他需要由赔偿委员会办公室处理的事项。

第十一条 赔偿委员会委员以及其他列席会议的人员，应当遵守保密规定，不得泄露赔偿委员会讨论情况。

第十二条 本规则自通过之日起施行。

【相关法律文书】

通知书（通知参加质证用）

国家赔偿案件质证当事人权利义务须知

关于……一案的审理报告

决定书（准许或不准许撤回国家赔偿申请用）

决定书（决定中止审理用）

决定书（决定终结审理用）

决定书（程序性驳回国家赔偿申请用）

决定书（指令复议机关或者作为赔偿义务机关的人民法院作出决定用）

国家赔偿决定书（作出国家赔偿决定用）

国家赔偿决定书（确认国家赔偿协议用）

司法建议书

卷宗目录

××××人民法院赔偿委员会
通知书
（通知参加质证用）

（××××）××委赔×号

×××（赔偿请求人或赔偿义务机关或复议机关）：

本院赔偿委员会受理的×××（赔偿请求人姓名或名称，如果通知书送达给赔偿请求人，则为你或你单位）申请××××（赔偿义务机关名称，如果通知书送达给赔偿义务机关，则为你单位）国家赔偿一案，定于××××年××月××日×时在……（地点）进行质证，请准时参加。

特此通知。

××××年××月××日
（院印）

【制作说明】

一、本通知书样式依照《最高人民法院关于人民法院赔偿委员会审理国家赔偿案件程序的规定》第十四条的规定制定，供人民法院赔偿委员会通知赔偿请求人、赔偿义务机关、复议机关参加质证时使用。

二、人民法院赔偿委员会根据案件审理的情况，可以通知复议机关参加质证。

三、人民法院赔偿委员会应在质证前三日将通知书送达赔偿请求人、赔偿义务机关、复议机关。

国家赔偿案件质证当事人权利义务须知

一、质证主持人：×××，参加人×××、×××，由×××担任记录。

二、当事人享有的权利：

1. 当事人在质证中的法律地位平等；

2. 当事人有使用本民族语言、文字的权利；

3. 当事人有委托代理人进行质证的权利；

4. 当事人有申请质证人员、书记员、鉴定人、勘验人、翻译人员回避的权利；

5. 当事人有提供证据、要求重新鉴定或勘验的权利；

6. 在决定作出前，申请人有放弃、增加或变更赔偿请求，申请撤回赔偿请求的权利；

7. 经质证人员准许，当事人及其代理人有核对质证笔录的权利；

8. 当事人对人民法院赔偿委员会发生法律效力的赔偿决定或赔偿调解书有依法申请执行的权利。

三、当事人应承担的义务：

1. 按质证人员要求提供或补充证据；

2. 服从质证人员指挥，遵守质证秩序；

3. 履行发生法律效力的决定书和调解书。

四、当事人须知：

1. 在质证中当事人必须服从质证人员的安排，按时到达指定地点参加质证；

2. 当事人接到质证通知书后，明确提出放弃质证或者无正当理由拒不参加质证的，不得对本案再次提出质证要求；

3. 当事人向人民法院提供的证据，可要求法院进行登记；

4. 双方当事人在质证时可就交换证据进行举证、质证；

5. 当事人无正当理由，不参加质证或者中途擅自退出质证的，应当终止质证；

6. 申请回避，是指当事人认为质证人员、书记员、鉴定人、翻译人员、勘验人与本案有法律上的利害关系或者有其他关系可能影响案件公正审理而申请更换质证人员、书记员或者翻译人员、鉴定人、勘验人。质证人员的回避，由赔偿委员会主任委员决定；书记员的回避，由质证主持人决定。

【制作说明】

因最高人民法院文书样式中未规定质证当事人权利义务告知，本须知为补充制作。

关于……一案的审理报告

（××××）××委赔×号

一、赔偿请求人、赔偿义务机关及复议机关的基本情况

赔偿请求人：……（写明姓名或名称等基本情况）。

赔偿义务机关：……（写明名称、住所地）。

法定代表人：……（写明姓名、职务）。

委托代理人：……（写明姓名等基本情况）。

复议机关：……（写明名称、住所地）。

法定代表人：……（写明姓名、职务）。

委托代理人：……（写明姓名等基本情况）。

二、案件由来及处理经过

×××（赔偿请求人姓名或名称）因……（申请国家赔偿的案由）申请××××（赔偿义务机关名称）国家赔偿一案，……（不服赔偿义务机关或复议机关的决定，或上述机关逾期不作出决定等情形），向本院赔偿委员会申请作出赔偿决定。

三、申请国家赔偿事项及理由

……（写明赔偿请求人提出的申请事项及其理由、所陈述的事实及其依据。对此部分应作必要的归纳，力求简明扼要）。

四、赔偿义务机关的答辩意见以及复议机关的意见

……（对赔偿义务机关的答辩意见以及复议机关的意见，要作必要的归纳提炼）。

五、审理认定的案件事实

……（写明经审理认定的案件基本事实及所依据的证据。当事人对证据和事实互相存在争议的，应当有重点地逐项分析论证）。

六、其他需要说明的问题

……（写明与本案处理有关的问题）。

七、处理意见及理由

……（对赔偿请求人的申请理由能否成立作出分析评定，对赔偿义务机关及复议机关的决定是否正确作出分析评定，根据认定的事实和有关法律规

定提出处理意见）。

承办人：×××

××××年××月××日

【制作说明】

一、本报告样式供人民法院赔偿委员会审理案件过程中，承办人撰写审理报告时使用。

二、标题中“关于……一案”按照“关于×××（赔偿请求人姓名或名称）申请××××（赔偿义务机关名称）……（申请国家赔偿的案由）一案”格式撰写。

三、赔偿请求人是自然人的，写明其姓名、性别、民族、职业（或工作单位和职务）、住址；有别名或者曾用名，应在姓名之后用括号标明。赔偿请求人是法人的，写明其名称、住所地，并写明法定代表人的姓名和职务。赔偿请求人是依法成立的不具备法人资格的其他组织的，写明其名称和住所地，并写明负责人姓名和职务。赔偿请求人有法定代理人的，应写明其姓名、性别、职业（或工作单位和职务）及住址。赔偿请求人有委托代理人的，应写明其姓名、性别、职业（或工作单位和职务）及住址。

四、人民法院作为赔偿义务机关办理的国家赔偿案件，人民法院赔偿委员会审查处理的申诉、检察机关提出检察意见以及重新审查的国家赔偿案件等，其审查或审理报告可参照本文书样式。

五、“案件由来”部分采取直接叙述案件来源的方式。

六、“申请国家赔偿事项及理由”系指向本院赔偿委员会申请的事项及理由。除不按照原文陈述不能准确表达之外，采用概括表述方式。

七、“其他需要说明的问题”系指对案件处理有影响，由承办人根据实际情况确定。

八、国家赔偿案件均应当撰写审查或审理报告。

××××人民法院赔偿委员会

决定书

（准许或不准许撤回国家赔偿申请用）

（××××）××委赔×号

赔偿请求人：……（写明姓名或名称等基本情况）。

赔偿义务机关：……（写明名称、住所地）。

法定代表人：……（写明姓名、职务）。

委托代理人：……（写明姓名等基本情况）。

复议机关：……（写明名称、住所地）。

法定代表人：……（写明姓名、职务）。

委托代理人：……（写明姓名等基本情况）。

×××（赔偿请求人姓名或名称）因……（申请国家赔偿的案由）申请××××（赔偿义务机关名称）国家赔偿一案，……（不服赔偿义务机关或复议机关的决定，或赔偿义务机关、复议机关逾期不作出决定等情形），向本院赔偿委员会申请作出赔偿决定。本案在审理过程中，×××（赔偿请求人姓名或名称）以……（具体理由）为由提出撤回国家赔偿申请。

经审查，本院赔偿委员会认为，……（准许撤回国家赔偿申请或不准许撤回国家赔偿申请理由）。依照《最高人民法院关于人民法院赔偿委员会审理国家赔偿案件程序的规定》第十六条的规定，决定如下：

（第一种情况，准许撤回国家赔偿申请的）

准许×××（赔偿请求人姓名或名称）撤回国家赔偿申请。

（第二种情况，不准许撤回国家赔偿申请的）

不准许×××（赔偿请求人姓名或名称）撤回国家赔偿申请，本案继续审理。

××××年××月××日

（院印）

【制作说明】

一、本决定书样式依照《最高人民法院关于人民法院赔偿委员会审理国家赔偿案件程序的规定》第十六条的规定制定，供人民法院赔偿委员会决定是否准许赔偿请求人提出撤回国家赔偿申请时使用。

二、赔偿请求人是自然人的，写明其姓名、性别、民族、职业（或工作单位和职务)、住址；有别名或者曾用名，应在姓名之后用括号标明。赔偿请求人是法人的，写明其名称、住所地，并写明法定代表人的姓名和职务。赔偿请求人是依法成立的不具备法人资格的其他组织的，写明其名称和住所地，并写明负责人姓名和职务。赔偿请求人有法定代理人的，应写明其姓名、性别、职业（或工作单位和职务）及住址。赔偿请求人有委托代理人的，应写明其姓名、性别、职业（或工作单位和职务）及住址。

三、赔偿请求人应当在人民法院赔偿委员会作出决定之前，提出撤回国家赔偿申请。

×××× 人民法院赔偿委员会

决 定 书

（决定中止审理用）

（××××）××委赔×号

赔偿请求人：……（写明姓名或名称等基本情况）。

赔偿义务机关：……（写明名称、住所地）。

法定代表人：……（写明姓名、职务）。

委托代理人：……（写明姓名等基本情况）。

复议机关：……（写明名称、住所地）。

法定代表人：……（写明姓名、职务）。

委托代理人：……（写明姓名等基本情况）。

本院赔偿委员会在审理×××（赔偿请求人姓名或名称）申请××××（赔偿义务机关名称）……（申请国家赔偿的案由）一案中，……（中止审理的事实）。依照《最高人民法院关于人民法院赔偿委员会审理国家赔偿案件程序的规定》第十七条的规定，决定如下：

本案中止审理。

××××年××月××日

（院印）

【制作说明】

一、本决定书样式依照《最高人民法院关于人民法院赔偿委员会审理国家赔偿案件程序的规定》第十七条的规定制定，供人民法院赔偿委员会决定中止审理时使用。

二、赔偿请求人是自然人的，写明其姓名、性别、民族、职业（或工作单位和职务）、住址；有别名或者曾用名，应在姓名之后用括号标明。赔偿请求人是法人的，写明其名称、住所地，并写明法定代表人的姓名和职务。赔偿请求人是依法成立的不具备法人资格的其他组织的，写明其名称和住所地，并写明负责人姓名和职务。赔偿请求人有法定代理人的，应写明其姓名、性别、职业（或工作单位和职务）及住址。赔偿请求人有委托代理人的，应写明共姓名、性别、职业（或工作单位和职务）及住址。

三、对于决定中止审理的案件，在中止审理的情况消失后，即可依申请或依职权恢复审理，无须作出恢复审理的决定书。

××××人民法院赔偿委员会

决 定 书

（决定终结审理用）

（××××）××委赔×号

赔偿请求人：……（写明姓名或名称等基本情况）。

赔偿义务机关：……（写明名称、住所地）。

法定代表人：……（写明姓名、职务）。

委托代理人：……（写明姓名等基本情况）。

复议机关：……（写明名称、住所地）。

法定代表人：……一（写明姓名、职务）。

委托代理人：……（写明姓名等基本情况）。

本院赔偿委员会在审理×××（赔偿请求人姓名或名称）申请××××（赔偿义务机关名称）……（申请国家赔偿的案由）一案中，……（终结审理的事实和理由）。依照《最高人民法院关于人民法院赔偿委员会审理国家赔偿案件程序的规定》第十八条的规定，决定如下：

本案终结审理。

××××年××月××日

（院印）

【制作说明】

一、本决定书样式依照《最高人民法院关于人民法院赔偿委员会审理国家赔偿案件程序的规定》第十八条的规定制定，供人民法院赔偿委员会决定终结审理国家赔偿案件时使用。

二、赔偿请求人是自然人的，写明其姓名、性别、民族、职业（或工作单位和职务）、住址；有别名或者曾用名，应在姓名之后用括号标明。赔偿请求人是法人的，写明其名称、住所地，并写明法定代表人的姓名和职务。赔偿请求人是依法成立的不具备法人资格的其他组织的，写明其名称和住所地，并写明负责人姓名和职务。赔偿请求人有法定代理人的，应写明其姓名、性别、职业（或工作单位和职务）及住址。赔偿请求人有委托代理人的，应写明其姓名、性别、职业（或工作单位和职务）及住址。

三、人民法院赔偿委员会只需写明导致终结审理的法定情形，无须涉及申请国家赔偿的请求和理由等内容。

××××人民法院赔偿委员会

决定书

（程序性驳回国家赔偿申请用）

（××××）××委赔×号

赔偿请求人：……（写明姓名或名称等基本情况）。

赔偿义务机关：……（写明名称、住所地）。

法定代表人：……（写明姓名、职务）。

委托代理人（写明姓名等基本情况）。

复议机关：……（写明名称、住所地）。

法定代表人：……（写明姓名、职务）。

委托代理人：……（写明姓名等基本情况）。

×××（赔偿请求人姓名或名称）因……（申请国家赔偿的案由）申请××××（赔偿义务机关名称）国家赔偿一案，……（不服赔偿义务机关或复议机关的决定，或赔偿义务机关、复议机关逾期不作出决定等情形），向本院赔偿委员会申请作出赔偿决定。本院赔偿委员会依法对本案进行了审理，现已审理终结。

……（赔偿义务机关的处理情况、复议机关的复议情况，赔偿请求人申请事项及理由；人民法院赔偿委员会审理时进行过质证的，写明质证内容）。

经审理查明，……（人民法院赔偿委员会认定的证据和查明的事实）。

本院赔偿委员会认为，……（程序性驳回国家赔偿申请的理由）。依照……（法律依据或司法解释依据）的规定，决定如下：

（第一种情况，赔偿义务机关或者复议机关逾期不作决定，人民法院赔偿委员会受理后程序性驳回的）

驳回×××（赔偿请求人姓名或名称）的国家赔偿申请。

（第二种情况，赔偿义务机关及复议机关作出不予受理决定，或者作出赔偿或不赔偿决定的，人民法院赔偿委员会受理后程序性驳回的）

一、撤销……（写明机关名称和文号）决定；

二、驳回×××（赔偿请求人姓名或名称）的国家赔偿申请。

（第三种情况，赔偿义务机关或者复议机关作出不予受理决定或者程序性

驳回国家赔偿申请的，人民法院赔偿委员会决定维持的）

驳回×××（赔偿请求人姓名或名称）的国家赔偿申请。

本决定为发生法律效力的决定。

××××年××月××日

（院印）

【制作说明】

一、本决定书样式供人民法院赔偿委员会程序性驳回赔偿请求人的国家赔偿申请时使用。

二、赔偿请求人是自然人的，写明其姓名、性别、民族、职业（或工作单位和职务）、住址；有别名或者曾用名，应在姓名之后用括号标明。赔偿请求人是法人的，写明其名称、住所地，并写明法定代表人的姓名、职务。赔偿请求人是依法成立的不具备法人资格的其他组织的，写明其名称和住所地，并写明负责人姓名和职务。赔偿请求人有法定代理人的，应写明其姓名、性别、职业（或工作单位和职务）及住址。赔偿请求人有委托代理人的，应写明其姓名、性别、职业（或工作单位和职务）及住址。

三、人民法院赔偿委员会决定驳回国家赔偿申请的理由，应根据案件的具体情况在“本院赔偿委员会认为”部分进行充分的说理。

××××人民法院赔偿委员会

决定书

（指令复议机关或者作为赔偿义务机关的人民法院作出决定用）

（××××）××委赔×号

赔偿请求人：……（写明姓名或名称等基本情况）。

赔偿义务机关：……（写明名称、住所地）。

法定代表人：……（写明姓名、职务）。

委托代理人：……（写明姓名等基本情况）。

复议机关：……（写明名称、住所地）。

法定代表人：……（写明姓名、职务）。

委托代理人：……（写明姓名等基本情况）。

×××（赔偿请求人姓名或名称）因……（申请国家赔偿的案由）申请××××（赔偿义务机关名称）国家赔偿一案，……（不服复议机关或者作为赔偿义务机关的人民法院的不予受理决定），向本院赔偿委员会申请作出赔偿决定。本院赔偿委员会依法对本案进行了审理，现已审理终结。

……（复议机关的复议情况或者作为赔偿义务机关的人民法院的处理情况，赔偿请求人申请事项及理由；人民法院赔偿委员会审理时进行过质证的，写明质证内容）。

经审理查明，……（人民法院赔偿委员会认定的证据和查明的事实）。

本院赔偿委员会认为，……（作出决定的理由）。依照《最高人民法院关于国家赔偿案件立案工作的规定》第十条的规定，决定如下：

一、撤销……（写明机关名称和文号）决定；

二、指令……（复议机关或者作为赔偿义务机关的人民法院）作出决定。

本决定为发生法律效力的决定。

××××年××月××日

（院印）

【制作说明】

一、本决定书样式依照《最高人民法院关于国家赔偿案件立案工作的规定》第十条的规定制定，供人民法院赔偿委员会审理后认为应当指令复议机关或者作为赔偿义务机关的人民法院作出决定时使用。

二、赔偿请求人是自然人的，写明其姓名、性别、民族、职业（或工作单位和职务）、住址；有别名或者曾用名，应在姓名之后用括号标明。赔偿请求人是法人的，写明其名称、住所地，并写明法定代表人的姓名和职务。赔偿请求人是依法成立的不具备法人资格的其他组织的，写明其名称和住所地，并写明负责人姓名和职务。赔偿请求人有法定代理人的，应写明其姓名、性别、职业（或工作单位和职务）及住址。赔偿 请求人有委托代理人的，应写明其姓名、性别、职业（或工作单位和职 务）及住址。

三、“经审理查明”部分按照时间逻辑顺序写明查明的案件事实。

××××人民法院赔偿委员会

国家赔偿决定书

（作出国家赔偿决定用）

（××××）××委赔×号

赔偿请求人：……（写明姓名或名称等基本情况）。

赔偿义务机关：……（写明名称、住所地）。

法定代表人：……（写明姓名、职务）。

委托代理人：……（写明姓名等基本情况）。

复议机关：……（写明名称、住所地）。

法定代表人：……（写明姓名、职务）。

委托代理人：……（写明姓名等基本情况）。

×××（赔偿请求人姓名或名称）因……（申请国家赔偿的案由）申请××××（赔偿义务机关名称）国家赔偿一案，……（不服赔偿义务机关或复议机关的决定，或赔偿义务机关、复议机关逾期不作出决定等情形），向本院赔偿委员会申请作出赔偿决定。本院赔偿委员会依法对本案进行了审理，现已审理终结。

……（赔偿义务机关的处理情况、复议机关的复议情况，赔偿请求人申请事项及理由；人民法院赔偿委员会审理时进行过质证的，写明质证内容）。

经审理查明，……（人民法院赔偿委员会认定的证据和查明的事实）。

本院赔偿委员会认为，……（作出国家赔偿决定的理由）。依照……（法律及司法解释条文）的规定，决定如下：

（第一种情况，赔偿义务机关或者复议机失逾期不作决定，人民法院赔偿委员会决定赔偿的）

……（赔偿的方式及赔偿的数额）。

（第二种情况，赔偿义务机关或者复议机失逾期不作决定，人民法院赔偿委员会决定不予赔偿的）

驳回×××（赔偿请求人姓名或名称）关于……（申请事项）的国家赔偿请求，不予赔偿。

（第三种情况，赔偿义务机关或者复议机关不予受理或程序性驳回国家赔

偿申请，人民法院赔偿委员会作出决定的）

一、撤销……（机关名称和文号）决定；

二、……（赔偿的方式及赔偿数额）或者驳回×××（赔偿请求人姓名或名称）关于……（申请事项）的国家赔偿请求，不予赔偿。

（第四种情况，人民法院赔偿委员会维持原复议决定或者赔偿义务机关决定的）

维持……（机关名称和文号）决定。

（第五种情况，人民法院赔偿委员会撤销复议决定或者赔偿义务机关决定重新作出决定的）

一、撤销……（机关名称和文号）（国家赔偿）决定。

二、……（赔偿的方式及赔偿数额）或者驳回×××（赔偿请求人姓名或名称）关于……（申请事项）的国家赔偿请求，不予赔偿。

（第六种情况，人民法院赔偿委员会变更复议决定或者赔偿义务机关决定的）

一、撤销……（原决定主文的事项）；

二、维持……（原决定主文的事项）；

三、……（其他决定的事项，如果变更决定的赔偿金额高于原赔偿决定且赔偿金已支付的，则应写明予以扣除）。

本决定为发生法律效力的决定。

××××年××月××日
（院印）

【制作说明】

一、本决定书样式供人民法院赔偿委员会审理后，对案件实体作出决定时使用。

二、人民法院赔偿委员会对国家赔偿案件实体作出决定的，文书名称为“国家赔偿决定书”。

三、赔偿请求人是自然人的，写明其姓名、性别、民族、职业（或工作单位和职务)、住址；有别名或者曾用名，应在姓名之后用括号标明。赔偿请求人是法人的，写明其名称、住所地，并写明法定代表人的姓名和职务。赔偿请求人是依法成立的不具备法人资格的其他组织的，写明其名称和住所地，并写明负责人姓名和职务。赔偿请求人有法定代理人的，应写明其姓名、性别、职业（或工作单位和职务）及住址。赔偿请求人有委托代理人的，应写明其姓名、性别、职业（或工作单位和职务）及住址。

四、“经审理查明”部分按照时间逻辑顺序写明查明的案件事实。

五、“本院赔偿委员会认为”部分着重说理，阐述赔偿或者不予赔偿的理由和法律依据。经过审判委员会讨论的案件应当注明“经本院审判委员会讨论决定”字样。如果涉及违法归责或过错归责的案件，则应在“本院赔偿委员会认为”部分增加对违法或过错认定的内容。

六、国家赔偿决定中涉及返还财产的，应当写明返还财产的履行期限。

×××× 人民法院赔偿委员会

国家赔偿决定书

（确认国家赔偿协议用）

（××××）××委赔×号

赔偿请求人：……（写明姓名或名称等基本情况）。

赔偿义务机关：……（写明名称、住所地）。

法定代表人：……（写明姓名、职务）。

委托代理人：……（写明姓名等基本情况）。

复议机关：……（写明名称、住所地）。

法定代表人：……（写明姓名、职务）。

委托代理人：……（写明姓名等基本情况）。

×××（赔偿请求人姓名或名称）因……（申请国家赔偿的案由）申请××××（赔偿义务机关名称）国家赔偿一案，……（不服赔偿义务机关或复议机关的决定，或赔偿义务机关、复议机关逾期不作出决定等情形），向本院赔偿委员会申请作出赔偿决定。本院赔偿委员会依法对本案进行了审理，现已审理终结。

……（赔偿义务机关的处理情况、复议机关的复议情况，赔偿请求人申请事项及理由）。

本案在审理过程中，×××（赔偿请求人姓名或名称）与××××（赔偿义务机关名称）自愿达成如下协议：

……（具体写明协议内容）。

本院赔偿委员会审查认为，上述协议不违反法律规定，依照《最高人民法院关于人民法院赔偿委员会审理国家赔偿案件程序的规定》第十一条的规定，决定如下：

……（根据协议内容，写出决定主文）。

本决定为发生法律效力的决定。

××××年××月××日

（院印）

【制作说明】

一、本决定书样式依照《最高人民法院关于人民法院赔偿委员会审理国家赔偿案件程序的规定》第十一条的规定制定，供人民法院赔偿委员会对赔偿请求人和赔偿义务机关协商达成协议予以确认时使用。

二、人民法院赔偿委员会对协议予以确认所作出的决定，文书名称为“国家赔偿决定书”。

三、赔偿请求人是自然人的，写明其姓名、性别、民族、职业（或工作单位和职务）、住址；有别名或者曾用名，应在姓名之后用括号标明。赔偿请求人是法人的，写明其名称、住所地，并写明法定代表人的姓名和职务。赔偿请求人是依法成立的不具备法人资格的其他组织的，写明其名称和住所地，并写明负责人姓名和职务。赔偿请求人有法定代理人的，应写明其姓名、性别、职业（或工作单位和职务）及住址。赔偿请求人有委托代理人的，应写明其姓名、性别、职业（或工作单位和职务）及住址。

××××人民法院

司法建议书

（××××）××法建×号

×××（主送单位名称）：

本院赔偿委员会在审理……（当事人姓名或者名称、案号及案由）一案中，发现……（有关单位存在的重要问题和提出建议的理由）。为此，特建议：

……（建议的具体事项）。

以上建议请研究处理，并将处理结果于收到本建议书之日起×日内函告本院赔偿委员会。

联系人：×××　　联系方式：……

××××年××月××日
（院印）

抄送：××××（单位名称）

附：相关××决定书×份及其他相关材料

【制作说明】

一、本建议书样式依照《最高人民法院关于加强司法建议工作的意见》的规定制作，供人民法院赔偿委员会在赔偿案件审理过程中向相关单位提出书面建议时使用。

二、人民法院赔偿委员会提出司法建议的，统一编立“法建”案号。

三、司法建议书的抄送单位根据需要确定，一般抄送主送单位的主管机关。不需要抄送的，予以省略。

四、人民法院赔偿委员会建议的内容通常为追偿、追责、解决问题和改进工作建议等。

五、存在的重要问题要明确，提出建议的理由要有法律依据，建议的事项要具体明确，切实可行。

卷宗目录（正卷）

序号	文书名称	页次
1	案件审判流程管理信息表	
2	案件呈批表、调卷函	
3	受理案件通知书、送达回证	
4	国家赔偿申请书、答辩状	
5	赔偿义务机关决定书、复议决定	
6	身份证明、委托代理手续	
7	质证通知书、权利义务告知书及送达回证	
8	公告	
9	证据材料	
10	质证笔录	
11	决定书	
12	宣判笔录及送达回证	
13	退卷函	
14		
15		
16		
备注		

本卷宗连同封面、封底共计×页，附证物袋×袋

卷宗目录（副卷）

序号	文书名称	页次
1	审理报告	
2	合议庭笔录	
3	赔偿委员会笔录	
4	决定书原本	
5	决定书正本	
6		
7		
8		
9		
10		
11		
12		
13		
备注		

本卷宗连同封面、封底共×页，附证物袋×袋

第三章　国家赔偿监督程序

第一节　再审审查

【工作要求】

根据《中华人民共和国国家赔偿法》第三十条及《最高人民法院关于国家赔偿监督程序若干问题的规定》之有关规定，审查国家赔偿申诉申请是否符合再审条件。

【工作内容】

（一）受案范围

国家赔偿监督案件受案范围为申诉人提出申诉的下级人民法院赔偿委员会作出的生效赔偿决定。

［依据《最高人民法院关于国家赔偿监督程序若干问题的规定》第一条］

（二）申诉人

1．一般申诉人。即认为赔偿委员会生效决定确有错误，向上一级人民法院赔偿委员会提出申诉的赔偿请求人或者赔偿义务机关。

［依据《最高人民法院关于国家赔偿监督程序若干问题的规定》第二条］

2．特殊申诉人。赔偿委员会决定生效后，赔偿请求人死亡或者其主体资格终止的，其权利义务承继者可以依法提出申诉。赔偿请求人死亡，依法享有继承权的同一顺序继承人有数人时，其中一人或者部分人申诉的，申诉效力及于全体。赔偿义务机关被撤销或者职权变更的，继续行使其职权的机关可以依法提出申诉。

[依据《最高人民法院关于国家赔偿监督程序若干问题的规定》第三条]

3. 申诉代理人。赔偿请求人、法定代理人可以委托一至二人作为代理人代为申诉。申诉代理人的范围包括：（1）律师、基层法律服务工作者；（2）赔偿请求人的近亲属或者工作人员；（3）赔偿请求人所在社区、单位以及有关社会团体推荐的公民。

赔偿义务机关可以委托本机关工作人员、法律顾问、律师一至二人代为申诉。

[依据《最高人民法院关于国家赔偿监督程序若干问题的规定》第四条]

（三）材料的收取与补正

1. 收取的材料。（1）申诉状。申诉状应当写明申诉人和被申诉人的基本信息，申诉的法定事由，以及具体的请求、事实和理由。（2）身份证明及授权文书。赔偿请求人申诉的，自然人应当提交身份证明，法人或者其他组织应当提交营业执照、组织机构代码证书、法定代表人或者主要负责人身份证明；赔偿义务机关申诉的，应当提交法定代表人或者主要负责人身份证明；委托他人申诉的，应当提交授权委托书和代理人身份证明。（3）法律文书。即赔偿义务机关、复议机关及赔偿委员会作出的决定书等法律文书。（4）其他相关材料。以有新的证据证明原决定认定的事实确有错误为由提出申诉的，应当同时提交相关证据材料。

[依据《最高人民法院关于国家赔偿监督程序若干问题的规定》第五条]

2. 补正。申诉材料不符合规定的，人民法院应当当场或五日内一次性告知申诉人需要补正的全部内容及补正期限。补正期限一般为十五日，最长不超过一个月。申诉人对必要材料拒绝补正或者未能在规定期限内补正的，不予审查。

[依据《最高人民法院关于国家赔偿监督程序若干问题的规定》第六条、《最高人民法院关于人民法院赔偿委员会审理国家赔偿案件程序的规定》第三条]

3. 移交。材料齐全后，立案庭将全部材料移送赔偿委员会进行审查。

（四）审查范围

赔偿委员会应组成合议庭，进行审查。

1. 立案审查：（1）申诉人具备主体资格；（2）受理申诉的人民法院是作出生效决定的人民法院的上一级人民法院；（3）提交的材料符合要求。

［依据《最高人民法院关于国家赔偿监督程序若干问题的规定》第六条］

2. 申诉审查。对符合上述条件的申诉案件应当进一步着重围绕申诉人的申诉事由进行审查，必要时，应当对原决定认定的事实、证据和适用法律进行全面审查。

［依据《最高人民法院关于国家赔偿监督程序若干问题的规定》第八条］

（五）审查方式

赔偿委员会审查申诉案件采取书面审查的方式，根据需要可以听取申诉人和被申诉人的陈述和申辩。

［依据《最高人民法院关于国家赔偿监督程序若干问题的规定》第九条］

（六）审查期限

赔偿委员会审查申诉案件一般应当在三个月内作出处理，至迟不得超过六个月。有特殊情况需要延长的，由本院院长批准。

［依据《最高人民法院关于国家赔偿监督程序若干问题的规定》第十条］

（七）撤回申诉

申诉人在申诉审查期间申请撤回申诉的，赔偿委员会应当依法审查并作出是否准许的决定。

赔偿委员会准许撤回申诉后，申诉人又重复申诉的，不予受理，但有以下情形，自知道或者应当知道该情形之日起六个月内提出的除外：（1）有新的证据，足以推翻原决定的；（2）原决定认定事实的主要证据是伪造的；（3）据以作出原决定的法律文书被撤销或者变更的；（4）审判人员在审理该案时有贪污受贿、徇私舞弊、枉法裁判行为的。

［依据《最高人民法院关于国家赔偿监督程序若干问题的规定》第二十五条、第十一条］

（八）中止审查

1. 中止审查的情形：（1）申诉人、被申诉人或者原赔偿请求人、原赔偿义务机关死亡或者终止，尚未确定权利义务承继者的；（2）申诉人、被申诉人或者赔偿请求人丧失行为能力，尚未确定法定代理人的；（3）宣告无罪的案件，人民法院决定再审或者人民检察院按照审判监督程序提出抗诉的；（4）申诉人、被申诉人或者赔偿请求人、赔偿义务机关因不可抗拒的事由，在法定审限内不能参加案件处理的；(5) 其他应当中止的情形。

[依据《最高人民法院关于国家赔偿监督程序若干问题的规定》第二十三条]

2. 中止方式。作出中止审查决定书。中止的原因消除后，赔偿委员会应当及时恢复审查，并通知申诉人、被申诉人。

[依据《最高人民法院关于国家赔偿监督程序若干问题的规定》第二十三条]

(九) 终结审查

有下列情形之一的，赔偿委员会应当决定终结审查并作出终结审查决定书：(1) 申诉人死亡或者终止，无权利义务承继者或者权利义务承继者声明放弃申诉的；(2) 据以申请赔偿的撤销案件决定、不起诉决定或者无罪判决被撤销的；(3) 其他应当终结的情形。

[依据《最高人民法院关于国家赔偿监督程序若干问题的规定》第二十四条]

(十) 处理方式

1. 重新审理。申诉人主张的重新审理事由成立，且符合申诉条件的，决定重新审理。重新审理包括上级人民法院赔偿委员会直接审理或者指令原审人民法院赔偿委员会重新审理。

应当决定重新审理的情形：(1) 有新的证据，足以推翻原决定的；(2) 原决定认定的基本事实缺乏证据证明的；(3) 原决定认定事实的主要证据是伪造的；(4) 原决定适用法律确有错误的；(5) 原决定遗漏赔偿请求，且确实违反《中华人民共和国国家赔偿法》规定的；(6) 据以作出原决定的法律文书被撤销或者变更的；(7) 审判人员在审理该案时有贪污受贿、徇私舞弊、枉法裁判行为的；(8) 原审理程序违反法律规定，可能影响公正审理的。

[依据《最高人民法院关于国家赔偿监督程序若干问题的规定》第十一条、第十三条]

2. 驳回申诉。申诉人主张的重新审理事由不成立，或者不符合申诉条件的，书面驳回申诉。

不符合申诉条件的情形：(1) 申诉不符合立案条件的。立案条件包括：

申诉人具备主体资格；受理申诉的人民法院是作出生效决定的人民法院的上一级人民法院；提交的材料符合要求。（2）赔偿委员会驳回申诉后，申诉人再次提出申诉的。（3）赔偿请求人对作为赔偿义务机关的人民法院作出的决定不服，未在法定期限内向其上一级人民法院赔偿委员会申请作出赔偿决定，在赔偿义务机关的决定发生法律效力后直接向人民法院赔偿委员会提出申诉的。（4）赔偿请求人、赔偿义务机关对最高人民法院赔偿委员会作出的决定不服提出申诉的。（5）赔偿请求人对行使侦查、检察职权的机关以及看守所主管机关、监狱管理机关作出的决定，未在法定期限内向其上一级机关申请复议，或者申请复议后复议机关逾期未作出决定或者复议机关已作出复议决定，但赔偿请求人未在法定期限内向复议机关所在地的同级人民法院赔偿委员会申请作出赔偿决定，在赔偿义务机关、复议机关的相关决定生效后直接向人民法院赔偿委员会申诉的。

［依据《最高人民法院关于国家赔偿监督程序若干问题的规定》第六条、第七条、第十三条］

3. 指令审理。原决定不予受理或者驳回赔偿申请错误的，撤销原决定，指令原审人民法院赔偿委员会依法审理。

［依据《最高人民法院关于国家赔偿监督程序若干问题的规定》第十三条］

（十一）进入重新审理的其他途径

1. 本院院长发现本院赔偿委员会生效决定违反《中华人民共和国国家赔偿法》规定，认为需要重新审理的，应当提交本院审判委员会讨论决定是否重新审理。

2. 最高人民法院对各级人民法院赔偿委员会生效决定，上级人民法院对下级人民法院赔偿委员会生效决定，发现违反《中华人民共和国国家赔偿法》规定的，有权决定直接审理或者指令下级人民法院赔偿委员会重新审理。

3. 最高人民检察院对各级人民法院赔偿委员会生效决定，上级人民检察院对下级人民法院赔偿委员会生效决定，向同级人民法院赔偿委员会提出重新审查意见的，同级人民法院赔偿委员会应当决定直接审理，并将决定书送达提出意见的人民检察院。

［依据《最高人民法院关于国家赔偿监督程序若干问题的规定》第十四

条、第十五条]

（十二）案号

依照《最高人民法院关于人民法院案件案号的若干规定》及《人民法院案件类型及其代字标准》，申诉审查案件案号统一编为：（××××）××委赔监×号，其中括号内“××××”为收案年度，括号后“××”为法院代字，“×号”为案件编号。

（十三）文书

1．名称及适用范围。(1)“××××人民法院赔偿委员会驳回申诉通知书”，适用于驳回申诉。(2)“××××人民法院决定书”，适用于以下情形：人民法院院长决定重新审理本院赔偿委员会已经审结的国家赔偿案件；人民检察院对人民法院赔偿委员会作出的决定提出意见的，人民法院赔偿委员会决定重新审理；在没有当事人申诉的情况下，上级人民法院赔偿委员会决定直接审理或指令重新审理。(3)“××××人民法院赔偿委员会决定书”，适用于以下情形：上级人民法院赔偿委员会决定直接审理；上级人民法院赔偿委员会指令下级人民法院赔偿委员会重新审理；上级人民法院赔偿委员会指令下级法院受理案件。

[依据《人民法院国家赔偿案件文书样式》]

2．文书的送达。

(1)送达对象。当事人申诉的，驳回申诉通知书或决定书需送达申诉人、被申诉人、下级人民法院；没有当事人申诉的，决定书需送达原赔偿请求人、原赔偿义务机关、原复议机关、下级人民法院、提出意见的人民检察院。

[参照《最高人民法院关于国家赔偿监督程序若干问题的规定》第二十二条]

(2)送达方式。以直接送达为主。不能直接送达的，一般委托下级人民法院送达，也可采取邮寄送达。

【常见问题】

（一）申诉有期限限制吗？

没有。《中华人民共和国国家赔偿法》及相关司法解释均未对国家赔偿案件的申诉期限进行规定，也就是说，赔偿请求人或者赔偿义务机关可以在收到生效的赔偿决定书后任何时间向上一级人民法院赔偿委员会提出申诉。

（二）申诉有次数限制吗?

申诉有次数限制，只能申诉一次。赔偿请求人或者赔偿义务机关的申诉被赔偿委员会驳回后，申诉人再次提出申诉的，人民法院不予受理。

［依据《最高人民法院关于国家赔偿监督程序若干问题的规定》第七条］

（三）赔偿请求人收到赔偿委员会准予赔偿请求人撤回赔偿申请的决定书后又向人民法院赔偿委员会申请作出赔偿决定的，如何处理?

人民法院赔偿委员会审理国家赔偿案件，决定准予赔偿请求人撤回赔偿申请，赔偿请求人收到该决定书后又向人民法院赔偿委员会申请作出赔偿决定的，收到申请的人民法院应当依照《中华人民共和国国家赔偿法》第三十条的规定审查处理。

［依据《最高人民法院办公厅关于国家赔偿法实施中若干问题的座谈会纪要》（法办〔2012〕490号）第二条］

（四）生效的赔偿决定包括哪些?

1. 赔偿决定作出之日起三十日内没有申请复议或者向上一级人民法院赔偿委员会申请国家赔偿的赔偿义务机关的决定；

2. 收到复议决定之日起三十日内没有向人民法院赔偿委员会申请国家赔偿的复议决定；

3. 人民法院赔偿委员会作出的赔偿决定。

（五）是否所有的生效赔偿决定都可以提出申诉?

不是所有的生效赔偿决定都可以提出申诉，只有对中级、高级人民法院赔偿委员会作出的生效赔偿决定可以提出申诉。

［依据《最高人民法院关于国家赔偿监督程序若干问题的规定》第二条］

（六）赔偿委员会作出的赔偿决定遗漏了赔偿请求如何处理?

人民法院赔偿委员会审查国家赔偿案件，遗漏赔偿请求人提出的赔偿请求，作出赔偿决定确有违反《中华人民共和国国家赔偿法》规定的，应当由本院院长决定或者由上级人民法院指令重新审查。

［依据《最高人民法院办公厅关于国家赔偿法实施中若干问题的座谈会纪要》（法办〔2013〕151号）第五条］

（七）申诉阶段申诉人可以提交新的证据吗?

申诉阶段申诉人可以提交新的证据，但申诉人在申诉阶段提供新的证据，应当说明逾期提供的理由。

［依据《最高人民法院关于国家赔偿监督程序若干问题的规定》第十二条］

（八）申诉审查阶段案件原赔偿决定是否中止执行？

申诉审查期间，不停止生效决定的执行。决定重新审理的案件，可以根据案件情形中止原决定的执行。

［依据《最高人民法院关于国家赔偿监督程序若干问题的规定》第二条、第十七条］

（九）本院院长决定重新审理的决定书样式与其他文书有何不同？

国家赔偿案件所有文书中，只有本院院长决定重新审理的决定书在尾部由院长和书记员署名，并加盖“本件与原本核对无异”印章。其他文书合议庭均不署名。

（十）申诉人被告知需补正材料而不补正的后果如何？

申诉人对必要材料拒绝补正或者未能在规定期限内补正的，对其申诉不予审查。

［依据《最高人民法院关于国家赔偿监督程序若干问题的规定》第五条］

（十一）对申诉申请必须作出书面决定吗？

书面驳回申诉后，又以同一事实和理由再次提出国家赔偿申请或申诉的，可以口头告知申请人不予受理或驳回申诉。

【常用法律、司法解释及相关规定】

《中华人民共和国国家赔偿法》（2012 年 10 月 26 日修正）

第三十条　赔偿请求人或者赔偿义务机关对赔偿委员会作出的决定，认为确有错误的，可以向上一级人民法院赔偿委员会提出申诉。

赔偿委员会作出的赔偿决定生效后，如发现赔偿决定违反本法规定的，经本院院长决定或者上级人民法院指令，赔偿委员会应当在两个月内重新审查并依法作出决定，上一级人民法院赔偿委员会也可以直接审查并作出决定。

最高人民检察院对各级人民法院赔偿委员会作出的决定，上级人民检察院对下级人民法院赔偿委员会作出的决定，发现违反本法规定的，应当向同级人民法院赔偿委员会提出意见，同级人民法院赔偿委员会应当在两个月内重新审查并依法作出决定。

《最高人民法院关于国家赔偿监督程序若干问题的规定》（2017 年 5 月 1 日施行　法释〔2017〕9 号）

第一条　依照国家赔偿法第三十条的规定，有下列情形之一的，适用本规定予以处理：

（一）赔偿请求人或者赔偿义务机关认为赔偿委员会生效决定确有错误，向上一级人民法院赔偿委员会提出申诉的；

（二）赔偿委员会生效决定违反国家赔偿法规定，经本院院长决定或者上级人民法院指令重新审理，以及上级人民法院决定直接审理的；

（三）最高人民检察院对各级人民法院赔偿委员会生效决定，上级人民检察院对下级人民法院赔偿委员会生效决定，发现违反国家赔偿法规定，向同级人民法院赔偿委员会提出重新审查意见的。

行政赔偿案件的审判监督依照行政诉讼法的相关规定执行。

第二条　赔偿请求人或者赔偿义务机关对赔偿委员会生效决定，认为确有错误的，可以向上一级人民法院赔偿委员会提出申诉。申诉审查期间，不停止生效决定的执行。

第三条　赔偿委员会决定生效后，赔偿请求人死亡或者其主体资格终止的，其权利义务承继者可以依法提出申诉。

赔偿请求人死亡，依法享有继承权的同一顺序继承人有数人时，其中一人或者部分人申诉的，申诉效力及于全体；但是申请撤回申诉或者放弃赔偿请求的，效力不及于未明确表示撤回申诉或者放弃赔偿请求的其他继承人。

赔偿义务机关被撤销或者职权变更的，继续行使其职权的机关可以依法提出申诉。

第四条　赔偿请求人、法定代理人可以委托一至二人作为代理人代为申诉。申诉代理人的范围包括：

（一）律师、基层法律服务工作者；

（二）赔偿请求人的近亲属或者工作人员；

（三）赔偿请求人所在社区、单位以及有关社会团体推荐的公民。

赔偿义务机关可以委托本机关工作人员、法律顾问、律师一至二人代为申诉。

第五条 赔偿请求人或者赔偿义务机关申诉，应当提交以下材料：

（一）申诉状。申诉状应当写明申诉人和被申诉人的基本信息，申诉的法定事由，以及具体的请求、事实和理由；书写申诉状确有困难的，可以口头申诉，由人民法院记入笔录。

（二）身份证明及授权文书。赔偿请求人申诉的，自然人应当提交身份证明，法人或者其他组织应当提交营业执照、组织机构代码证书、法定代表人或者主要负责人身份证明；赔偿义务机关申诉的，应当提交法定代表人或者主要负责人身份证明；委托他人申诉的，应当提交授权委托书和代理人身份证明。

（三）法律文书。即赔偿义务机关、复议机关及赔偿委员会作出的决定书等法律文书。

（四）其他相关材料。以有新的证据证明原决定认定的事实确有错误为由提出申诉的，应当同时提交相关证据材料。

申诉材料不符合前款规定的，人民法院应当一次性告知申诉人需要补正的全部内容及补正期限。补正期限一般为十五日，最长不超过一个月。申诉人对必要材料拒绝补正或者未能在规定期限内补正的，不予审查。收到申诉材料的时间自人民法院收到补正后的材料之日起计算。

第六条 申诉符合下列条件的，人民法院应当在收到申诉材料之日起七日内予以立案：

（一）申诉人具备本规定的主体资格；

（二）受理申诉的人民法院是作出生效决定的人民法院的上一级人民法院；

（三）提交的材料符合本规定第五条的要求。

申诉不符合上述规定的，人民法院不予受理并应当及时告知申诉人。

第七条 赔偿请求人或者赔偿义务机关申诉，有下列情形之一的，人民法院不予受理：

（一）赔偿委员会驳回申诉后，申诉人再次提出申诉的；

（二）赔偿请求人对作为赔偿义务机关的人民法院作出的决定不服，未在法定期限内向其上一级人民法院赔偿委员会申请作出赔偿决定，在赔偿义务机关的决定发生法律效力后直接向人民法院赔偿委员会提出申诉的；

（三）赔偿请求人、赔偿义务机关对最高人民法院赔偿委员会作出的决定不服提出申诉的；

（四）赔偿请求人对行使侦查、检察职权的机关以及看守所主管机关、监狱管理机关作出的决定，未在法定期限内向其上一级机关申请复议，或者申请复议后复议机关逾期未作出决定或者复议机关已作出复议决定，但赔偿请求人未在法定期限内向复议机关所在地的同级人民法院赔偿委员会申请作出赔偿决定，在赔偿义务机关、复议机关的相关决定生效后直接向人民法院赔偿委员会申诉的。

第八条 赔偿委员会对于立案受理的申诉案件，应当着重围绕申诉人的申诉事由进行审查。必要时，应当对原决定认定的事实、证据和适用法律进行全面审查。

第九条 赔偿委员会审查申诉案件采取书面审查的方式，根据需要可以听取申诉人和被申诉人的陈述和申辩。

第十条 赔偿委员会审查申诉案件，一般应当在三个月内作出处理，至迟不得超过六个月。有特殊情况需要延长的，由本院院长批准。

第十一条 有下列情形之一的，应当决定重新审理：

（一）有新的证据，足以推翻原决定的；

（二）原决定认定的基本事实缺乏证据证明的；

（三）原决定认定事实的主要证据是伪造的；

（四）原决定适用法律确有错误的；

（五）原决定遗漏赔偿请求，且确实违反国家赔偿法规定的；

（六）据以作出原决定的法律文书被撤销或者变更的；

（七）审判人员在审理该案时有贪污受贿、徇私舞弊、枉法裁判行为的；

（八）原审理程序违反法律规定，可能影响公正审理的。

第十二条 申诉人在申诉阶段提供新的证据，应当说明逾期提供的理由。

申诉人提供的新的证据，能够证明原决定认定的基本事实或者处理结果错误的，应当认定为本规定第十一条第一项规定的情形。

第十三条 赔偿委员会经审查，对申诉人的申诉按照下列情形分别处理：

（一）申诉人主张的重新审理事由成立，且符合国家赔偿法和本规定的申诉条件的，决定重新审理。重新审理包括上级人民法院赔偿委员会直接审理或者指令原审人民法院赔偿委员会重新审理。

（二）申诉人主张的重新审理事由不成立，或者不符合国家赔偿法和本规定的申诉条件的，书面驳回申诉。

（三）原决定不予受理或者驳回赔偿申请错误的，撤销原决定，指令原审人民法院赔偿委员会依法审理。

第十四条 人民法院院长发现本院赔偿委员会生效决定违反国家赔偿法规定，认为需要重新审理的，应当提交审判委员会讨论决定。

最高人民法院对各级人民法院赔偿委员会生效决定，上级人民法院对下级人民法院赔偿委员会生效决定，发现违反国家赔偿法规定的，有权决定直接审理或者指令下级人民法院赔偿委员会重新审理。

第十五条 最高人民检察院对各级人民法院赔偿委员会生效决定，上级人民检察院对下级人民法院赔偿委员会生效决定，向同级人民法院赔偿委员会提出重新审查意见的，同级人民法院赔偿委员会应当决定直接审理，并将决定书送达提出意见的人民检察院。

第十六条 赔偿委员会重新审理案件，适用国家赔偿法和相关司法解释关于赔偿委员会审理程序的规定；本规定依据国家赔偿法和相关法律对重新审理程序有特别规定的，适用本规定。

原审人民法院赔偿委员会重新审理案件，应当另行指定审判人员。

第十七条 决定重新审理的案件，可以根据案件情形中止原决定的执行。

第二十三条 在申诉审查或者重新审理期间，有下列情形之一的，赔偿委员会应当决定中止审查或者审理：

（一）申诉人、被申诉人或者原赔偿请求人、原赔偿义务机关死亡或者终止，尚未确定权利义务承继者的；

（二）申诉人、被申诉人或者赔偿请求人丧失行为能力，尚未确定法定代理人的；

（三）宣告无罪的案件，人民法院决定再审或者人民检察院按照审判监督程序提出抗诉的；

（四）申诉人、被申诉人或者赔偿请求人、赔偿义务机关因不可抗拒的事由，在法定审限内不能参加案件处理的；

（五）其他应当中止的情形。

中止的原因消除后，赔偿委员会应当及时恢复审查或者审理，并通知申诉人、被申诉人或者赔偿请求人、赔偿义务机关和提出意见的人民检察院。

第二十四条 在申诉审查期间，有下列情形之一的，赔偿委员会应当决定终结审查：

（一）申诉人死亡或者终止，无权利义务承继者或者权利义务承继者声明放弃申诉的；

（二）据以申请赔偿的撤销案件决定、不起诉决定或者无罪判决被撤销的；

（三）其他应当终结的情形。

在重新审理期间，有上述情形或者人民检察院撤回意见的，赔偿委员会应当决定终结审理。

第二十五条 申诉人在申诉审查或者重新审理期间申请撤回申诉的，赔偿委员会应当依法审查并作出是否准许的决定。

赔偿委员会准许撤回申诉后，申诉人又重复申诉的，不予受理，但有本规定第十一条第一项、第三项、第六项、第七项规定情形，自知道或者应当知道该情形之日起六个月内提出的除外。

《最高人民法院办公厅关于国家赔偿法实施中若干问题的座谈会纪要》
（2012 年 12 月 25 日施行 法办〔2012〕490 号）

二、人民法院赔偿委员会审理国家赔偿案件，决定准予赔偿请求人撤回赔偿申请，赔偿请求人收到该决定书后又向人民法院赔偿委员会申请作出赔偿决定的，收到申请的人民法院应当依照国家赔偿法第三十条的规定审查处理。

《最高人民法院办公厅关于国家赔偿法实施中若干问题的座谈会纪要》
（2013 年 12 月 12 日施行 法办〔2013〕151 号）

五、人民法院赔偿委员会审查国家赔偿案件，遗漏赔偿请求人提出的赔偿请求，作出赔偿决定确有违反《国家赔偿法》规定的，应当依据《国家赔偿法》第三十条的规定，由本院院长决定或者由上级人民法院指令重新审查。

六、赔偿请求人向人民法院赔偿委员会申请作出赔偿决定时，增加新的赔偿请求的，人民法院赔偿委员会应当组织赔偿请求人和赔偿义务机关就新增请求进行协商，协商不成的，人民法院赔偿委员会应当对新增请求一并审查处理。

赔偿请求人依照《国家赔偿法》第三十条的规定向人民法院赔偿委员会申诉时，增加新的赔偿请求的，不予审查处理。

【相关法律文书】

决定书（指令下级人民法院受理案件用）

驳回申诉通知书（审查后驳回申诉用）

决定书（决定直接审理或指令重新审理用）

决定书（本院院长决定重新审理用）

××××人民法院赔偿委员会

决定书

（指令下级人民法院受理案件用）

（××××）××委赔监×号

申诉人：……（写明姓名或名称等基本情况）。

被申诉人：……（写明姓名或名称等基本情况）。

申诉人×××不服××××人民法院（××××）××委赔×号不予受理案件决定，以……（申诉的主要理由）为由，向本院赔偿委员会提出申诉。

本院赔偿委员会审查认为，……（简要写明撤销不予受理案件决定的理由）。依照……（法律及司法解释条文）的规定，决定如下：

一、撤销××××人民法院（××××）××委赔×号不予受理决定；

二、指令××××人民法院予以受理。

××××年××月××日

（院印）

【制作说明】

一、本决定书样式供人民法院赔偿委员会指令下级人民法院受理赔偿请求人的国家赔偿申请时使用。

二、申诉人是自然人的，写明其姓名、性别、民族、职业（或工作单位和职务）、住址；有别名或者曾用名，应在姓名之后用括号标明。申诉人是法人的，写明其名称和住所地，并写明法定代表人的姓名和职务。申诉人是依法成立的不具备法人资格的其他组织的，写明其名称和住所地，并写明负责人姓名和职务。申诉人有法定代理人的，应写明其姓名、性别、职业（或工作单位和职务）及住址。申诉人有委托代理人的，应写明其姓名、性别、职业（或工作单位和职务）及住址。被申诉人基本情况参照申诉人基本情况进行表述。

三、上级人民法院赔偿委员会指令受理的，决定书应当送达申诉人、被申诉人和下级人民法院。

×××× 人民法院赔偿委员会

驳回申诉通知书

（审查后驳回申诉用）

（××××）××委赔监×号

×××（申诉人姓名或名称）：

你（你单位）不服……××××人民法院赔偿委员会（×案号）决定（或国家赔偿决定），以……（申诉的主要理由）为由，向本院赔偿委员会提出申诉。

本院赔偿委员会审查认为，……（针对申诉的理由释明法律规定，说明原决定在认定事实和适用法律方面正确的理由）。你（你单位）的申诉事项及理由不能成立，本院赔偿委员会予以驳回。

特此通知。

××××年××月××日

（院印）

【制作说明】

一、本通知书样式供人民法院赔偿委员会驳回赔偿申诉人的申请时使用。

二、对于赔偿请求人或赔偿义务机关的申诉，人民法院予以立案的，统一编立“××委赔监×号”案号。

三、人民法院赔偿委员会驳回申诉的理由要有针对性，要进行充分说理。

四、驳回申诉通知书应当送达申诉人、被申诉人和下级人民法院。

××××人民法院赔偿委员会

决 定 书

（决定直接审理或指令重新审理用）

（××××）××委赔监×号

申诉人（赔偿决定案件中的地位）：……

（第一种情况，赔偿请求人）

（赔偿请求人）：……（写明姓名、性别、年龄、民族、职业或者住址等基本情况；如有委托代理人的，写明委托代理人的基本情况）。

（如为法人或者其他组织的，写明赔偿请求人的名称、住所地；另起一行写明法定代表人的姓名、职务）

（第二种情况，赔偿义务机关）

（赔偿义务机关）：……（写明名称、住所地）。

法定代表人：……（写明姓名、职务）。

委托代理人：……（写明姓名等基本情况）。

被申诉人（赔偿决定案件中的地位）：……

（第一种情况，赔偿请求人）

（赔偿请求人）：……（写明姓名、性别、年龄、民族、职业或者住址等基本情况；如有委托代理人的，写明委托代理人的基本情况）。

（如为法人或者其他组织的，写明赔偿请求人的名称、住所地；另起一行写明法定代表人的姓名、职务）

（第二种情况，赔偿义务机关）

（赔偿义务机关）：……（写明名称、住所地）。

法定代表人：……（写明姓名、职务）。

委托代理人：……（写明姓名等基本情况）。

申诉人×××不服××××人民法院赔偿委员会……（案号）决定（或国家赔偿决定），以……（申诉的主要理由）为由，向本院赔偿委员会提出申诉。

本院赔偿委员会审查认为，……（简要叙述决定直接审理或指令重新审理的理由）。依照《中华人民共和国国家赔偿法》第三十条第二款的规定，决定如下：

（第一种情况，下级人民法院赔偿委员会作出程序性驳回申请决定或作出不予赔偿决定，上级人民法院赔偿委员会决定直接审理或指令下级人民法院赔偿委员会重新审理的）

本案由本院赔偿委员会直接审理（或指令××××人民法院赔偿委员会重新审理）。

（第二种情况，下级人民法院赔偿委员会作出赔偿决定，上级人民法院赔偿委员会决定直接审理或指令下级人民法院赔偿委员会重新审理的）。

一、本案由本院赔偿委员会直接审理（或指令××××人民法院赔偿委员会重新审理）；

二、直接（或重新）审理期间，中止原赔偿决定的执行。

××××年××月××日

（院印）

【制作说明】

一、本决定书样式供上级人民法院赔偿委员会决定直接审理或指令下级人民法院赔偿委员会重新审理时使用。

二、“本院赔偿委员会审查认为”部分应着重对原决定是否正确、申诉是否有理进行分析论证。

三、赔偿请求人、赔偿义务机关都提出申诉的，均列为“申诉人”。

四、作为赔偿义务机关的人民法院作出的赔偿决定已生效，赔偿请求人不服该决定而提出申诉的，参照本文书样式。

××××人民法院

决定书

（本院院长决定重新审理用）

（××××）××委赔监×号

赔偿请求人×××申请××××（赔偿义务机关名称）……（申请国家赔偿的案由）一案，本院赔偿委员会于×××年×月××日作出……（案号）决定，该决定已发生法律效力。本案经本院院长提交审判委员会讨论认为，……（简要写明决定重新审理的理由）。依照《中华人民共和国国家赔偿法》第三十条第二款的规定，决定如下：

（第一种情况，本院赔偿委员会作出不予赔偿决定，院长决定重新审理的）

本案由本院赔偿委员会重新审理。

（第二种情况，本院赔偿委员会作出赔偿决定，院长决定重新审理的）

一、本案由本院赔偿委员会重新审理；

二、重新审理期间，中止原赔偿决定的执行。

院长×××

××××年××月××日

（院印）

本件与原本核对无异（印章）

书记员×××

【制作说明】

一、本决定书样式根据《中华人民共和国国家赔偿法》第三十条的规定制定，供人民法院院长决定重新审理本院赔偿委员会已经审结的国家赔偿案件时使用。

二、本文书印本上应加盖“本件与原本核对无异”印章。

三、在没有当事人申诉的情况下，上级人民法院赔偿委员会决定直接审理或指令重新审理的决定书，参照本文书样式。

四、人民检察院对人民法院赔偿委员会作出的决定提出意见的，人民法院赔偿委员会决定重新审理的，参照本文书样式。

第二节　重新审理

【工作要求】

根据《中华人民共和国国家赔偿法》第三十条及《最高人民法院关于国家赔偿监督程序若干问题的规定》之有关规定，对决定重新审理的国家赔偿案件进行审理，作出决定。

【工作内容】

（一）审理案件范围

（1）对申诉人的申诉决定重新审理后，上级人民法院赔偿委员会决定直接提审或指令本院赔偿委员会重新审理的；（2）上级人民法院赔偿委员会撤销原不予受理或者驳回赔偿申请决定而指令本院赔偿委员会依法审理的；（3）本院院长提起的经本院审判委员会讨论决定重新审理的；（4）最高人民法院或上级人民法院提起后，最高人民法院或上级人民法院决定直接审理或指令本院赔偿委员会重新审理的；（5）最高人民检察院或上级人民检察院提起后，同级人民法院赔偿委员会决定直接审理的。

［依据《最高人民法院关于国家赔偿监督程序若干问题的规定》第十三条至第十五条］

（二）审理流程

1. 一般规定。

（1）程序。适用《中华人民共和国国家赔偿法》和相关司法解释关于赔偿委员会审理程序的规定，但《最高人民法院关于国家赔偿监督程序若干问题的规定》依据《中华人民共和国国家赔偿法》和相关法律对重新审理程序有特别规定的，适用该规定。

［依据《最高人民法院关于国家赔偿监督程序若干问题的规定》第十六条］

（2）审查范围。赔偿委员会重新审理案件，应当对原决定认定的事实、证据和适用法律进行全面审理。

［依据《最高人民法院关于国家赔偿监督程序若干问题的规定》第十九条］

2. 特殊规定。

（1）审判组织。原审人民法院赔偿委员会重新审理案件，应当另行指定审判人员。

［依据《最高人民法院关于国家赔偿监督程序若干问题的规定》第十六条］

（2）审理方式。采取书面审理的方式，必要时可以向有关单位和人员调查情况、收集证据，听取申诉人、被申诉人或者赔偿请求人、赔偿义务机关的陈述和申辩。有新的证据，足以推翻原决定的，或者原决定认定事实的主要证据是伪造的，或者赔偿委员会认为确有必要的，可以组织申诉人、被申诉人或者赔偿请求人、赔偿义务机关公开质证。对于人民检察院提出意见的案件，赔偿委员会组织质证时应当通知提出意见的人民检察院派员出席。

［依据《最高人民法院关于国家赔偿监督程序若干问题的规定》第十八条］

（三）审理期限

赔偿委员会重新审理的案件，应当在两个月内依法作出决定。

［依据《最高人民法院关于国家赔偿监督程序若干问题的规定》第二十条］

（四）撤回申诉或撤回赔偿申请

1. 撤回申诉。申诉人在重新审理期间申请撤回申诉的，赔偿委员会应当依法审查并作出是否准许的决定。赔偿委员会准许撤回申诉后，申诉人又重复申诉的，不予受理，但有以下情形，自知道或者应当知道该情形之日起六个月内提出的除外：（1）有新的证据，足以推翻原决定的；（2）原决定认定事实的主要证据是伪造的；（3）据以作出原决定的法律文书被撤销或者变更的；（4）审判人员在审理该案时有贪污受贿、徇私舞弊、枉法裁判行为的。

［依据《最高人民法院关于国家赔偿监督程序若干问题的规定》第二十五条、第十一条］

2. 撤回赔偿申请。赔偿请求人在重新审理期间申请撤回赔偿申请的，赔偿委员会应当依法审查并作出是否准许的决定。准许撤回赔偿申请的，应当一并撤销原决定。赔偿委员会准许撤回赔偿申请的决定送达后，赔偿请求人又重复申请国家赔偿的，不予受理。

［依据《最高人民法院关于国家赔偿监督程序若干问题的规定》第二十六条］

（五）中止审理

1. 中止审理的情形：（1）申诉人、被申诉人或者原赔偿请求人、原赔偿义务机关死亡或者终止，尚未确定权利义务承继者的；（2）申诉人、被申诉人或者赔偿请求人丧失行为能力，尚未确定法定代理人的（3）宣告无罪的案件，人民法院决定再审或者人民检察院按照审判监督程序提出抗诉的；（4）申诉人、被申诉人或者赔偿请求人、赔偿义务机关因不可抗拒的事由，在法定审限内不能参加案件处理的；（5）其他应当中止的情形。

［依据《最高人民法院关于国家赔偿监督程序若干问题的规定》第二十三条］

2. 中止方式：作出中止审理决定书。中止审理的原因消除后，赔偿委员会应当及时恢复审理，并通知申诉人、被申诉人或者赔偿请求人、赔偿义务机关和提出意见的人民检察院。

［依据《最高人民法院关于国家赔偿监督程序若干问题的规定》第二十三条］

（六）终结审理

有下列情形之一的，人民法院应当决定终结审理并作出终结审理决定书：（1）申诉人死亡或者终止，无权利义务承继者或者权利义务承继者声明放弃申诉的；（2）据以申请赔偿的撤销案件决定、不起诉决定或者无罪判决被撤销的；（3）人民检察院撤回意见的；（4）其他应当终结的情形。

［依据《最高人民法院关于国家赔偿监督程序若干问题的规定》第二十四条］

（七）审理结果

案件经重新审理后，应当根据下列情形分别处理：（1）原决定认定事实清楚、适用法律正确的，应当维持原决定；（2）原决定认定事实、适用法律虽有瑕疵，但决定结果正确的，应当在决定中纠正瑕疵后予以维持；（3）原决定认定事实、适用法律错误，导致决定结果错误的，应当撤销、变更、重新作出决定；（4）原决定违反《中华人民共和国国家赔偿法》规定，对不符合案件受理条件的赔偿申请进行实体处理的，应当撤销原决定，驳回赔偿申请；（5）申诉人、被申诉人或者赔偿请求人、赔偿义务机关经协商达成协议的，赔偿委员会依法审查并确认后，应当撤销原决定，根据协议作出新决定。

［依据《最高人民法院关于国家赔偿监督程序若干问题的规定》第二十一条］

（八）案号

依照《最高人民法院关于人民法院案件案号的若干规定》及《人民法院案件类型及其代字标准》，直接审理案件案号统一编为：（××××）××委赔提×号，重新审理案件案号统一编为：（××××）××委赔再×号，其中括号内“××××”为收案年度，括号后“××”为法院代字，“×号”为案件编号。

（九）文书

1．名称及适用范围。

程序性处理的，适用“××××人民法院赔偿委员会决定书”；实体作出处理的，包括决定不赔偿、决定赔偿、确认协议的，适用“××××人民法院赔偿委员会国家赔偿决定书”。其中法院名称应与本院公章名称相同。

［依据《人民法院国家赔偿案件文书样式》］

2．文书的送达。

（1）送达对象。直接审理的，决定书需送达申诉人、被申诉人、下级人民法院、提出意见的检察院；重新审理的，送达原当事人。

［依据《人民法院国家赔偿案件文书样式》及《最高人民法院关于国家赔偿监督程序若干问题的规定》第二十二条］

（2）送达方式。以直接送达为主；不能直接送达的，一般委托下级人民法院送达，也可采取邮寄送达。

（十）结案

司法辅助人员登录人民法院办案系统填写当事人信息、审理经过、合议庭组成人员、笔录、决定书等案件相关信息后，向审判管理办公室申请网上案件报结，待审判管理办公室审核通过后，视为案件结案。

（十一）文书上网

根据《最高人民法院关于人民法院在互联网公布裁判文书的规定》，在决定书生效后七个工作日内将决定书在互联网公布。

（十二）案卷装订与归档

将所有材料按要求依顺序分正、副卷装订后，依照本院关于归档的规定将案卷移送。

【常见问题】

（一）原案件审判人员可否参与重新审理案件的审理？

原审人民法院赔偿委员会重新审理案件，应当另行指定审判人员。鉴于国家赔偿办案机构现状，一般仅限于另行指定承办人。

［依据《最高人民法院关于国家赔偿监督程序若干问题的规定》第十六条］

（二）赔偿请求人申诉时增加新的赔偿请求时如何处理？

赔偿请求人依照《中华人民共和国国家赔偿法》第三十条的规定向人民法院赔偿委员会申诉时，增加新的赔偿请求的，不予审查处理。

［依据《最高人民法院办公厅关于国家赔偿法实施中若干问题的座谈会纪要》（法办〔2013〕151号）第六条］

【常用法律、司法解释及相关规定】

《中华人民共和国国家赔偿法》（2012年10月26日修正）

第三十条 赔偿请求人或者赔偿义务机关对赔偿委员会作出的决定，认为确有错误的，可以向上一级人民法院赔偿委员会提出申诉。

赔偿委员会作出的赔偿决定生效后，如发现赔偿决定违反本法规定的，经本院院长决定或者上级人民法院指令，赔偿委员会应当在两个月内重新审查并依法作出决定，上一级人民法院赔偿委员会也可以直接审查并作出决定。

最高人民检察院对各级人民法院赔偿委员会作出的决定，上级人民检察院对下级人民法院赔偿委员会作出的决定，发现违反本法规定的，应当向同级人民法院赔偿委员会提出意见，同级人民法院赔偿委员会应当在两个月内重新审查并依法作出决定。

《最高人民法院关于国家赔偿监督程序若干问题的规定》（2017 年 5 月 1 日施行　法释〔2017〕9 号）

第十一条　有下列情形之一的，应当决定重新审理：

（一）有新的证据，足以推翻原决定的；

（二）原决定认定的基本事实缺乏证据证明的；

（三）原决定认定事实的主要证据是伪造的；

（四）原决定适用法律确有错误的；

（五）原决定遗漏赔偿请求，且确实违反国家赔偿法规定的；

（六）据以作出原决定的法律文书被撤销或者变更的；

（七）审判人员在审理该案时有贪污受贿、徇私舞弊、枉法裁判行为的；

（八）原审理程序违反法律规定，可能影响公正审理的。

第十三条　赔偿委员会经审查，对申诉人的申诉按照下列情形分别处理：

（一）申诉人主张的重新审理事由成立，且符合国家赔偿法和本规定的申诉条件的，决定重新审理。重新审理包括上级人民法院赔偿委员会直接审理或者指令原审人民法院赔偿委员会重新审理。

（二）申诉人主张的重新审理事由不成立，或者不符合国家赔偿法和本规定的申诉条件的，书面驳回申诉。

（三）原决定不予受理或者驳回赔偿申请错误的，撤销原决定，指令原审人民法院赔偿委员会依法审理。

第十四条　人民法院院长发现本院赔偿委员会生效决定违反国家赔偿法规定，认为需要重新审理的，应当提交审判委员会讨论决定。

最高人民法院对各级人民法院赔偿委员会生效决定，上级人民法院对下级人民法院赔偿委员会生效决定，发现违反国家赔偿法规定的，有权决定直接审理或者指令下级人民法院赔偿委员会重新审理。

第十五条　最高人民检察院对各级人民法院赔偿委员会生效决定，上级人民检察院对下级人民法院赔偿委员会生效决定，向同级人民法院赔偿委员会提出重新审查意见的，同级人民法院赔偿委员会应当决定直接审理，并将决定书送达提出意见的人民检察院。

第十六条　赔偿委员会重新审理案件，适用国家赔偿法和相关司法解释关于赔偿委员会审理程序的规定；本规定依据国家赔偿法和相关法律对重新审理程序有特别规定的，适用本规定。

原审人民法院赔偿委员会重新审理案件，应当另行指定审判人员。

第十七条 决定重新审理的案件，可以根据案件情形中止原决定的执行。

第十八条 赔偿委员会重新审理案件，采取书面审理的方式，必要时可以向有关单位和人员调查情况、收集证据，听取申诉人、被申诉人或者赔偿请求人、赔偿义务机关的陈述和申辩。有本规定第十一条第一项、第三项情形，或者赔偿委员会认为确有必要的，可以组织申诉人、被申诉人或者赔偿请求人、赔偿义务机关公开质证。

对于人民检察院提出意见的案件，赔偿委员会组织质证时应当通知提出意见的人民检察院派员出席。

第十九条 赔偿委员会重新审理案件，应当对原决定认定的事实、证据和适用法律进行全面审理。

第二十条 赔偿委员会重新审理的案件，应当在两个月内依法作出决定。

第二十一条 案件经重新审理后，应当根据下列情形分别处理：

（一）原决定认定事实清楚、适用法律正确的，应当维持原决定；

（二）原决定认定事实、适用法律虽有瑕疵，但决定结果正确的，应当在决定中纠正瑕疵后予以维持；

（三）原决定认定事实、适用法律错误，导致决定结果错误的，应当撤销、变更、重新作出决定；

（四）原决定违反国家赔偿法规定，对不符合案件受理条件的赔偿申请进行实体处理的，应当撤销原决定，驳回赔偿申请；

（五）申诉人、被申诉人或者赔偿请求人、赔偿义务机关经协商达成协议的，赔偿委员会依法审查并确认后，应当撤销原决定，根据协议作出新决定。

第二十二条 赔偿委员会重新审理后作出的决定，应当及时送达申诉人、被申诉人或者赔偿请求人、赔偿义务机关和提出意见的人民检察院。

第二十三条 在申诉审查或者重新审理期间，有下列情形之一的，赔偿委员会应当决定中止审查或者审理：

（一）申诉人、被申诉人或者原赔偿请求人、原赔偿义务机关死亡或者终止，尚未确定权利义务承继者的；

（二）申诉人、被申诉人或者赔偿请求人丧失行为能力，尚未确定法定代理人的；

（三）宣告无罪的案件，人民法院决定再审或者人民检察院按照审判监督程序提出抗诉的；

（四）申诉人、被申诉人或者赔偿请求人、赔偿义务机关因不可抗拒的事由，在法定审限内不能参加案件处理的；

（五）其他应当中止的情形。

中止的原因消除后，赔偿委员会应当及时恢复审查或者审理，并通知申诉人、被申诉人或者赔偿请求人、赔偿义务机关和提出意见的人民检察院。

第二十四条 在申诉审查期间，有下列情形之一的，赔偿委员会应当决定终结审查：

（一）申诉人死亡或者终止，无权利义务承继者或者权利义务承继者声明放弃申诉的；

（二）据以申请赔偿的撤销案件决定、不起诉决定或者无罪判决被撤销的；

（三）其他应当终结的情形。

在重新审理期间，有上述情形或者人民检察院撤回意见的，赔偿委员会应当决定终结审理。

第二十五条 申诉人在申诉审查或者重新审理期间申请撤回申诉的，赔偿委员会应当依法审查并作出是否准许的决定。

赔偿委员会准许撤回申诉后，申诉人又重复申诉的，不予受理，但有本规定第十一条第一项、第三项、第六项、第七项规定情形，自知道或者应当知道该情形之日起六个月内提出的除外。

第二十六条 赔偿请求人在重新审理期间申请撤回赔偿申请的，赔偿委员会应当依法审查并作出是否准许的决定。准许撤回赔偿申请的，应当一并撤销原决定。

赔偿委员会准许撤回赔偿申请的决定送达后，赔偿请求人又重复申请国家赔偿的，不予受理。

《最高人民法院办公厅关于国家赔偿法实施中若干问题的座谈会纪要》（2013年12月12日施行 法办〔2013〕151号）

六、赔偿请求人向人民法院赔偿委员会申请作出赔偿决定时，增加新的赔偿请求的，人民法院赔偿委员会应当组织赔偿请求人和赔偿义务机关就新增请求进行协商，协商不成的，人民法院赔偿委员会应当对新增请求一并审查处理。

赔偿请求人依照《国家赔偿法》第三十条的规定向人民法院赔偿委员会申诉时，增加新的赔偿请求的，不予审查处理。

【相关法律文书】

决定书（上级人民法院赔偿委员会直接审理案件用）

决定书（人民法院赔偿委员会重新审理案件用）

司法建议书

卷宗目录

××××人民法院赔偿委员会
决 定 书
（上级人民法院赔偿委员会直接审理案件用）

（××××）××委赔提×号

申诉人（赔偿决定案件中的地位）：……

（第一种情况，赔偿请求人）

（赔偿请求人）：……（写明姓名、性别、年龄、民族、职业或住址等基本情况；如有委托代理人的，写明委托代理人的基本情况）。

（如为法人或者其他组织的，写明赔偿请求人的名称、住所地；另起一行写明法定代表人的姓名、职务）

（第二种情况，赔偿义务机关）

（赔偿义务机关）：……（写明名称、住所地）。

法定代表人：……（写明姓名、职务）。

委托代理人：……（写明姓名等基本情况）。

被申诉人（赔偿决定案件中的地位）：……

（第一种情况，赔偿请求人）

（赔偿请求人）：……（写明姓名、性别、年龄、民族、职业或住址等基本情况；如有委托代理人的，写明委托代理人的基本情况）。

（如为法人或者其他组织的，写明赔偿请求人的名称、住所地另起一行写明法定代表人的姓名、职务）。

（第二种情况，赔偿义务机关）

（赔偿义务机关）：……（写明名称、住所地）。

法定代表人：……（写明姓名、职务）。

委托代理人：……（写明姓名等基本情况）。

申诉人×××与被申诉人×××……（申请国家赔偿的案由）一案，××××人民法院赔偿委员会于××××年××月××日作出（××××）××委赔×号决定，该决定已经发生法律效力。××××年××月××日本院赔偿委员会作出（××××）××委赔监×号决定书，决定对本案进行直接审理。……（依法受理的情况，若有质证的，写明质证参加人、时间）。本案现已审理终结。

……（原国家赔偿决定认定的事实、理由和决定的结果）。

经审理查明，……（直接审理认定的证据和查明的事实）。

本院赔偿委员会认为，……（根据直接审理查明的事实，着重论述原生效决定处理是否正确，阐明应予维持或者改变的理由）。依照……（法律及司法解释条文）的规定，决定如下：

（第一种情况，原决定为程序性驳回国家赔偿申请，上级人民法院赔偿委员会作出国家赔偿决定的）

一、撤销××××人民法院赔偿委员会（××××）××委赔×号决定；

二、……（赔偿的方式及赔偿数额）或者驳回×××（赔偿请求人姓名或名称）关于……（申请的事项）的国家赔偿申请。

（第二种情况，维持原决定的）

维持××××人民法院赔偿委员会（××××）××委赔×号（国家赔偿）决定。

（第三种情况，撤销原决定，重新作出决定的）

一、撤销××××人民法院赔偿委员会（××××）××委赔×号（国家赔偿）决定；

二、……（赔偿的方式及赔偿数额）或者驳回×××（赔偿请求人姓名或名称）关于……（申请的事项）的国家赔偿申请。

（第四种情况，变更原决定的）

一、撤销……（原决定主文的事项）；

二、维持……（原决定主文的事项）；

三、……（其他决定的事项，如果变更决定的赔偿金额高于原赔偿决定且赔偿金已支付的，则应写明予以扣除）。

（第五种情况，赔偿请求人的国家赔偿申请应予程序性驳回，原审作出了国家赔偿决定，上级人民法院赔偿委员会撤销原决定，驳回国家赔偿申请的）

一、撤销××××人民法院赔偿委员会（××××）××委赔×号国家赔偿决定；

二、驳回×××（赔偿请求人姓名或名称）关于……（申请的事项）的国家赔偿申请。

本决定为发生法律效力的决定。

××××年××月××日
（院印）

【制作说明】

一、本决定书样式依照《中华人民共和国国家赔偿法》第三十条的规定制作，供上级人民法院赔偿委员会直接审理后作出决定时使用。

二、上级人民法院赔偿委员会对直接审理案件作出实体决定的，则文书的名称应为“国家赔偿决定书”。

三、上级人民法院赔偿委员会直接审理的国家赔偿案件，统一暂立“委赔提”案号。

四、赔偿请求人、赔偿义务机关都提出申诉的，均列为“申诉人”。

五、“本院赔偿委员会认为”部分侧重论述原决定是否准确，阐明维持或改变决定的理由和法律依据。如果涉及违法归责或过错归责的案件，则应在“本院赔偿委员会认为”部分增加对违法或过错认定的内容。

六、在没有赔偿请求人或赔偿义务机关申诉的情况下启动直接审理程序的，当事人只需列明赔偿请求人与赔偿义务机关，无须再列申请人与被申诉人。

七、人民检察院对人民法院赔偿委员会作出的决定提出意见的，上级人民法院赔偿委员会审理后所作出的文书参照本文书样式。

××××人民法院赔偿委员会

决定书

（人民法院赔偿委员会重新审理案件用）

（××××）××委赔再×号

申诉人（赔偿决定案件中的地位）：……

（第一种情况，赔偿请求人）

（赔偿请求人）：……（写明姓名、性别、年龄、民族、职业或者住址等基本情况；如有委托代理人的，写明委托代理人的基本情况）。

（如为法人或者其他组织的，写明赔偿请求人的名称、住所地；另起一行写明法定代表人的姓名、职务）

（第二种情况，赔偿义务机关）

（赔偿义务机关）：……（写明名称、住所地）。

法定代表人：……（写明姓名、职务）。

委托代理人：……（写明姓名等基本情况）。

被申诉人（赔偿决定案件中的地位）：……

（第一种情况，赔偿请求人）

（赔偿请求人）：……（写明姓名、性别、年龄、民族、职业或者住址等基本情况；如有委托代理人的，写明委托代理人的基本情况）。

（如为法人或者其他组织的，写明赔偿请求人的名称、住所地；另起一行写明法定代表人的姓名、职务）

（第二种情况，赔偿义务机关）

（赔偿义务机关）：……（写明名称、住所地）。

法定代表人：……（写明姓名、职务）。

委托代理人：……（写明姓名等基本情况）。

申诉人×××与被申诉人×××……（申请国家赔偿的案由）一案，本院赔偿委员会于××××年××月××日作出（××××）××委赔×号决定，该决定已经发生法律效力。××××年××月××日××××人民法院赔偿委员会作出（××××）××委赔监×号决定书，指令本院赔偿委员会对本案进行重新审理［或者××××年××月××日本院作出（××××）

××委赔监×号决定书，决定对本案进行重新审理]。……（依法受理的情况，若有质证的，写明质证参加人、时间）。本案现已审理终结。

……（原国家赔偿决定认定的事实、理由和决定的结果）。

经审理查明，……（重新审理认定的证据和查明的事实）。

本院赔偿委员会认为，……（根据重新审理查明的事实，着重论述原生效决定处理是否正确，阐明应予维持或者改变的理由）。依照……法律及司法解释条文）的规定，决定如下：

（第一种情况，原决定为程序性驳回国家赔偿申请的，人民法院赔偿委员会作出国家赔偿决定的）

一、撤销本院赔偿委员会（××××）××委赔×号决定；

二、……（赔偿的方式及赔偿数额）或者驳回×××（赔偿请求人姓名或名称）关于……（申请的事项）的国家赔偿申请。

（第二种情况，维持原决定的）

维持本院赔偿委员会（××××）××委赔×号（国家赔偿）决定。

（第三种情况，撤销原决定，重新作出决定的）

一、撤销本院赔偿委员会（××××）××委赔×号（国家赔偿）决定；或者驳回×××（赔偿请求人姓名或名称）关于……（申请的事项）的国家赔偿申请。

（第四种情况，变更原决定的）

一、撤销……（原决定主文的事项）；

二、维持……（原决定主文的事项）；

三、……（其他决定的事项，如果变更决定的赔偿金额高于原赔偿决定且赔偿金已支付的，则应写明予以扣除）。

（第五种情况，赔偿请求人的国家赔偿申请不属于国家赔偿受案的范围，原审作出了国家赔偿决定，人民法院赔偿委员会撤销原决定，驳回国家赔偿申请的）

一、撤销本院赔偿委员会（××××）××委赔×号国家赔偿决定；

二、驳回×××（赔偿请求人姓名或名称）关于……（申请的事项）的国家赔偿申请。

本决定为发生法律效力的决定。

××××年××月××日
（院印）

【制作说明】

一、本决定书样式依照《中华人民共和国国家赔偿法》第三十条的规定制作，供人民法院赔偿委员会重新审理后作出决定时使用。

二、人民法院赔偿委员会对重新审理案件作出实体决定的，则文书的名称应为“国家赔偿决定书”。

三、人民法院赔偿委员会重新审理的国家赔偿案件，统一编立“委赔再”案号。

四、赔偿请求人、赔偿义务机关都提出申诉的，均列为“申诉人”。

五、“本院赔偿委员会认为”部分侧重论述原决定是否准确，阐明维持或改变决定的理由和法律依据。如果涉及违法归责或过错归责的案件，则应在“本院赔偿委员会认为”部分增加对违法或过错认定的内容。

六、在没有赔偿请求人或赔偿义务机关申诉的情况下启动重新审理程序的，当事人只需列明赔偿请求人与赔偿义务机关，无须再列申诉人与被申诉人。

××××人民法院

司法建议书

（××××）××法建×号

×××（主送单位名称）：

本院赔偿委员会在审理……（当事人姓名或者名称和案号、案由）一案中，发现……（有关单位存在的重要问题和提出建议的理由）。为此，特建议：

……（建议的具体事项）。

以上建议请研究处理，并将处理结果于收到本建议书之日起×日内函告本院赔偿委员会。

联系人：×××　　联系方式：……

××××年××月××日
（院印）

抄送：××××（单位名称）

附：相关××决定书×份及其他相关材料

【制作说明】

一、本建议书样式依照《最高人民法院关于加强司法建议工作的意见》的规定制作，供人民法院赔偿委员会在赔偿案件审理过程中向相关单位提出书面建议时使用。

二、人民法院赔偿委员会提出司法建议的，统一编立“法建”案号。

三、司法建议书的抄送单位根据需要确定，一般抄送主送单位的主管机关。不需要抄送的，予以省略。

四、人民法院赔偿委员会建议的内容通常为追偿、追责、解决问题和改进工作建议等。

五、存在的重要问题要明确，提出建议的理由要有法律依据，建议的事项要具体明确，切实可行。

卷宗目录（申诉审查）

序号	文书名称	页次
1	案件审判流程管理信息表	
2	案件呈批表、调卷函	
3	申诉状	
4	赔偿决定书	
5	证据材料	
6	笔录	
7	决定书	
8	宣判笔录及送达回证	
9	退卷函	
10		
11		
12		
13		
14		
15		
16		
备注		

本卷宗连同封面、封底共计×页，附证物袋×袋

卷宗目录（重新审理）

序号	文书名称	页次
1	案件审判流程管理信息表	
2	案件呈批表、调卷函	
3	受理案件通知书、送达回证	
4	国家赔偿申诉状、答辩状	
5	赔偿义务机关决定书、复议决定、重新审理决定书	
6	身份证明、委托代理手续	
7	质证通知书、权利义务告知书及送达回证	
8	公告	
9	证据材料	
10	质证笔录	
11	决定书	
12	宣判笔录及送达回证	
13	退卷函	
14		
15		
16		
备注		

本卷宗连同封面、封底共计×页，附证物袋×袋

卷宗目录（副卷）

序号	文书名称	页次
1	审理报告	
2	合议庭笔录	
3	赔偿委员会笔录	
4	决定书原本	
5	决定书正本	
6		
7		
8		
9		
10		
11		
12		
13		
备注		

本卷宗连同封面、封底共×页，附证物袋×袋

第二编　国家司法救助

第四章 国家司法救助程序

本书中所涉国家司法救助，均指人民法院国家司法救助，即人民法院在审判、执行工作中，对符合条件的权利受到侵害无法获得有效赔偿的当事人采取的以解决其生活面临的急迫困难的一次性辅助救济（原案件类型涵盖刑事、民事、行政、国家赔偿、执行及涉诉信访）。

第一节 立案审查

【工作要求】

根据《中共中央政法委员会、财政部、最高人民法院、最高人民检察院、公安部、司法部关于建立完善国家司法救助制度的意见（试行）》《最高人民法院关于加强和规范人民法院国家司法救助工作的意见》《人民法院国家司法救助案件办理程序规定（试行）》之有关规定，审查司法救助申请是否符合立案条件。

【工作内容】

（一）救助方式

国家司法救助以支付救助金为主要方式，并与思想疏导相结合，与法律援助、诉讼救济相配套，与其他社会救助相衔接。

［依据《最高人民法院关于加强和规范人民法院国家司法救助工作的意见》第五条］

（二）救助机关

国家司法救助案件，无论符合救助条件的救助申请人户籍所在地是否属于正在处理原审判、执行案件或者涉诉信访问题的人民法院辖区范围，均由正在处理原审判、执行案件或者涉诉信访问题的法院负责立案办理。在管辖地有重大影响且救助金额较大的国家司法救助案件，也可以由上下级法院联动救助。

[依据《人民法院国家司法救助案件办理程序规定（试行)》第一条、《最高人民法院关于加强和规范人民法院国家司法救助工作的意见》第二条]

（三）救助对象

1. 当事人因生活面临急迫困难提出国家司法救助申请，符合下列情形之一的，应当予以救助：（1）刑事案件被害人受到犯罪侵害，造成重伤或者严重残疾，因加害人死亡或者没有赔偿能力，无法通过诉讼获得赔偿，陷入生活困难的；（2）刑事案件被害人受到犯罪侵害危及生命，急需救治，无力承担医疗救治费用的；（3）刑事案件被害人受到犯罪侵害而死亡，因加害人死亡或者没有赔偿能力，依靠被害人收入为主要生活来源的近亲属无法通过诉讼获得赔偿，陷入生活困难的；（4）刑事案件被害人受到犯罪侵害，致使其财产遭受重大损失，因加害人死亡或者没有赔偿能力，无法通过诉讼获得赔偿，陷入生活困难的；（5）举报人、证人、鉴定人因举报、作证、鉴定受到打击报复，致使其人身受到伤害或财产受到重大损失，无法通过诉讼获得赔偿，陷入生活困难的；（6）追索赡养费、扶养费、抚育费等，因被执行人没有履行能力，申请执行人陷入生活困难的；（7）因道路交通事故等民事侵权行为造成人身伤害，无法通过诉讼获得赔偿，受害人陷入生活困难的；（8）人民法院根据实际情况，认为需要救助的其他人员；（9）涉诉信访人的诉求具有一定合理性，但通过法律途径难以解决，且生活困难，愿意接受国家司法救助后息诉息访的，可予以救助。

[依据《最高人民法院关于加强和规范人民法院国家司法救助工作的意见》第三条]

2. 救助申请人具有以下情形之一的，一般不予救助：（1）对案件发生有重大过错的；（2）无正当理由，拒绝配合查明案件事实的；（3）故意作虚伪陈述或者伪造证据，妨害诉讼的；（4）在审判、执行中主动放弃民事赔偿请求或者拒绝侵权责任人及其近亲属赔偿的；（5）生活困难非案件原因所导致的；（6）已经通过社会救助措施，得到合理补偿、救助的；（7）法人、其他组织提出的救助申请；（8）不应给予救助的其他情形。

［依据《最高人民法院关于加强和规范人民法院国家司法救助工作的意见》第四条］

（四）程序启动

1. 告知。

原案件承办法官在处理原案件过程中经审查认为相关人员基本符合救助条件的，应告知其提出救助申请，并按照申请须知和申请登记表的指引进行立案准备工作。

［依据《人民法院国家司法救助案件办理程序规定（试行）》第三条第一款、《最高人民法院关于加强和规范人民法院国家司法救助工作的意见》第八条］

刑事、民事、行政、国家赔偿、执行、信访等案件承办部门（以下简称原案件承办部门）发现案件当事人存在需要救助情形的，应当先行与司法救助办公室（赔偿办）会商，形成初步一致意见后，由原案件承办部门负责指导相关当事人按照《最高人民法院关于加强和规范人民法院国家司法救助工作的意见》第九条的规定提交相关材料，并移送司法救助委员会办公室审查。

［依据《内蒙古自治区高级人民法院关于国家司法救助案件运行程序的暂行规定》］

2. 申请。

（1）经原案件承办部门告知的救助申请人按照指引完成立案准备工作后，应当将所有材料提交给原案件承办部门。

［依据《人民法院国家司法救助案件办理程序规定（试行）》第七条］

（2）原案件相关人员不经告知直接向立案部门提出救助申请的，立案部门应当征求原案件承办部门及司法救助委员会办公室的意见。

［依据《人民法院国家司法救助案件办理程序规定（试行）》第三条第二款、《最高人民法院关于加强和规范人民法院国家司法救助工作的意见》第八条］

（五）代理

1. 法定代理。无诉讼行为能力人由其监护人作为法定代理人代为申请救助。

［依据《人民法院国家司法救助案件办理程序规定（试行）》第五条第一款］

2. 委托代理。救助申请人、法定代理人可以委托一名救助申请人的近亲属、法律援助人员或者经人民法院许可的其他无偿代理的公民作为委托代理人。

［依据《人民法院国家司法救助案件办理程序规定（试行）》第五条第二款］

（六）提交材料

救助申请人提出国家司法救助申请，一般应当提交以下材料：

1. 救助申请书，救助申请书应当载明申请救助的数额及理由（申请书应当以书面形式提出，救助申请人书面申请确有困难的，可以口头提出，人民法院应当制作申请登记表）；

2. 救助申请人的身份证明（身份证复印件、非案件当事人的救助申请人与案件当事人的关系证明）；

3. 实际损失的证明（是指救助申请人因人身权或财产权被侵害而遭受的损失，包括但不限于医疗诊断结论、司法鉴定意见、费用单据、死亡证明等）；

4. 救助申请人及其家庭成员生活困难的证明［主要是指救助申请人户籍所在地或者经常居住地村（居）民委员会或者所在单位出具的有关救助申请人的家庭人口、劳动能力、就业状况、家庭收入等情况的证明，应由出具人签字］；

5. 是否获得其他赔偿、救助等相关证明；

6. 其他能够证明救助申请人需要救助的材料（救助申请人申请执行救助的，应当提交有关被执行人财产查控和案件执行进展情况的说明；申请涉诉信访救助的，应当提交息诉息访承诺书）。

救助申请人确实不能提供完整材料的，应当说明理由。

［依据《最高人民法院关于加强和规范人民法院国家司法救助工作的意见》第九条、第十条，《人民法院国家司法救助案件办理程序规定（试行）》第六条第二款］

（七）材料的收取与补正

1. 收取与移送。

（1）救助申请人按照指引完成立案准备工作后，应当将所有材料提交给原案件承办部门。原案件承办部门认为材料齐全的，应当在申请登记表上签注意见，加盖部门印章，并在五个工作日以内将救助申请人签字确认的申请须知、申请登记表、相关证明材料以及初审报告等内部材料一并移送立案部门办理立案手续。

［依据《人民法院国家司法救助案件办理程序规定（试行）》第七条］

（2）原案件相关人员不经告知直接向立案部门提出救助申请，立案部门应当征求原案件承办部门及司法救助委员会办公室的意见，符合条件的，要求其提交申请材料。

［依据《人民法院国家司法救助案件办理程序规定（试行）》第三条第二款、《最高人民法院关于加强和规范人民法院国家司法救助工作的意见》第八条］

2．补正。

原案件承办部门或者立案部门认为申请材料不全或有误的，应当一次性告知需要补正的全部内容，并指定合理补正期限。

［依据《人民法院国家司法救助案件办理程序规定（试行）》第八条］

（八）处理方式

1．立案并移送。

（1）立案部门收到原案件承办部门移送的材料后，认为齐备、无误的，应当在五个工作日以内编立案号，将相关信息录入办案系统，以书面或者信息化方式通知救助申请人，并及时将案件移送司法救助委员会办公室。

［依据《人民法院国家司法救助案件办理程序规定（试行）》第八条］

（2）立案部门对收到的原案件相关人员不经告知直接提出的救助申请，经征求原案件承办部门及司法救助委员会办公室的意见后，认为齐备、无误的，应当在五个工作日以内编立案号，将相关信息录入办案系统，以书面或者信息化方式通知救助申请人，并及时将案件移送司法救助委员会办公室。

［依据《人民法院国家司法救助案件办理程序规定（试行）》第三条第二款、第八条，《最高人民法院关于加强和规范人民法院国家司法救助工作的意见》第八条］

2．不予立案。

救助申请人在收到原案件承办部门或者立案部门关于在合理期限内补正

不全或有误的申请材料的告知后，拒绝补正或者无正当理由逾期未予补正的，视为放弃救助申请，不予立案。

[依据《人民法院国家司法救助案件办理程序规定（试行）》第八条]

（九）案号

依照《最高人民法院关于人民法院案件案号的若干规定》及《人民法院案件类型及其代字标准》，司法救助案件案号统一编为：（××××）××司救××号，其中“（××××）”为收案年度，“××”为法院代字，“司救×”依原案件类型在“司救刑、司救民、司救行、司救执、司救赔、司救访、司救他”中择一而定，“×号”为案件编号。

（十）诉讼费用

国家司法救助案件不收取诉讼费用。

【常见问题】

（一）人民法院国家司法救助工作的处理方式是什么?

根据中共中央政法委员会、财政部、最高人民法院、最高人民检察院、公安部、司法部于2014年1月17日联合下发的《关于建立完善国家司法救助制度的意见（试行）》的精神，结合人民法院工作实际，最高人民法院于2016年1月7日作出《最高人民法院关于加强和规范人民法院国家司法救助工作的意见》，将原分散的刑事被害人救助、执行救助、信访救助统一为国家司法救助，作为案件进行审理，国家司法救助案件进入办案系统，采用案件审理程序代替原有的审批制度。

（二）同一救助申请人可否获得多次救助?

不可以。对同一案件的同一救助申请人只进行一次性国家司法救助。对于能够通过诉讼获得赔偿、补偿的，一般应当通过诉讼途径解决。需要注意的是，公安机关、检察机关同样具有国家司法救助职能，同一案件的同一救助申请人在相关案件的所有程序中只能接受一次国家司法救助。

[依据《最高人民法院关于加强和规范人民法院国家司法救助工作的意见》第二条]

（三）国家司法救助程序的启动原则是什么?

当前国家司法救助案件受理应遵循“依职权启动为主，依申请启动为辅”

的原则，由原案件承办部门从有利于案件处理实体公正出发，主动发现权利受到侵害无法获得有效赔偿而生活面临急迫困难的当事人，及时按照现行规定启动司法救助程序。

[依据《内蒙古自治区高级人民法院关于国家司法救助案件运行程序的暂行规定》]

（四）对同一原案件是否只能作一案救助?

因同一原案件而符合救助条件的多个直接受害人申请救助的，应当分别提出申请，人民法院分别立案救助。有特殊情况的（如多个直接受害人间存在特殊身份关系），也可以作一案救助。

因直接受害人死亡而符合救助条件的多个近亲属申请救助的，应当共同提出申请，人民法院应当作一案救助。有特殊情况的（如死亡的直接受害人为多个且无关联），也可以分别立案救助。对于无正当理由未共同提出申请的近亲属，人民法院一般不再立案救助，可以告知其向其他近亲属申请合理分配救助金。

[依据《人民法院国家司法救助案件办理程序规定（试行）》第四条]

（五）救助申请人是否只能自行获取相关立案材料?

救助申请人在进行立案准备工作期间，可以请求人民法院协助提供相关法律文书。救助申请人申请执行救助的，应当提交有关被执行人财产查控和案件执行进展情况的说明。

[依据《人民法院国家司法救助案件办理程序规定（试行）》第六条]

（六）信访救助对象应满足哪些条件?

参照《最高人民法院关于加强和规范人民法院国家司法救助工作的意见》，予以救助的信访救助对象必须同时满足以下条件：(1) 诉求具有一定合理性；(2) 通过法律途径无法解决；(3) 生活确实存在困难；(4) 愿意接受司法救助后息诉息访（出具息诉息访承诺书）。

[依据《最高人民法院关于加强和规范人民法院国家司法救助工作的意见》第三条第二款]

（七）国家赔偿案件救助对象应满足哪些条件?

1. 国家赔偿案件中，诉求具有一定合理性，但因超过请求时效、不属法律溯及力范围、不属国家应承担赔偿责任范围等程序或实体原因无法予以国家赔偿，生活陷入困难，且愿意接受救助后息诉息访的赔偿请求人。

2. 在重大刑事冤错国家赔偿案件中，对于符合救助条件，且愿意接受适当救助，与负有赔偿义务的法院达成和解协议的赔偿申请人。

[依据《内蒙古自治区高级人民法院关于全区法院国家司法救助工作若干问题的座谈会纪要》]

（八）不予救助的特殊情形包含哪些？

1. 涉众型犯罪的被害人一般不列为救助对象。如情况特殊确需救助的，须在立案前层报自治区高级人民法院司法救助委员会。

2. 刑事被害人或其近亲属已另行单独与赔偿义务人达成赔偿谅解协议，并已履行的，一般不再予以救助。

3. 因道路交通事故造成人身伤害，但已获保险理赔的受害人，一般不应再列为救助对象。

[依据《内蒙古自治区高级人民法院关于全区法院国家司法救助工作若干问题的座谈会纪要》]

（九）原案件承办部门和司法救助委员会认为直接提出申请的救助申请人不符合救助条件，是不予立案还是立案后作出不予救助决定？

关于这个问题，法律法规并无明确规定。建议由原案件承办人或司法救助委员会办公室法官主动向申请人释明司法救助条件及其不能获得司法救助的原因，由申请人撤回申请。如申请人坚持继续申请，则可在立案后作出不予救助的决定。申请人在立案后撤回申请的，可以作出准予撤回申请、终结审理的决定。

[依据《人民法院国家司法救助文书样式（试行）》]

【常用法律、司法解释及相关规定】

《中共中央政法委员会、财政部、最高人民法院、最高人民检察院、公安部、司法部关于建立完善国家司法救助制度的意见（试行）》（2014年1月17日施行　中政委〔2014〕3号）

为贯彻落实党的十八大、十八届三中全会精神，切实做好司法过程中对困难群众的救助工作，有效维护当事人合法权益，保障社会公平正义，促进社会和谐稳定，现就建立完善国家司法救助制度，提出以下意见。

一、建立完善国家司法救助制度的意义和基本原则

开展国家司法救助是中国特色社会主义司法制度的内在要求，是改善民生、健全社会保障体系的重要组成部分。当前，我国正处于社会矛盾凸显期、刑事犯罪高发期。随着越来越多的矛盾以案件形式进入司法领域，一些刑事犯罪案件、民事侵权案件，因案件无法侦破、被告人没有赔偿能力或赔偿能力不足，致使受害人及其近亲属依法得不到有效赔偿，生活陷入困境的情况不断增多。有的由此引发当事人反复申诉上访甚至酿成极端事件，损害了当事人合法权益，损害了司法权威，影响社会和谐稳定。近年来，各地积极探索开展刑事被害人救助、涉法涉诉信访救助等多种形式的救助工作，对解决困难群众燃眉之急，及时化解矛盾纠纷，收到了良好的效果。但是，司法救助工作总体上仍处于起步阶段，发展还不平衡，救助资金保障不到位、对象不明确、标准不统一、工作不规范等问题亟待解决。党的十八届三中全会通过《中共中央关于全面深化改革若干重大问题的决定》，要求完善人权司法保障制度，健全国家司法救助制度，为进一步加强和改进司法救助工作指明了方向。实现国家司法救助工作制度化、规范化，对受到侵害但无法获得有效赔偿的当事人，由国家给予适当经济资助，帮助他们摆脱生活困境，既彰显党和政府的民生关怀，又有利于实现社会公平正义，促进社会和谐稳定，维护司法的权威和公信。

国家司法救助，应当遵循以下基本原则：

——坚持辅助性救助。国家司法救助是对遭受犯罪侵害或民事侵权，无法通过诉讼获得有效赔偿的当事人，采取的辅助性救济措施。重点解决符合条件的特定案件当事人生活面临的急迫困难。对同一案件的同一当事人只进行一次性救助。对于能够通过诉讼获得赔偿、补偿的，一般应当通过诉讼渠道解决。

——坚持公正救助。严格把握救助标准和条件，兼顾当事人实际情况和同类案件救助数额，做到公平、公正、合理救助，防止因救助不公引发新的矛盾。

——坚持及时救助。对符合救助条件的当事人，办案机关应根据当事人申请或者依据职权及时提供救助，确保及早化解社会矛盾。

——坚持属地救助。对符合救助条件的当事人，不论其户籍在本地或外

地，原则上都由案件管辖地负责救助。

二、国家司法救助的对象

对下列人员提出国家司法救助申请的，应当予以救助：

（一）刑事案件被害人受到犯罪侵害，致使重伤或严重残疾，因案件无法侦破造成生活困难的；或者因加害人死亡或没有赔偿能力，无法经过诉讼获得赔偿，造成生活困难的。

（二）刑事案件被害人受到犯罪侵害危及生命，急需救治，无力承担医疗救治费用的。

（三）刑事案件被害人受到犯罪侵害而死亡，因案件无法侦破造成依靠其收入为主要生活来源的近亲属生活困难的；或者因加害人死亡或没有赔偿能力，依靠被害人收入为主要生活来源的近亲属无法经过诉讼获得赔偿，造成生活困难的。

（四）刑事案件被害人受到犯罪侵害，致使财产遭受重大损失，因案件无法侦破造成生活困难的；或者因加害人死亡或没有赔偿能力，无法经过诉讼获得赔偿，造成生活困难的。

（五）举报人、证人、鉴定人因举报、作证、鉴定受到打击报复，致使人身受到伤害或财产受到重大损失，无法经过诉讼获得赔偿，造成生活困难的。

（六）追索赡养费、扶养费、抚育费等，因被执行人没有履行能力，造成申请执行人生活困难的。

（七）对于道路交通事故等民事侵权行为造成人身伤害，无法经过诉讼获得赔偿，造成生活困难的。

（八）党委政法委和政法各单位根据实际情况，认为需要救助的其他人员。

涉法涉诉信访人，其诉求具有一定合理性，但通过法律途径难以解决，且生活困难，愿意接受国家司法救助后息诉息访的，可参照执行。

申请国家司法救助人员，具有以下情形之一的，一般不予救助：对案件发生有重大过错的；无正当理由，拒绝配合查明犯罪事实的；故意作虚伪陈述或者伪造证据，妨害刑事诉讼的；在诉讼中主动放弃民事赔偿请求或拒绝加害责任人及其近亲属赔偿的；生活困难非案件原因所导致的；通过社会救助措施，已经得到合理补偿、救助的。对社会组织、法人，不予救助。

四、国家司法救助程序

使用国家司法救助资金应当严格遵循以下程序：

（一）告知。人民法院、人民检察院、公安机关、司法行政机关在办理案件、处理涉法涉诉信访问题过程中，对符合救助条件的当事人，应当告知其有权提出救助申请。

（二）申请。救助申请由当事人向办案机关提出；刑事被害人死亡的，由符合条件的近亲属提出。申请一般采取书面形式。确有困难，不能提供书面申请的，可以采用口头方式。申请人应当如实提供本人真实身份、实际损害后果、生活困难、是否获得其他赔偿等相关证明材料。

（三）审批。办案机关应当认真核实申请人提供的申请材料，综合相关情况，在10个工作日内作出是否给予救助和具体救助金额的审批意见。决定不予救助的，及时将审批意见告知当事人，并做好解释说明工作。

（四）发放。对批准同意的，财政部门应及时将救助资金拨付办案机关，办案机关在收到拨付款后2个工作日内，通知申请人领取救助资金。对急需医疗救治等特殊情况，办案机关可以依据救助标准，先行垫付救助资金，救助后及时补办审批手续。

《最高人民法院关于加强和规范人民法院国家司法救助工作的意见》（2016年7月1日施行　法发〔2016〕16号）

第一条　人民法院在审判、执行工作中，对权利受到侵害无法获得有效赔偿的当事人，符合本意见规定情形的，可以采取一次性辅助救济措施，以解决其生活面临的急迫困难。

第二条　国家司法救助工作应当遵循公正、公开、及时原则，严格把握救助标准和条件。

对同一案件的同一救助申请人只进行一次性国家司法救助。对于能够通过诉讼获得赔偿、补偿的，一般应当通过诉讼途径解决。

人民法院对符合救助条件的救助申请人，无论其户籍所在地是否属于受案人民法院辖区范围，均由案件管辖法院负责救助。在管辖地有重大影响且救助金额较大的国家司法救助案件，上下级人民法院可以进行联动救助。

第三条　当事人因生活面临急迫困难提出国家司法救助申请，符合下列情形之一的，应当予以救助：

（一）刑事案件被害人受到犯罪侵害，造成重伤或者严重残疾，因加害人死亡或者没有赔偿能力，无法通过诉讼获得赔偿，陷入生活困难的；

（二）刑事案件被害人受到犯罪侵害危及生命，急需救治，无力承担医疗救治费用的；

（三）刑事案件被害人受到犯罪侵害而死亡，因加害人死亡或者没有赔偿能力，依靠被害人收入为主要生活来源的近亲属无法通过诉讼获得赔偿，陷入生活困难的；

（四）刑事案件被害人受到犯罪侵害，致使其财产遭受重大损失，因加害人死亡或者没有赔偿能力，无法通过诉讼获得赔偿，陷入生活困难的；

（五）举报人、证人、鉴定人因举报、作证、鉴定受到打击报复，致使其人身受到伤害或财产受到重大损失，无法通过诉讼获得赔偿，陷入生活困难的；

（六）追索赡养费、扶养费、抚育费等，因被执行人没有履行能力，申请执行人陷入生活困难的；

（七）因道路交通事故等民事侵权行为造成人身伤害，无法通过诉讼获得赔偿，受害人陷入生活困难的；

（八）人民法院根据实际情况，认为需要救助的其他人员。

涉诉信访人，其诉求具有一定合理性，但通过法律途径难以解决，且生活困难，愿意接受国家司法救助后息诉息访的，可以参照本意见予以救助。

第四条 救助申请人具有以下情形之一的，一般不予救助：

（一）对案件发生有重大过错的；

（二）无正当理由，拒绝配合查明案件事实的；

（三）故意作虚伪陈述或者伪造证据，妨害诉讼的；

（四）在审判、执行中主动放弃民事赔偿请求或者拒绝侵权责任人及其近亲属赔偿的；

（五）生活困难非案件原因所导致的；

（六）已经通过社会救助措施，得到合理补偿、救助的；

（七）法人、其他组织提出的救助申请；

（八）不应给予救助的其他情形。

第五条 国家司法救助以支付救助金为主要方式，并与思想疏导相结合，与法律援助、诉讼救济相配套，与其他社会救助相衔接。

第八条　人民法院审判、执行部门认为案件当事人符合救助条件的，应当告知其有权提出国家司法救助申请。当事人提出申请的，审判、执行部门应当将相关材料及时移送立案部门。

当事人直接向人民法院立案部门提出国家司法救助申请，经审查确认符合救助申请条件的，应当予以立案。

第九条　国家司法救助申请应当以书面形式提出；救助申请人书面申请确有困难的，可以口头提出，人民法院应当制作笔录。

救助申请人提出国家司法救助申请，一般应当提交以下材料：

（一）救助申请书，救助申请书应当载明申请救助的数额及理由；

（二）救助申请人的身份证明；

（三）实际损失的证明；

（四）救助申请人及其家庭成员生活困难的证明；

（五）是否获得其他赔偿、救助等相关证明；

（六）其他能够证明救助申请人需要救助的材料。

救助申请人确实不能提供完整材料的，应当说明理由。

第十条　救助申请人生活困难证明，主要是指救助申请人户籍所在地或者经常居住地村（居）民委员会或者所在单位出具的有关救助申请人的家庭人口、劳动能力、就业状况、家庭收入等情况的证明。

《人民法院国家司法救助案件办理程序规定（试行）》（2019 年 2 月 1 日施行　法发〔2019〕2 号）

第一条　人民法院的国家司法救助案件，由正在处理原审判、执行案件或者涉诉信访问题（以下简称原案件）的法院负责立案办理，必要时也可以由上下级法院联动救助。

联动救助的案件，由上级法院根据救助资金保障情况决定统一立案办理或者交由联动法院分别立案办理。

第二条　人民法院通过立案窗口（诉讼服务中心）和网络等渠道公开提供国家司法救助申请须知、申请登记表等文书样式。

第三条　人民法院在处理原案件过程中经审查认为相关人员基本符合救助条件的，告知其提出救助申请，并按照申请须知和申请登记表的指引进行立案准备工作。

原案件相关人员不经告知直接提出救助申请的，立案部门应当征求原案件承办部门及司法救助委员会办公室的意见。

第四条 因同一原案件而符合救助条件的多个直接受害人申请救助的，应当分别提出申请，人民法院分别立案救助。有特殊情况的，也可以作一案救助。

因直接受害人死亡而符合救助条件的多个近亲属申请救助的，应当共同提出申请，人民法院应当作一案救助。有特殊情况的，也可以分别立案救助。对于无正当理由未共同提出申请的近亲属，人民法院一般不再立案救助，可以告知其向其他近亲属申请合理分配救助金。

第五条 无诉讼行为能力人由其监护人作为法定代理人代为申请救助。

救助申请人、法定代理人可以委托一名救助申请人的近亲属、法律援助人员或者经人民法院许可的其他无偿代理的公民作为委托代理人。

第六条 救助申请人在进行立案准备工作期间，可以请求人民法院协助提供相关法律文书。

救助申请人申请执行救助的，应当提交有关被执行人财产查控和案件执行进展情况的说明；申请涉诉信访救助的，应当提交息诉息访承诺书。

第七条 救助申请人按照指引完成立案准备工作后，应当将所有材料提交给原案件承办部门。

原案件承办部门认为材料齐全的，应当在申请登记表上签注意见，加盖部门印章，并在五个工作日以内将救助申请人签字确认的申请须知、申请登记表、相关证明材料以及初审报告等内部材料一并移送立案部门办理立案手续。

第八条 立案部门收到原案件承办部门移送的材料后，认为齐备、无误的，应当在五个工作日以内编立案号，将相关信息录入办案系统，以书面或者信息化方式通知救助申请人，并及时将案件移送司法救助委员会办公室。

原案件承办部门或者立案部门认为申请材料不全或有误的，应当一次性告知需要补正的全部内容，并指定合理补正期限。救助申请人拒绝补正或者无正当理由逾期未予补正的，视为放弃救助申请，人民法院不予立案。

《内蒙古自治区高级人民法院关于全区法院国家司法救助工作若干问题的座谈会纪要》（2013 年 7 月 1 日）

为进一步推进国家司法救助制度改革在我区的贯彻落实，加强和规范我区审判、执行中困难群众的司法救助工作，维护当事人合法权益，促进社会和谐稳定，自治区高院对《最高人民法院关于加强和规范人民法院国家司法救助工作的意见》（以下简称《意见》）实施中的新情况、新问题，深入各盟市进行了专题调研，并在此基础上分别于包头和通辽分片召开了全区各中级人民法院相关人员参加的座谈会。会议认真研讨了我区各级人民法院在司法救助制度改革实施过程中遇到的新情况、新问题，在深入领会《意见》精神的基础上，结合我区实务需要，对亟待解决的若干问题形成共识，现将有关内容纪要如下：

一、关于程序启动

1. 基于国家司法救助功能的“二元性”及国家司法救助案件的非诉性，当前仍应当坚持人民法院依职权启动为主的国家司法救助程序启动模式，体现人民法院在司法救助案件程序启动上的主导性。要强调人民法院在审判、执行中对困难群众的主动、及时发现，法律、政策释明和积极引导，注重国家司法救助工作重心从信访环节前移至审判、执行环节，将输送司法温暖、维护社会稳定和及时有效化解矛盾纠纷充分结合。

2. 人民法院内部相关部门要密切配合，做好程序启动的前期工作，积极、慎重选择好救助对象，要量力而行，利用有限的救助资金，努力做到“精准救助”。避免将不符合救助条件的申请人纳入救助程序后又决定驳回申请，或救助申请人对救助额度不满，而引发新的矛盾。

二、关于救助对象和救助标准

（一）刑事案件被害人的司法救助（案号代字“司救刑”）

救助对象：

1. 被害人受犯罪侵害死亡的，救助对象范围为陷入生活困难的近亲属，该近亲属包括但不限于刑事附带民事原告人。

一个被害人有多个需要救助近亲属的，应作为一个救助案件立案，但决定救助时，应当在各近亲属间明确救助金份额。对于无正当理由未共同提出救助申请的被害人近亲属，人民法院一般不再重复立案救助。

一个刑事案件存在多个无关联死亡被害人的，其近亲属如分别符合救助条件的，应当分别立案救助。

2. 受到犯罪侵害，造成重伤或严重残疾，因加害人死亡或没有赔偿能力，陷入生活困难的被害人本人。

同一原案件存在多个直接被害人的，一般应分别立案。各被害人之间存在特殊身份关系，也可以作一案救助。

3. 维持家庭生活的主要生产、生活资料受到犯罪侵害严重受损，因加害人死亡或没有赔偿能力，陷入生活困难的被害人本人。但被害人有过错的一般不应予以救助。

涉众型犯罪的被害人一般不列为救助对象。如情况特殊确需救助的，须在立案前层报自治区高院司法救助委员会。

4. 被害人或其近亲属已另行单独与赔偿义务人达成赔偿谅解协议，并已履行的，一般不再予以救助。

（二）民事案件和执行案件当事人的司法救助（案号代字“司救民”“司救执”）

救助对象：

1. 追索赡养费、抚养费、抚育费等，因被执行人没有履行能力而陷入生活困难的申请执行人。

2. 因道路交通事故造成人身伤害，已严重影响劳动能力，无法通过诉讼（含执行）获得赔偿，陷入生活困难的受害人（申请执行人）。但已获保险理赔的受害人，一般不应再列为救助对象。

3. 其他民事侵权类案件中，因无法通过诉讼获得救济或被执行人没有履行能力而陷入生活困难的被侵害人。

4. 其他民事、执行案件权利人一般不列为救助对象。

（三）国家赔偿案件申请人的司法救助（案号代字“司救赔”）

救助对象：

1. 国家赔偿案件中，诉求具有一定合理性，但因超过请求时效、不属法律溯及力范围、不属国家应承担赔偿责任范围等程序或实体原因无法予以国家赔偿，生活陷入困难，且愿意接受救助息诉罢访的赔偿请求人。

2. 在重大刑事冤错国家赔偿案件中，对于符合救助条件，且愿意接受适当救助与负有赔偿义务的法院达成和解协议的赔偿申请人。

（四）信访救助

1. 作为信访救助对象，必须同时满足以下条件：

（1）诉求具有一定合理性；

（2）通过法律途径无法解决；

（3）生活确实存在困难；

（4）愿意接受司法救助息诉罢访（出具息诉罢访承诺书）。

三、关于司法救助案件审查的有关问题

（二）程序要求

1. 经与司法救助委员会办公室会商拟立为救助案件的，原办案部门应当负责向救助申请人发放《人民法院国家司法救助申请须知》，并指导救助申请人提交申请救助材料，包括救助申请书、救助申请人身份证明、实际损失相关证据、救助申请人及其家庭成员生活困难证明、未获得其他赔偿或救助的保证书、救助申请人本人的有效银行卡信息等。

《内蒙古自治区高级人民法院关于国家司法救助案件运行程序的暂行规定》

为贯彻《最高人民法院关于加强和规范人民法院国家司法救助工作的意见》（以下简称《意见》），加强我区各级法院内部各相关业务部门在国家司法救助案件立案、审理和救助金支付等环节上的协调配合，确保国家司法救助案件的依法、公正、高效处理，根据《意见》和有关会议精神及自治区高院党组的要求制定本规定。

一、总体要求

（一）国家司法救助实行“六个统一”工作机制，即统一案件受理、统一救助范围、统一救助程序、统一救助标准、统一经费保障、统一资金发放。

（二）当前救助案件受理应遵循“依职权启动为主，依申请启动为辅”的原则，由原案件承办部门从有利于案件处理实体公正出发，主动发现权利受到侵害无法获得有效赔偿而生活面临急迫困难的当事人，及时按照现行规定启动司法救助程序。

（三）救助工作应当贯穿于立案、审判、执行、申诉等案件处理全过程，但不得仅将“穷尽执行措施”和引发信访作为救助工作启动的前提和条件，应综合考虑《意见》相关条款的规定和被救助人的具体情况决定是否启动司法救助程序及是否予以救助。

二、立案程序

（一）案号

根据《最高人民法院关于人民法院案件案号的若干规定》，司法救助案件类型代字为司救刑、司救民、司救行、司救赔、司救执、司救访、司救他。

（二）程序启动

1. 刑事、民事、行政、国家赔偿、执行、信访等案件承办部门（以下简称原案件承办部门）发现案件当事人存在需要救助情形的，应当先行与司法救助办公室（赔偿办）会商，形成初步一致意见后，由原案件承办部门负责指导相关当事人按照《意见》第九条的规定提交相关材料，并移送司法救助委员会办公室审查。

2. 司法救助委员会办公室接收材料后，经审查无误，提交立案庭办理立案手续，并送达当事人。

3. 当事人直接向原案件承办部门提出救助申请的，按照上述程序办理。当事人直接向立案庭提出救助申请的，原案件在本院审理的，由原案件承办部门协助立案庭审查是否立案，原案件不在本院审理的，告知当事人向原案件所在法院提出申请。

【相关法律文书】

国家司法救助申请须知（供告知救助申请人相关规定用）

国家司法救助申请登记表（供救助申请人提出申请及人民法院登记申请用）

受理案件通知书（供人民法院受理国家司法救助申请用）

人民法院国家司法救助
申请须知

（供告知救助申请人相关规定用）

为便于了解现行国家司法救助政策规定，依法、理性提出救助申请，有效准备证明材料，根据《中共中央政法委员会、财政部、最高人民法院、最高人民检察院、公安部、司法部关于建立完善国家司法救助制度的意见（试行）》《最高人民法院关于加强和规范人民法院国家司法救助工作的意见》（以下简称《意见》）和《人民法院国家司法救助案件办理程序规定（试行）》，特制定本申请须知。请救助申请人认真阅读（或听读）并签字确认。

一、基本条件与受案法院

（一）人民法院在审判、执行、涉诉信访工作中，对权利受到侵害、生活面临急迫困难的当事人等相关人员，符合前述《意见》规定情形的，可以采取一次性辅助救济措施。

（二）人民法院的国家司法救助案件，由正在处理原审判、执行案件或者涉诉信访问题（以下简称原案件）的法院负责立案办理，必要时可以由上下级法院联动救助。联动救助的案件，由上级法院根据救助资金保障情况决定统一立案办理或者交由联动法院分别立案办理。

二、是否救助的若干情形

（一）原案件相关人员因生活面临急迫困难提出国家司法救助申请，符合下列情形之一的，应当予以救助：

1．刑事案件被害人受到犯罪侵害，造成重伤或者严重残疾，因加害人死亡或者没有赔偿能力，无法通过诉讼获得赔偿，陷入生活困难的；

2．刑事案件被害人受到犯罪侵害危及生命，急需救治，无力承担医疗救治费用的；

3．刑事案件被害人受到犯罪侵害而死亡，因加害人死亡或者没有赔偿能力，依靠被害人收入为主要生活来源的近亲属无法通过诉讼获得赔偿，陷入生活困难的；

4．刑事案件被害人受到犯罪侵害，致使其财产遭受重大损失，因加害人死亡或者没有赔偿能力，无法通过诉讼获得赔偿，陷入生活困难的；

5. 举报人、证人、鉴定人因举报、作证、鉴定受到打击报复，致使其人身受到伤害或财产受到重大损失，无法通过诉讼获得赔偿，陷入生活困难的；

6. 追索赡养费、扶养费、抚育费等，因被执行人没有履行能力，申请执行人陷入生活困难的；

7. 因道路交通事故等民事侵权行为造成人身伤害，无法通过诉讼获得赔偿，受害人陷入生活困难的；

8. 人民法院根据实际情况，认为需要救助的其他人员。

涉诉信访人，其诉求具有一定合理性，但通过法律途径难以解决，且生活困难，愿意接受国家司法救助后息诉息访的，可以参照《意见》予以救助。

（二）原案件相关人员具有以下情形之一的，一般不予救助：

1. 对案件发生有重大过错的；

2. 无正当理由，拒绝配合查明案件事实的；

3. 故意作虚伪陈述或者伪造证据，妨害诉讼的；

4. 在审判、执行中主动放弃民事赔偿请求或者拒绝侵权责任人及其近亲属赔偿的；

5. 生活困难非案件原因所导致的；

6. 已经通过社会救助措施，得到合理补偿、救助的；

7. 法人、其他组织提出的救助申请；

8. 不应给予救助的其他情形。

三、申请方式与应交材料

（一）人民法院在处理原案件过程中经审查认为相关人员基本符合救助条件的，应当告知其提出救助申请，并按照本申请须知和申请登记表的指引进行立案准备工作。

原案件相关人员不经告知直接提出救助申请的，应当在人民法院审查确认其基本符合救助条件之后，再行按照本申请须知和申请登记表的指引进行立案准备工作。

（二）救助申请人提出国家司法救助申请，应当填写制式的申请登记表或者另行提交救助申请书，并提供相关材料，主要包括：原案件法律文书；申请人身份证明材料；代理人身份证明材料、授权委托书；实际损失（损害后果）证明材料；申请人及家庭成员的收入和资产状况、生活困难证明材料；

是否已获得赔偿、补偿或其他救助的说明；接受司法救助后息诉息访承诺书；其他相关材料。不能提供相应材料的，应当说明理由。

（三）救助申请人生活困难证明，主要是指救助申请人户籍所在地或经常居住地的村（居）民委员会或者所在单位出具的有关救助申请人的家庭人口、劳动能力、就业状况、家庭收入等情况的证明。

四、救助金的确定基准与先行救助制度

（一）最高人民法院决定救助的案件，救助金以原案件管辖法院所在省、自治区、直辖市上一年度职工月平均工资为基准确定。其他各级人民法院决定救助的案件，救助金以本省、自治区、直辖市上一年度职工月平均工资为基准确定。人民法院作出救助决定时，上一年度职工月平均工资尚未公布的，以已经公布的最近年度职工月平均工资为准。

（二）救助申请人有初步证据证明其生活困难特别急迫的，可以通过原案件承办部门申请先行救助。人民法院将视情况进行快捷审批。先行救助的金额，一般不超过省、自治区、直辖市上一年度职工月平均工资的三倍，必要时可放宽至六倍。

五、相关义务与法律责任

（一）救助申请人获得救助后，人民法院从被执行人处执行到赔偿款或者其他应当给付的执行款的，应当将已发放的救助金从执行款中扣除。

（二）救助申请人通过提供虚假材料等手段骗取救助金的，人民法院应当予以追回；构成犯罪的，应当依法追究刑事责任。

（三）涉诉信访救助申请人领取救助金后，违背息诉息访承诺的，人民法院应当将救助金予以追回。

以上内容我已□阅读/□听读完毕，并充分理解其含义。我将严格遵守《意见》规定，规范填写《人民法院国家司法救助申请登记表》，认真准备相关证明材料，依法、理性提出救助申请。

救助申请人：×××（签名并捺印）

××××年××月××日

【制作说明】

1. 本样式根据《最高人民法院关于加强和规范人民法院国家司法救助工作的意见》第八条和《人民法院国家司法救助案件办理程序规定（试行）》第二条制作，供人民法院向基本符合救助条件的人员释明现行国家司法救助政策规定，规范救助申请的提出和证明材料的准备等使用。

2. “实际损失（损害后果）证明材料”是指因人身权或财产权被侵害而遭受的损失的证明材料，包括但不限于医疗诊断结论、司法鉴定意见、费用单据、死亡证明等。

3. 救助申请人签字确认的申请须知应附卷。

人民法院国家司法救助
申请登记表

（供救助申请人提出申请及人民法院登记申请用）

<table>
<tr><td>登记法院</td><td colspan="4">××××人民法院</td></tr>
<tr><td>申请来源</td><td colspan="4">□经原案件承办部门告知后提出申请　□未经告知直接提出申请</td></tr>
<tr><td rowspan="4">申请人
基本信息</td><td>姓名</td><td></td><td>职业</td><td></td></tr>
<tr><td>联系电话</td><td></td><td>公民身份证件号码</td><td></td></tr>
<tr><td colspan="2">□户籍地/□经常居住地</td><td colspan="2"></td></tr>
<tr><td colspan="3">村（居）民委员会或单位联系人及联系电话</td><td></td></tr>
<tr><td rowspan="3">代理人
基本信息</td><td>姓名</td><td></td><td>与申请人关系</td><td></td></tr>
<tr><td>联系电话</td><td></td><td>公民身份证件号码</td><td></td></tr>
<tr><td>现住址</td><td colspan="3"></td></tr>
<tr><td rowspan="7">救助申请及
相关材料</td><td>所涉领域</td><td colspan="3">□刑事审判　□民事审判　□行政审判　□司法赔偿　□执行　□涉诉信访　□其他</td></tr>
<tr><td>申请金额</td><td colspan="3">小写：　（元）　大写：　（圆）</td></tr>
<tr><td rowspan="2">申请人或其法定代理人账户</td><td>户名</td><td></td><td>开户行</td></tr>
<tr><td>账号</td><td colspan="2"></td></tr>
<tr><td rowspan="2">申请事由</td><td colspan="3"></td></tr>
<tr><td colspan="3">注：1. 本栏作用相当于国家司法救助申请书。
2. 此处可仅概括填写相关案件情况、申请事项及主要理由，详情可另附页。</td></tr>
</table>

<table>
<tr><td rowspan="2"></td><td rowspan="2">相关材料</td><td colspan="4">□原案件相关法律文书
□申请人身份证明材料
□代理人身份证明材料、授权委托书*
□实际损失（损害后果）证明材料
□申请人及家庭成员的收入和资产状况、生活困难证明材料
□是否已获得赔偿、补偿或其他救助的说明
□接受司法救助后息诉息访承诺书*
□其他相关材料*</td></tr>
<tr><td colspan="4">注：1. 本栏仅需根据材料准备情况作相应勾选即可，材料本身请以附件形式同时提交。
2. 标*者为根据具体情况选择性提交的材料；但申请涉诉信访救助的，息诉息访承诺书为必须提交的材料。
3. 申请人确因特殊困难不能取得相关证明材料的，应当说明理由；必要时，人民法院可以依申请或依职权调取。</td></tr>
<tr><td>申请人承诺及签名</td><td colspan="5">本人承诺，以上情况和材料属实；若有虚报或伪造，则按规定接受法律制裁，并退还所领救助金。

救助申请人：（签名并由本人捺印）　　年　月　日</td></tr>
<tr><td colspan="6">注：以上内容，“登记法院”和“申请来源”由登记法院人员填写，其他内容由申请人填写；申请人书写有困难的，可由他人或登记法院人员代为填写（须备注）。以下内容由登记法院人员填写。</td></tr>
<tr><td rowspan="2">原案件承办部门意见</td><td colspan="2">收到本表及附件材料的时间</td><td></td><td>原案件承办人</td><td></td></tr>
<tr><td colspan="5">
年　月　日</td></tr>
<tr><td rowspan="3">立案部门意见</td><td colspan="2">收到本表及附件材料时间</td><td></td><td>登记人员</td><td></td></tr>
<tr><td colspan="2">编立案号</td><td colspan="3">（××××）……司救×……号</td></tr>
<tr><td colspan="5">
年　月　日</td></tr>
<tr><td>备注</td><td colspan="5"></td></tr>
</table>

【制作说明】

1. 本样式根据《最高人民法院关于加强和规范人民法院国家司法救助工作的意见》第八条、第九条和《人民法院国家司法救助案件办理程序规定（试行）》第二条、第三条、第六条、第七条制作，供救助申请人提出申请及人民法院登记申请、指引申请人进行立案准备工作使用。

2. 本登记表已整合涵盖了国家司法救助申请书的必备要素，并有一定指引作用，故救助申请人在按提示填完相关内容、准备好相关证明材料并签名、捺印后向法院提交即等同于书面提出了救助申请。救助申请人填写不规范或证明材料不齐备的，登记法院应予释明和必要指导。

3. 申请人未填表，但另行提交国家司法救助申请书及相关材料的，登记法院工作人员应指导申请人将相关内容（可作必要概括）誊录至表格。

4. 依照《最高人民法院关于人民法院案号的若干规定》，立案部门编立的案号即“（××××）××司救××号”中下划线部分具体为司救刑、司救民、司救行、司救赔、司救执、司救访、司救他七类。

5. 本登记表应附卷。

××××人民法院[①]

受理案件通知书

（供人民法院受理国家司法救助申请用）

（×××××） ××司救××号

×××（救助申请人姓名）：

你于××××年××月××日向本院提出国家司法救助申请。经审查，你的申请符合立案条件，本院决定立案受理。现将有关事项通知如下：

一、本案由本院司法救助委员会办公室负责审查处理。该办联系人：×××，联系电话：……，联系地址：……。

二、本案审查期间，你应积极配合本院司法救助委员会办公室的各项工作；否则视为放弃申请，本院将作结案处理。

……（如果还有其他事宜，可继续写明）。

特此通知。

××××年××月××日

（院印）

【制作说明】

1. 本样式根据《人民法院国家司法救助案件办理程序规定（试行）》第八条制作，供人民法院立案后以书面方式通知救助申请人使用。

2. 决定采用书面方式通知的，应将本通知书送达救助申请人；通知书签发稿及送达回证应附卷。

---

① 内蒙古自治区人民法院制作该文书要使用蒙文字头。

第二节　审　查

【工作要求】

根据《中共中央政法委员会、财政部、最高人民法院、最高人民检察院、公安部、司法部关于建立完善国家司法救助制度的意见（试行）》《最高人民法院关于加强和规范人民法院国家司法救助工作的意见》《人民法院国家司法救助案件办理程序规定（试行）》之有关规定，对司法救助申请进行审查并作出是否予以救助的决定。

【工作内容】

（一）审查组织

1. 司法救助委员会。人民法院成立由立案、刑事审判、民事审判、行政审判、审判监督、执行、国家赔偿及财务等部门组成的司法救助委员会，负责人民法院国家司法救助工作。

［依据《最高人民法院关于加强和规范人民法院国家司法救助工作的意见》第十一条］

2. 司法救助委员会办公室。司法救助委员会下设办公室，由人民法院赔偿委员会办公室行使其职能。人民法院赔偿委员会办公室作为司法救助委员会的日常工作部门，负责牵头、协调和处理国家司法救助日常事务，执行司法救助委员会决议及办理国家司法救助案件。

基层人民法院由负责国家赔偿工作的职能机构承担司法救助委员会办公室工作职责。

［依据《最高人民法院关于加强和规范人民法院国家司法救助工作的意见》第十一条］

3. 合议庭。国家司法救助案件由司法救助委员会办公室的法官组成合议庭进行审查和评议，必要时也可以由司法救助委员会办公室的法官与原案件承办部门的法官共同组成合议庭进行审查和评议。

[依据《人民法院国家司法救助案件办理程序规定（试行)》第九条]

4. 承办人。合议庭应当确定一名法官负责具体审查，撰写审查报告。

[依据《人民法院国家司法救助案件办理程序规定（试行)》第九条]

（二）审查方式

合议庭审查国家司法救助案件，可以通过当面询问、组织听证、入户调查、邻里访问、群众评议、信函索证、信息核查等方式查明救助申请人的生活困难情况。

[依据《人民法院国家司法救助案件办理程序规定（试行)》第十条]

（三）处理权限

1. 经审查和评议，合议庭可以就司法救助委员会授权范围内的案件直接作出决定。

2. 对于合议庭评议意见不一致或者重大疑难的案件，以及司法救助委员会授权范围外的案件，合议庭应当提请司法救助委员会讨论决定。

3. 司法救助委员会讨论意见分歧较大的案件，可以提请审判委员会讨论决定。

[依据《人民法院国家司法救助案件办理程序规定（试行)》第十一条]

（四）处理结果

1. 予以救助。符合救助条件的，决定予以救助并确定救助金额。

确定救助金额的基准：（1）最高人民法院决定救助的案件，救助金以原案件管辖法院所在省、自治区、直辖市上一年度职工月平均工资为基准确定。（2）其他各级人民法院决定救助的案件，救助金以本省、自治区、直辖市上一年度职工月平均工资为基准确定。（3）人民法院作出救助决定时，上一年度职工月平均工资尚未公布的，以已经公布的最近年度职工月平均工资为准。

2. 不予救助。不符合救助条件或者具有不予救助情形的，决定不予救助。

[依据《人民法院国家司法救助案件办理程序规定（试行)》第十七条]

（五）审查期限

人民法院办理国家司法救助案件，应当在立案之日起十个工作日，至迟两个月以内办结。有特殊情况的，经司法救助委员会主任委员批准，可以再延长一个月。

［依据《人民法院国家司法救助案件办理程序规定（试行）》第十二条］

（六）中止办理

有下列情况之一的，中止办理：（1）救助申请人因不可抗拒的事由，无法配合审查的；（2）救助申请人丧失诉讼行为能力，尚未确定法定代理人的；（3）人民法院认为应当中止办理的其他情形。

中止办理的原因消除后，恢复办理。

［依据《人民法院国家司法救助案件办理程序规定（试行）》第十三条］

（八）终结办理

有下列情况之一的，终结办理：（1）救助申请人的生活困难在办案期间已经消除的；（2）救助申请人拒不认可人民法院决定的救助金额的；（3）人民法院认为应当终结办理的其他情形。

［依据《人民法院国家司法救助案件办理程序规定（试行）》第十四条］

（九）决定书

1. 名称。人民法院办理国家司法救助案件作出决定，应当制作国家司法救助决定书，并加盖人民法院印章。

［依据《人民法院国家司法救助案件办理程序规定（试行）》第十五条］

2. 内容。国家司法救助决定书应当载明以下事项：（1）救助申请人的基本情况；（2）救助申请人提出的申请、事实和理由；（3）决定认定的事实和证据、适用的规范和理由；（4）决定结果。

［依据《人民法院国家司法救助案件办理程序规定（试行）》第十五条］

3. 送达。人民法院应当将国家司法救助决定书等法律文书送达救助申请人，同时将国家司法救助决定书送交原案件承办部门随卷备查。

［依据《人民法院国家司法救助案件办理程序规定（试行）》十六条］

（十）结案

司法辅助人员登录人民法院办案系统填报类案件栏，填写当事人信息、合议庭组成人员、笔录、决定书等案件相关信息后，点击结案。

（十一）文书上网

根据《最高人民法院关于人民法院在互联网公布裁判文书的规定》，在决定书生效后七个工作日内将决定书在互联网公布。

（十二）案卷装订与归档

将所有材料按要求依顺序分正、副卷装订后，依照本院关于归档的规定将案卷移送。

【常见问题】

（一）不计入办理期限的情形有哪些?

（1）需要由救助申请人补正材料的；（2）需要向外单位调取证明材料的；（3）需要国家司法救助领导小组或者上级法院就专门事项作出答复、解释的。

[依据《人民法院国家司法救助案件办理程序规定（试行)》第十二条]

（二）决定书作出后应当在几日内送达救助申请人?

《人民法院国家司法救助案件办理程序规定（试行)》对决定书送达救助申请人的期限并未作出具体规定。实践中，为避免给原本生活困难的救助申请人带来新的费用支出，建议在办理救助金领取手续时一并送达，但对决定不予救助的申请人应当及时送达。

（三）申请人对不予救助的决定可以提出上诉、申诉或者申请复议吗?

司法救助案件审理程序不同于刑事、民事、行政案件诉讼程序，人民法院作出的救助决定为发生法律效力的决定，申请人无权提出上诉、申诉或者复议。

（四）救助金数额有无限制?

救助金数额有限制。救助金以案件管辖法院所在省、自治区、直辖市上一年度职工月平均工资为基准确定，一般不超过三十六个月的月平均工资总额。损失特别重大、生活特别困难，需适当突破救助限额的，应当严格审核控制，救助金额不得超过人民法院依法应当判决给付或者虽已判决但未执行到位的标的数额。

[依据《最高人民法院关于加强和规范人民法院国家司法救助工作的意见》第六条]

（五）确定救助金具体数额需要考虑的因素有哪些?

救助金具体数额，应当综合以下因素确定：（1）救助申请人实际遭受的损失；（2）救助申请人本人有无过错以及过错程度；（3）救助申请人及其家庭的经济状况；（4）救助申请人维持其住所地基本生活水平所必需的最低支出；（5）赔偿义务人实际赔偿情况。

［依据《最高人民法院关于加强和规范人民法院国家司法救助工作的意见》第七条］

（六）一案中存在多个救助申请人时应如何作出决定?

1. 多个救助申请人均符合救助条件的，承办人应要求救助申请人提交各申请人之间对救助金分配方案自行协商达成的书面协议（因具体数额此时不能确定，可只就分配比例作出约定)，依照协议约定分别计算每个救助申请人应得的数额，写入决定主文。

2. 多个救助申请人中部分不符合救助条件，经释明不同意放弃申请的，对该部分救助申请人决定不予救助，对符合条件的救助申请人决定救助。

3. 多个救助申请人中部分不符合救助条件，经释明同意放弃申请的，提交本人签字捺印放弃申请的书面材料后对符合条件的救助申请人决定救助。

（七）司法救助委员会对合议庭的授权范围如何划分的?

《人民法院国家司法救助案件办理程序规定（试行)》对此并未作出具体规定。在内蒙古自治区各级人民法院中，合议庭形成意见后，基层人民法院拟救助金额超过自治区上年度职工月平均工资三倍、中级人民法院超过六倍、高级人民法院超过十倍的，应当报请本院司法救助委员会讨论形成决议。

［依据《内蒙古自治区高级人民法院关于国家司法救助案件运行程序的暂行规定》］

（八）终结审查的情形中“救助申请人拒不认可人民法院决定的救助金额”是指何种情形?

这种情况应该存在于申请人未经告知自行提起救助申请的案件中。实践中，经常出现人民法院依法应当判决给付或者虽已判决但未执行到位的标的数额远远高于救助申请人可能获得的救助金额的情况。故承办人在听取意见或听证时应向救助申请人释明救助金额的限制及救助申请人可能获得的救助金额范围，如救助申请人明确表示对该数额不能认可，则终结本案审查。

原案件承办人在立案前告知时应将救助金额的限制及救助申请人可能获得的救助金额范围一并告知，如案件当事人不能认可该数额，建议不启动救助程序。

（九）中止、终结审查后是否需要出具相应文书?

中止、终结审查后需要出具相应文书。决定中止办理或终结办理的，可以参照国家司法救助决定书样式制作决定书，但文书标题中的“国家司法救助决定书”相应修改为“决定书”，其他内容亦应作相应调整。

[依据《人民法院国家司法救助文书样式（试行)》]

（十）立案后救助申请人是否可以撤回救助申请?

现有法律法规中未作规定。但依照当事人可以自愿处置自己权利的法律基本原则，救助申请人应当可以在立案后撤回救助申请，人民法院可以比照救助申请人拒不认可人民法院决定的救助金额的情形终结审查。

（十一）可否对生活困难特别急迫的申请人提出的救助申请做特别处理?

可以对生活困难特别急迫的申请人提出的救助申请做特别处理。救助申请人有初步证据证明其生活困难特别急迫的，原案件承办部门可以提出先行救助的建议，并直接送司法救助委员会办公室做快捷审批。先行救助的金额，一般不超过省、自治区、直辖市上一年度职工月平均工资的三倍，必要时可放宽至六倍。先行救助后，人民法院应当补充立案和审查。经审查认为符合救助条件的，应当决定补足救助金；经审查认为不符合救助条件的，应当决定不予救助，追回已发放的救助金。

[依据《人民法院国家司法救助案件办理程序规定（试行)》第十八条]

（十二）可否直接将人民法院应当判决给付或者虽已判决但未执行到位的标的数额作为决定救助的数额?

决定救助的数额应不高于人民法院应当判决给付或者虽已判决但未执行到位的标的数额，但实践中不赞成直接以该数额作为决定救助的数额。国家司法救助并非替代给付义务人承担给付义务，而是为缓解救助申请人因为原案件导致的生活困难。

【常用法律、司法解释及相关规定】

《中共中央政法委员会、财政部、最高人民法院、最高人民检察院、公安部、司法部关于建立完善国家司法救助制度的意见（试行)》（2014 年 1 月 17 日施行　中政委〔2014〕3 号）

四、国家司法救助程序

使用国家司法救助资金应当严格遵循以下程序：

……

（三）审批。办案机关应当认真核实申请人提供的申请材料，综合相关情况，在10个工作日内作出是否给予救助和具体救助余额的审批意见。决定不予救助的，及时将审批意见告知当事人，并做好解释说明工作。

《最高人民法院关于加强和规范人民法院国家司法救助工作的意见》

（2016年7月1日施行 法发〔2016〕16号）

第五条 国家司法救助以支付救助金为主要方式，并与思想疏导相结合，与法律援助、诉讼救济相配套，与其他社会救助相衔接。

第六条 救助金以案件管辖法院所在省、自治区、直辖市上一年度职工月平均工资为基准确定，一般不超过三十六个月的月平均工资总额。

损失特别重大、生活特别困难，需适当突破救助限额的，应当严格审核控制，救助金额不得超过人民法院依法应当判决给付或者虽已判决但未执行到位的标的数额。

第七条 救助金具体数额，应当综合以下因素确定：

（一）救助申请人实际遭受的损失；

（二）救助申请人本人有无过错以及过错程度；

（三）救助申请人及其家庭的经济状况；

（四）救助申请人维持其住所地基本生活水平所必需的最低支出；

（五）赔偿义务人实际赔偿情况。

第十一条 人民法院成立由立案、刑事审判、民事审判、行政审判、审判监督、执行、国家赔偿及财务等部门组成的司法救助委员会，负责人民法院国家司法救助工作。司法救助委员会下设办公室，由人民法院赔偿委员会办公室行使其职能。

人民法院赔偿委员会办公室作为司法救助委员会的日常工作部门，负责牵头、协调和处理国家司法救助日常事务，执行司法救助委员会决议及办理国家司法救助案件。

基层人民法院由负责国家赔偿工作的职能机构承担司法救助委员会办公室工作职责。

第十二条 救助决定应当自立案之日起十个工作日内作出。案情复杂的救助案件，经院领导批准，可以适当延长。

办理救助案件应当制作国家司法救助决定书，加盖人民法院印章。国家司法救助决定书应当及时送达。

不符合救助条件或者具有不予救助情形的，应当将不予救助的决定及时告知救助申请人，并做好解释说明工作。

《人民法院国家司法救助案件办理程序规定（试行）》（2019 年 2 月 1 日施行 法发〔2019〕2 号）

第九条 人民法院办理国家司法救助案件，由司法救助委员会办公室的法官组成合议庭进行审查和评议，必要时也可以由司法救助委员会办公室的法官与原案件承办部门的法官共同组成合议庭进行审查和评议。

合议庭应当确定一名法官负责具体审查，撰写审查报告。

第十条 合议庭审查国家司法救助案件，可以通过当面询问、组织听证、入户调查、邻里访问、群众评议、信函索证、信息核查等方式查明救助申请人的生活困难情况。

第十一条 经审查和评议，合议庭可以就司法救助委员会授权范围内的案件直接作出决定。对于评议意见不一致或者重大疑难的案件，以及授权范围外的案件，合议庭应当提请司法救助委员会讨论决定。司法救助委员会讨论意见分歧较大的案件，可以提请审判委员会讨论决定。

第十二条 人民法院办理国家司法救助案件，应当在立案之日起十个工作日，至迟两个月以内办结。有特殊情况的，经司法救助委员会主任委员批准，可以再延长一个月。

有下列情形之一的，相应时间不计入办理期限：

（一）需要由救助申请人补正材料的；

（二）需要向外单位调取证明材料的；

（三）需要国家司法救助领导小组或者上级法院就专门事项作出答复、解释的。

第十三条 有下列情况之一的，中止办理：

（一）救助申请人因不可抗拒的事由，无法配合审查的；

（二）救助申请人丧失诉讼行为能力，尚未确定法定代理人的；

（三）人民法院认为应当中止办理的其他情形。

中止办理的原因消除后，恢复办理。

第十四条 有下列情况之一的，终结办理：

（一）救助申请人的生活困难在办案期间已经消除的；

（二）救助申请人拒不认可人民法院决定的救助金额的；

（三）人民法院认为应当终结办理的其他情形。

第十五条　人民法院办理国家司法救助案件作出决定，应当制作国家司法救助决定书，并加盖人民法院印章。

国家司法救助决定书应当载明以下事项：

（一）救助申请人的基本情况；

（二）救助申请人提出的申请、事实和理由；

（三）决定认定的事实和证据、适用的规范和理由；

（四）决定结果。

第十六条　人民法院应当将国家司法救助决定书等法律文书送达救助申请人。

第十七条　最高人民法院决定救助的案件，救助金以原案件管辖法院所在省、自治区、直辖市上一年度职工月平均工资为基准确定。其他各级人民法院决定救助的案件，救助金以本省、自治区、直辖市上一年度职工月平均工资为基准确定。

人民法院作出救助决定时，上一年度职工月平均工资尚未公布的，以已经公布的最近年度职工月平均工资为准。

第十八条　救助申请人有初步证据证明其生活困难特别急迫的，原案件承办部门可以提出先行救助的建议，并直接送司法救助委员会办公室做快捷审批。

先行救助的金额，一般不超过省、自治区、直辖市上一年度职工月平均工资的三倍，必要时可放宽至六倍。

先行救助后，人民法院应当补充立案和审查。经审查认为符合救助条件的，应当决定补足救助金；经审查认为不符合救助条件的，应当决定不予救助，追回已发放的救助金。

《内蒙古自治区高级人民法院关于全区法院国家司法救助工作若干问题的座谈会纪要》（2013年7月1日）

二、关于救助对象和救助标准

（一）刑事案件被害人的司法救助（案号代字“司救刑”）

救助标准：

1. 被害人死亡的，对其符合救助条件的近亲属的救助金额一般应在刑事附带民事判决中确定的丧葬费与自治区上年度职工三十六个月的工资总额之间酌定。具体应综合其近亲属的家庭经济状况、被害人死亡对相关近亲属生活的影响程度、申请人维持住所地基本生活所必需的最低支出、赔偿义务人的实际赔偿情况等因素考量。

2. 被害人重伤或残疾的，一般应根据其伤残等级鉴定确定的丧失劳动能力程度酌定救助金额，具体为：

(1) 七至十级伤残的，决定救助金额一般不应超过自治区上年度职工十二个月的工资总额。

(2) 五至六级伤残的，决定救助金额一般不应超过自治区上年度职工二十四个月的工资总额。

(3) 一至四级伤残的，决定救助金额一般不应超过自治区上年度职工三十六个月的工资总额。

3. 被害人财产遭受重大损失，救助金额应根据相关刑事判决所认定的损失额确定，具体为：

(1) 损失额在10万元以下的，决定救助金额一般不应超过自治区上年度职工十个月的工资总额。

(2) 损失额在10万元以上30万元以下的，决定救助金额一般不应超过自治区上年度职工二十个月的工资总额。

(3) 损失额在30万元以上的，决定救助金额一般不应超过自治区上年度职工三十六个月的工资总额。

4. 刑事被害人或其亲属家庭存在特殊困难需要突破上述救助标准的，一般应采取上、下级法院联动救助的方式予以解决。

5. 对服从生效刑事附带民事判决，并已申请执行的刑事附带民事原告人实施救助的（案号代字为“司救执”），一般不应超过刑事附带民事判决所确定的或未执行到位的赔偿额。

（二）民事案件和执行案件当事人的司法救助（案号代字“司救民”“司救执”）

救助标准：

1. 对于追索赡养费、扶养费、抚育费等救助，救助金额一般不应超过自治区上年度职工十二个月的工资总额。

2. 因道路交通事故等民事侵权行为造成人身伤害，一般应根据其伤残等级鉴定确定的丧失劳动能力的程度酌定救助金额，具体可参照本纪要刑事被害人相关救助标准。

3. 对于其他民事侵权受害人的救助，以解决其在诉讼期间的暂时性生活困难为限，一般不应超过自治区上年度职工十二个月的工资总额。

4. 受害人存在特殊困难需要突破上述救助标准的，一般应采取上、下级法院联动救助的方式予以解决。

（三）国家赔偿案件申请人的司法救助（案号代字“司救赔”）

救助对象：

1. 国家赔偿案件中，诉求具有一定合理性，但因超过请求时效、不属法律溯及力范围、不属国家应承担赔偿责任范围等程序或实体原因无法予以国家赔偿，生活陷入困难，且愿意接受救助息诉罢访的赔偿请求人。

2. 在重大刑事冤错国家赔偿案件中，对于符合救助条件，且愿意接受适当救助与负有赔偿义务的法院达成和解协议的赔偿申请人。

救助标准：

1. 上述第 1 种情形，决定救助金额一般不应超过自治区上年度职工十二个月的工资总额。

2. 上述第 2 种情形，决定救助金额最高不应超过自治区上年度职工三十六个月的工资总额。具体救助金额应综合救助申请人家庭生活困难情况、个人身体健康状况、错误关押的时间、法定赔偿额及与赔偿义务机关的协商情况等予以酌定。

（四）信访救助

……

2. 救助标准

（1）基于涉诉信访救助的特殊性，救助金额应当综合考量，原则上不应当超过自治区上年度职工三十六个月的工资总额。

（2）信访人存在特殊困难需要突破上述救助标准的，一般应采取上、下级法院联动救助的方式予以解决。

三、关于司法救助案件审查的有关问题

（一）审判组织

司法救助案件的审判组织为合议庭和司法救助委员会，并根据《内蒙古自治区高级人民法院关于国家司法救助案件运行程序的暂行规定》中规定的权限范围行使职权。

（二）程序要求

……

2. 司法救助案件立案后，应由司法救助委员会办公室主任指定案件承办人和合议庭，并向救助申请人送达受理案件通知书。

3. 救助案件承办人和合议庭应当采取实地调查、听证等方式核实救助申请人所提供材料的真实性，调查救助申请人的真实生活状况，并形成案卷材料。

4. 司法救助案件均应制作国家司法救助决定书送达救助申请人，并形成案卷（正、副卷）归档。

6. 从司法救助案件立案到救助金发放完毕的期限一般不应超过二个月。确有特殊情况需要延长的，经院司法救助委员会主任批准，可延长一个月。

《内蒙古自治区高级人民法院关于国家司法救助案件运行程序的暂行规定》

三、审理程序

1. 司法救助办公室（赔偿办）收到案件后，由主任指定承办人和合议庭，必要时可由赔偿办法官和原案件承办部门法官共同组成合议庭。

2. 审理主要采取书面审理方式，必要时可以组织听证。

3. 合议庭形成意见后，基层人民法院拟救助金额超过我区上年度职工月平均工资三倍、中级人民法院超过六倍、高级人民法院超过十倍的，应当报请本院司法救助委员会讨论形成决议。

救助决定由合议庭作出的，由审判长签发；救助决定由救助委员会决议的，由救助委员会会议主持人签发。

4. 救助决定书尾部不署合议庭名，仅加盖人民法院印章。救助决定书除应向救助申请人送达外，还应当交送原案件承办部门附卷。

5. 从立案到形成救助决定的期间为十个工作日，确需延长的，应当经救助委员会主任批准。

【相关法律文书】

听证通知书（供人民法院通知救助申请人参加听证用）

关于×××申请国家司法救助一案的审查报告（供审查司法救助案件用）

国家司法救助决定书（供作出司法救助决定用）

××××人民法院

听证通知书

（供人民法院通知救助申请人参加听证用）

（××××）××司救××号

×××（救助申请人姓名）：

你申请国家司法救助一案，本院定于××××年××月××日×时×分在……（地点）进行听证，请准时参加。

特此通知。

××××年××月××日
（院印）

【制作说明】

1. 本样式根据《人民法院国家司法救助案件办理程序规定（试行）》第十条制作，供人民法院通知救助申请人参加听证使用。

2. 听证会的内容和形式，可以参照自赔案件有关听证的规定进行。

3. 本通知书应送达救助申请人；通知书签发稿及送达回证应附卷。

关于×××申请国家司法救助一案的审查报告

（供审查司法救助案件用）

（××××）××司救××号

一、申请人的基本情况

救助申请人：×××，……（写明姓名、性别、出生年月日、民族、职业或者工作单位和职务、住所。姓名、性别等身份事项以居民身份证、户籍证明为准。职业或者工作单位和职务不明确的，可以不表述。住所以户籍所在地为准；离开户籍地且有经常居住地的，以经常居住地为住所。有多个申请人的，逐一列明）。

……（如有代理人，继续写明代理人基本情况）。

二、案件的由来

×××（救助申请人姓名）以其在……（高度概括申请事由，如“道路交通事故纠纷审判”“刑事附带民事判决执行”“涉诉信访问题处理”等）过程中面临生活急迫困难为由，于××××年××月××日向本院提出国家司法救助申请。本院立案部门于××××年××月××日立案，之后转本办审查处理。本案现已审查终结。

三、申请事由

×××称：……（该部分内容的叙述，不要照抄救助申请人描述的事实和理由，要作必要的归纳提炼）。故请求本院给予国家司法救助金……元。

四、经审查认定的事实和证据

……（详细写明经审查认定的事实及其证据和依据）。

（一）原案件情况

……（简要写明据以提出救助申请的原审判、执行、涉诉信访案件情况）。

（二）救助申请人生活困难等情况

……（详细写明经审查认定的据以决定是否给予国家司法救助的核心要素，如救助申请人本人及其家庭生活困难的情况，是否已获得赔偿、补偿或其他救助，等等）。

（三）认定上述事实的证据

……（写明认定事实所依据的证据，包括申请人提交的材料和人民法院依申请或依职权调取的证据）。

五、需要说明的其他情况

（一）原案件承办部门的初审意见

……（写明原案件承办部门的初审意见）。

（二）……

……（继续写明其他与本案有关联且必要特别说明的情况）。

六、处理意见及理由

……（该部分内容，实际上就是决定书中说理和主文的扩充。要尽量做到用语规范、脉络清晰、说理充分、依据明确）。

承办人：×××

××××年××月××日

【制作说明】

1. 本样式根据《人民法院国家司法救助案件办理程序规定（试行）》第九条制作，供人民法院审查司法救助案件使用。

2. 人民法院办理国家司法救助案件，均应当撰写审查报告并附卷。

××××人民法院

国家司法救助决定书

（供作出司法救助决定用）

（××××）××司救××号

救助申请人：×××，……（写明姓名、性别、出生年月日、民族、职业或者工作单位和职务、住所。姓名、性别等身份事项以居民身份证、户籍证明为准。职业或者工作单位和职务不明确的，可以不表述。住所以户籍所在地为准；离开户籍地且有经常居住地的，以经常居住地为住所。有多个申请人的，逐一列明）。

……（如有代理人，继续写明代理人基本情况）。

救助申请人×××以其在……（高度概括申请事由，如“道路交通事故纠纷审判”“刑事附带民事判决执行”“涉诉信访问题处理”等）过程中面临生活急迫困难为由，于××××年××月××日向本院提出国家司法救助申请。本院于××××年××月××日立案后，依法对本案进行了审查。现已审查终结。

救助申请人×××称：……（概述救助申请人主张的事实和理由）。故请求本院给予司法救助金……元。

经审查查明，……（写明法院查明的原审判、执行、信访案件情况）。

另查明，……（写明救助申请人及其家庭是否存在生活困难等情况）。

本院认为，……（根据查明的事实，对救助申请人的申请是否符合《最高人民法院关于加强和规范人民法院国家司法救助工作的意见》相关规定作出分析认定）。

综上，根据《最高人民法院关于加强和规范人民法院国家司法救助工作的意见》第十二条和《人民法院国家司法救助案件办理程序规定（试行）》第十五条的规定，决定如下：

（第一种情况，认为符合救助条件的）

给予救助申请人×××司法救助金……元。

（第二种情况，认为不符合救助条件或者具有不予救助情形的）

对救助申请人×××不予司法救助。

本决定为发生法律效力的决定。

××××年××月××日
（院印）

【制作说明】

1. 本样式根据《最高人民法院关于加强和规范人民法院国家司法救助工作的意见》第十二条和《人民法院国家司法救助案件办理程序规定（试行）》第十五条制作，供人民法院作出是否给予司法救助决定使用。

2. 本决定书应送达救助申请人；决定书签发稿及送达回证应附卷。

3. 决定中止办理或终结办理的，可以参照本样式，但文书标题中的“国家司法救助决定书”相应修改为“决定书”，其他内容亦应作相应调整。

第三节　发放救助金

【工作要求】

根据《中共中央政法委员会、财政部、最高人民法院、最高人民检察院、公安部、司法部关于建立完善国家司法救助制度的意见（试行）》《最高人民法院关于加强和规范人民法院国家司法救助工作的意见》《人民法院国家司法救助案件办理程序规定（试行）》之有关规定，向决定给予救助的救助申请人发放救助金。

【工作内容】

（一）资金来源

目前司法救助资金主要有以下三个来源：（1）本院财政预算。各级人民法院可将国家司法救助金列入预算，在本院“办公经费支出”项目下列支司法救助金。（2）中央转移支付。中央财政通过政法转移支付，对地方所需国家司法救助资金予以适当补助。（3）社会捐款。即公民、法人和其他组织捐助的国家司法救助资金。

［依据《中共中央政法委员会、财政部、最高人民法院、最高人民检察院、公安部、司法部关于建立完善国家司法救助制度的意见（试行）》第五条、《最高人民法院关于加强和规范人民法院国家司法救助工作的意见》第十五条］

（二）发放期限

决定救助的，司法救助委员会办公室应当在七个工作日以内按照相关财务规定办理请款手续，并在救助金到位后两个工作日以内通知救助申请人办理领款手续。

［依据《人民法院国家司法救助案件办理程序规定（试行）》第十九条］

（三）发放救助金

1. 发放原则。救助金一般应当及时、一次性发放。有特殊情况的，应当提出延期或者分批发放计划，经司法救助委员会主任委员批准，可以延期或者分批发放。

［依据《人民法院国家司法救助案件办理程序规定（试行）》第二十条］

2. 发放人。发放救助金时，人民法院应当指派两名以上经办人，其中至少包括一名司法救助委员会办公室人员。经办人应当向救助申请人释明救助金的性质、准予救助的理由、骗取救助金的法律后果，指引其填写国家司法救助金发放表并签字确认。

人民法院认为有必要时，可以邀请救助申请人户籍所在地或经常居住地的村（居）民委员会或者所在单位的工作人员到场见证救助金发放过程。

［依据《人民法院国家司法救助案件办理程序规定（试行）》第二十一条］

3. 发放方式。救助金一般应当以银行转账方式发放。有特殊情况的，经司法救助委员会主任委员批准，也可以采取现金方式发放，但应当保留必要的音视频资料。

［依据《人民法院国家司法救助案件办理程序规定（试行）》第二十二条］

4. 委托发放。根据救助申请人的具体情况，人民法院可以委托民政部门、乡镇人民政府或者街道办事处、村（居）民委员会、救助申请人所在单位等组织发放救助金。

［依据《人民法院国家司法救助案件办理程序规定（试行）》第二十三条］

5. 特别规定。

（1）救助申请人获得救助后，案件尚未执结的应当继续执行；后续执行到款项且救助申请人的生活困难已经大幅缓解或者消除的，应当从中扣除已发放的救助金，并回笼到救助金账户滚动使用。

（2）救助申请人获得救助后，经其同意执行结案的，对于尚未到位的执行款应当作为特别债权集中造册管理，另行执行。执行到位的款项，应当回笼到救助金账户滚动使用。

（3）对于骗取的救助金、违背息诉息访承诺的信访救助金，应当追回到救助金账户滚动使用。

［依据《人民法院国家司法救助案件办理程序规定（试行）》第二十四条］

6. 监督与管理。

（1）对公民、法人和其他组织捐助的国家司法救助资金，人民法院应当严格、规范使用，及时公布救助的具体对象，并告知捐助人救助情况，确保救助资金使用的透明度和公正性。

［依据《最高人民法院关于加强和规范人民法院国家司法救助工作的意见》第十五条］

（2）人民法院司法救助委员会应当在年度终了一个月内就本院上一年度司法救助情况提交书面报告，接受纪检、监察、审计部门和上级人民法院的监督，确保专款专用。

［依据《最高人民法院关于加强和规范人民法院国家司法救助工作的意见》第十六条］

（3）人民法院办理国家司法救助案件，接受国家司法救助领导小组和上级人民法院司法救助委员会的监督指导。

［依据《人民法院国家司法救助案件办理程序规定（试行）》第二十五条］

【常见问题】

（一）适用委托发放救济金的情形有哪些？

一般指救助申请人无行为能力或生活不能自理，且无可靠的人员作为监护人或代理人代为管理使用获得的救助金的情形。

（二）来源不同的司法救助资金的发放需要不同的程序吗？

在内蒙古自治区目前是需要不同程序的。如使用本院预算资金，依财务制度请款后由本院司法救助案件承办人员向救助申请人直接发放。如使用中央转移支付资金，因内蒙古自治区财政厅将该部分款项直接打入高级人民法院及各中级人民法院账户，基层人民法院需将案件报送中级人民法院司法救助委员会办公室审核，审核通过后由中级人民法院司法救助委员会办公室向救助申请人发放救助金。

（三）中级人民法院司法救助委员会办公室对基层人民法院报送的案件依照何程序进行审核?

目前并无统一规定，各中级人民法院可以根据本辖区司法救助案件具体情况制定相应的审核程序。

（四）国家司法救助领导小组是什么组织?

各地依照《中共中央政法委员会、财政部、最高人民法院、最高人民检察院、公安部、司法部关于建立完善国家司法救助制度的意见（试行）》规定成立由党委政法委牵头，财政和政法各单位等共同参加的国家司法救助领导小组，负责研究制定国家司法救助的制度规范和配套措施，测算资金需求，定期检查各单位工作落实情况。

【常用法律、司法解释及相关规定】

《中共中央政法委员会、财政部、最高人民法院、最高人民检察院、公安部、司法部关于建立完善国家司法救助制度的意见（试行）》（2014 年 1 月 17 日施行　中政委〔2014〕3 号）

四、国家司法救助程序

使用国家司法救助资金应当严格遵循以下程序：

（一）告知。人民法院、人民检察院、公安机关、司法行政机关在办理案件、处理涉法涉诉信访问题过程中，对符合救助条件的当事人，应当告知其有权提出救助申请。

（二）申请。救助申请由当事人向办案机关提出；刑事被害人死亡的，由符合条件的近亲属提出。申请一般采取书面形式。确有困难，不能提供书面申请的，可以采用口头方式。中请人应当如实提供本人真实身份、实际损害后果、生活困难、是否获得其他赔偿等相关证明材料。

（三）审批。办案机关应当认真核实申请人提供的申请材料，综合相关情况，在 10 个工作日内作出是否给予救助和具体救助余额的审批意见。决定不予救助的，及时将审批意见告知当事人，并做好解释说明工作。

（四）发放。对批准同意的，财政部门应及时将救助资金拨付办案机关，办案机关在收到拨付款后 2 个工作日内，通知申请人领取救助资金。对急需医疗救治等特殊情况，办案机关可以依据救助标准，先行垫付救助资金，救助后及时补办审批手续。

五、国家司法救助资金的筹集和管理

（一）国家司法救助资金的筹集。坚持政府主导、社会广泛参与的资金筹措方式。各地国家司法救助资金由地方各级政府财政部门列入预算，统筹安排，并建立动态调整机制。已经建立的刑事被害人救助资金、涉法涉诉信访救助资金等专项资金，统一合并为国家司法救助资金。中央财政通过政法转移支付，对地方所需国家司法救助资金予以适当补助。同时，各地要采取切实有效的政策措施，积极拓宽救助资金来源渠道，鼓励个人、企业和社会组织捐助国家司法救助资金。

（二）资金管理和监督。各级政府财政部门严格资金管理，确保管好、用好救助资金。政法各单位在年度终了1个月内，向救助领导小组报送当年发放救助资金的明细情况，接受纪检、监察和审计部门监督，确保专款专用。对个人、企业和社会组织捐助救助资金的，应当告知救助的具体对象，确保资金使用的透明度和公正性。

（三）责任追究。对截留、侵占、私分或者挪用国家司法救助资金的单位和个人，违反规定发放国家司法救助资金造成重大损失的单位和个人，骗取国家司法救助资金的相关人员，严格依纪依法追究责任，并追回救助资金。

六、国家司法救助工作的组织领导

（一）明确工作机构。各地成立由党委政法委牵头，财政和政法各单位等共同参加的国家司法救助领导小组，负责研究制定国家司法救助的制度规范和配套措施，测算资金需求，定期检查各单位工作落实情况。政法各单位应当指定专门机构或者人员负责救助工作。

（二）加强组织协调。各地各有关部门要在当地党委、政府统一领导下，各司其职、相互配合、形成合力。政法各单位按照职责范围和案件管辖分工，分别对救助申请进行审批。案件需移送下一办案环节或其他政法单位的，办案机关应将国家司法救助有关材料随案卷一并移送。

（三）建立衔接机制。对于符合司法救助条件的当事人就人身伤害或财产损失提起民事诉讼的，人民法院应当依法及时审查并减免相关诉讼费用，司法行政部门应当依法及时提供法律援助，保障困难群众充分行使诉讼权利。对于未纳入国家司法救助范围或者实施国家司法救助后仍然面临生活困难的当事人，符合社会救助条件的，办案机关协调其户籍所在地有关部门，纳入社会救助范围。

（四）制定实施办法。各地根据本意见精神，制定本地区国家司法救助制度实施办法，并在实践中不断总结完善，确保救助工作有章可循、有据可依，公开透明、公平公正，充分发挥救助效能。各省、自治区、直辖市和新疆生产建设兵团的实施办法，在本意见下发 3 个月之内，报中央政法委员会、财政部、最高人民法院、最高人民检察院、公安部、司法部备案。

各省、自治区、直辖市和新疆生产建设兵团党委政法委、财政厅（局）自 2015 年起，每年 2 月底前，将本地区上一年度执行司法救助情况，分别报中央政法委员会、财政部。

《最高人民法院关于加强和规范人民法院国家司法救助工作的意见》
（2016 年 7 月 1 日施行　法发〔2016〕16 号）

第十三条　决定救助的，应当在七个工作日内按照相关财务规定办理手续。在收到财政部门拨付的救助金后，应当在二个工作日内通知救助申请人领取救助金。

对具有急需医疗救治等特殊情况的救助申请人，可以依据救助标准，先行垫付救助金，救助后及时补办审批手续。

第十四条　救助金一般应当一次性发放。情况特殊的，可以分批发放。

发放救助金时，应当向救助申请人释明救助金的性质、准予救助的理由、骗取救助金的法律后果，同时制作笔录并由救助申请人签字。必要时，可以邀请救助申请人户籍所在地或者经常居住地村（居）民委员会或者所在单位的工作人员到场见证救助金发放过程。

人民法院可以根据救助申请人的具体情况，委托民政部门、乡镇人民政府或者街道办事处、村（居）民委员会、救助申请人所在单位等组织发放救助金。

第十五条　各级人民法院应当积极协调财政部门将国家司法救助资金列入预算，并会同财政部门建立国家司法救助资金动态调整机制。

对公民、法人和其他组织捐助的国家司法救助资金，人民法院应当严格、规范使用，及时公布救助的具体对象，并告知捐助人救助情况，确保救助资金使用的透明度和公正性。

第十六条　人民法院司法救助委员会应当在年度终了一个月内就本院上一年度司法救助情况提交书面报告，接受纪检、监察、审计部门和上级人民法院的监督，确保专款专用。

《人民法院国家司法救助案件办理程序规定（试行）》（2019 年 2 月 1 日施行　法发〔2019〕2 号）

第十九条　决定救助的，司法救助委员会办公室应当在七个工作日以内按照相关财务规定办理请款手续，并在救助金到位后两个工作日以内通知救助申请人办理领款手续。

第二十条　救助金一般应当及时、一次性发放。有特殊情况的，应当提出延期或者分批发放计划，经司法救助委员会主任委员批准，可以延期或者分批发放。

第二十一条　发放救助金时，人民法院应当指派两名以上经办人，其中至少包括一名司法救助委员会办公室人员。经办人应当向救助申请人释明救助金的性质、准予救助的理由、骗取救助金的法律后果，指引其填写国家司法救助金发放表并签字确认。

人民法院认为有必要时，可以邀请救助申请人户籍所在地或经常居住地的村（居）民委员会或者所在单位的工作人员到场见证救助金发放过程。

第二十二条　救助金一般应当以银行转账方式发放。有特殊情况的，经司法救助委员会主任委员批准，也可以采取现金方式发放，但应当保留必要的音视频资料。

第二十三条　根据救助申请人的具体情况，人民法院可以委托民政部门、乡镇人民政府或者街道办事处、村（居）民委员会、救助申请人所在单位等组织发放救助金。

第二十四条　救助申请人获得救助后，案件尚未执结的应当继续执行；后续执行到款项且救助申请人的生活困难已经大幅缓解或者消除的，应当从中扣除已发放的救助金，并回笼到救助金账户滚动使用。

救助申请人获得救助后，经其同意执行结案的，对于尚未到位的执行款应当作为特别债权集中造册管理，另行执行。执行到位的款项，应当回笼到救助金账户滚动使用。

对于骗取的救助金、违背息诉息访承诺的信访救助金，应当追回到救助金账户滚动使用。

第二十五条　人民法院办理国家司法救助案件，接受国家司法救助领导小组和上级人民法院司法救助委员会的监督指导。

【相关法律文书】

国家司法救助金发放表（供发放司法救助金用）

××××人民法院

国家司法救助金发放表

（供发放司法救助金用）

<table>
<tr><td>救助决定书文号</td><td colspan="4"></td></tr>
<tr><td>决定发放金额</td><td colspan="2">¥　　　　　　　　元，（大写）</td><td colspan="2">圆</td></tr>
<tr><td>救助申请人</td><td colspan="2"></td><td>联系电话</td><td></td></tr>
<tr><td rowspan="3">领款人及领款账户信息</td><td colspan="2">□申请人本人</td><td colspan="2">□法定代理人</td></tr>
<tr><td>姓名</td><td></td><td>户名</td><td></td></tr>
<tr><td>开户行</td><td></td><td>账号</td><td></td></tr>
<tr><td colspan="5">发放笔录
发放人：×××，本院在发放《申请须知》、指导填写《申请登记表》、办理案件过程中以及送达救助决定书时，已经就国家司法救助金的性质、准予救助的理由以及骗取救助金的法律后果予以了充分释明。你是否已经清楚？
×××：……
发放人：下面向你发放国家司法救助金……元。请你核对账户信息/清点确认。
×××：……
发放人：请你在下方栏目中亲笔确认并签名、捺印。</td></tr>
<tr><td colspan="3">领款人：
（亲笔写出我已收到救助金……元）
（签名、捺印）
年　月　日</td><td colspan="2">*见证人（可选项）：
（签名）
年　月　日</td></tr>
<tr><td colspan="5">经办人（二人以上）：　　　　（签名）　年　月　日</td></tr>
<tr><td>备注/粘单栏</td><td colspan="4">（如不以现金方式发放，而是通过财务转账至申请人账户，应将转账记录或复印件粘贴于此）</td></tr>
</table>

【制作说明】

1. 本样式根据《最高人民法院关于加强和规范人民法院国家司法救助工作的意见》第十四条、第二十条和《人民法院国家司法救助案件办理程序规定（试行）》第二十一条制作，供人民法院发放国家司法救助资金使用。

2. 本表中备注栏，可附关于司法救助承诺等事项。

3. 本表至少一式两份，其中至少一份连同救助决定书一并报送有关部门备案，其余存档、附卷。

第四节　联动救助

【工作要求】

根据《最高人民法院关于加强和规范人民法院国家司法救助工作的意见》《人民法院国家司法救助案件办理程序规定（试行）》《内蒙古自治区高级人民法院关于全区法院国家司法救助工作若干问题的座谈会纪要》之有关规定，对联动救助案件进行审查。

【工作内容】

（一）适用范围

在管辖地有重大影响且救助金额较大的国家司法救助案件，上下级人民法院可以进行联动救助。

［依据《最高人民法院关于加强和规范人民法院国家司法救助工作的意见》第二条］

联动救助，是指中、基层人民法院在办理司法救助案件过程中，对于符合司法救助条件的救助申请人，因所需救助金额较大或认为应高于一般救助标准予以救助的，可向上级法院申请对同一救助申请人联合予以救助。原案件当前审级法院为中、高级人民法院的，如果认为确有必要，可以指令下级法院受理司法救助申请或者指导下级法院与本级法院进行联动救助。

［依据《内蒙古自治区高级人民法院关于全区法院国家司法救助工作若干问题的座谈会纪要》］

（二）立案

联动救助的案件，由上级法院根据救助资金保障情况决定统一立案办理或者交由联动法院分别立案办理。

［依据《人民法院国家司法救助案件办理程序规定（试行）》第一条］

（三）审查

1. 下级人民法院在立案后，办理司法救助案件过程中，认为需要上级人民法院联动救助的，或者接受上级人民法院指令进行联动救助的，须经本级法院司法救助委员会讨论并形成决议。

[依据《内蒙古自治区高级人民法院关于全区法院国家司法救助工作若干问题的座谈会纪要》]

2. 下级人民法院应当提交“关于对×××一案联动救助的请示”并附全部案卷材料，交上级人民法院司法救助委员会办公室审查。请示需载明：原案件基本情况、符合司法救助条件的事实和理由、申请联动救助的理由、拟联动救助总金额及本级法院拟担负的救助金额等。

[依据《内蒙古自治区高级人民法院关于全区法院国家司法救助工作若干问题的座谈会纪要》]

3. 上级人民法院司法救助委员会办公室经审查认为符合联动救助条件的，移送本院立案庭立案。案号代字为“司救他”。

[依据《内蒙古自治区高级人民法院关于全区法院国家司法救助工作若干问题的座谈会纪要》]

4. 上级人民法院司法救助委员会办公室办理联动救助案件应当组成合议庭，并就案件基本事实和证据予以调查核实，必要时可组织听证。合议庭形成处理意见后，须提交本院司法救助委员会形成决议。

[依据《内蒙古自治区高级人民法院关于全区法院国家司法救助工作若干问题的座谈会纪要》]

5. 上级人民法院司法救助委员会办公室应根据司法救助委员会形成的决议内容，及时函复提出联动救助请示的下级人民法院。

[依据《内蒙古自治区高级人民法院关于全区法院国家司法救助工作若干问题的座谈会纪要》]

6. 对同一救助申请人实施联动救助的，应当由上、下级人民法院分别制作国家司法救助决定书，并在文书中对联动救助事项予以说明。

[依据《内蒙古自治区高级人民法院关于全区法院国家司法救助工作若干问题的座谈会纪要》]

（四）发放救助金

联动司法救助金应当由上、下级人民法院分别直接发放于救助申请人。发放程序同其他救助案件。

［依据《内蒙古自治区高级人民法院关于全区法院国家司法救助工作若干问题的座谈会纪要》］

【常见问题】

（一）可以越级申请联动救助吗？

不可以越级申请联动救助。各基层人民法院应向中级人民法院提出联动救助请示，各中级人民法院应向高级人民法院提出联动救助请示。特殊情况需要“三级联动”的，应当逐级请示。

［依据《内蒙古自治区高级人民法院关于全区法院国家司法救助工作若干问题的座谈会纪要》］

（二）关于联动救助的具体实施有哪些规定？

《最高人民法院关于加强和规范人民法院国家司法救助工作的意见》和《人民法院国家司法救助案件办理程序规定（试行）》对联动救助的具体实施程序均未作出规定，本节所涉程序及适用文书样式均来源于《内蒙古自治区高级人民法院关于全区法院国家司法救助工作若干问题的座谈会纪要》。

（三）上下级人民法院如何确定联动救助案件的案号？

下级人民法院依原案件类型确定案号，上级人民法院确定案号为“司救他”。

【常用法律、司法解释及相关规定】

《最高人民法院关于加强和规范人民法院国家司法救助工作的意见》

（2016年7月1日施行　法发〔2016〕16号）

第二条　国家司法救助工作应当遵循公正、公开、及时原则，严格把握救助标准和条件。

对同一案件的同一救助申请人只进行一次性国家司法救助。对于能够通过诉讼获得赔偿、补偿的，一般应当通过诉讼途径解决。

人民法院对符合救助条件的救助申请人，无论其户籍所在地是否属于受案人民法院辖区范围，均由案件管辖法院负责救助。在管辖地有重大影响且救助金额较大的国家司法救助案件，上下级人民法院可以进行联动救助。

《人民法院国家司法救助案件办理程序规定（试行）》（2019 年 2 月 1 日施行　法发〔2019〕2 号）

第一条　人民法院的国家司法救助案件，由正在处理原审判、执行案件或者涉诉信访问题（以下简称原案件）的法院负责立案办理，必要时也可以由上下级法院联动救助。

联动救助的案件，由上级法院根据救助资金保障情况决定统一立案办理或者交由联动法院分别立案办理。

《内蒙古自治区高级人民法院关于全区法院国家司法救助工作若干问题的座谈会纪要》（2013 年 7 月 1 日）

四、关于联动救助

（一）联动救助的含义

本纪要所称联动救助，是指全区中、基层人民法院在办理司法救助案件过程中，对于符合司法救助条件的救助申请人，因所需救助金额较大或认为应高于一般救助标准予以救助的，可向上级法院申请对同一救助申请人联合予以救助。原案件当前审级法院为中、高级人民法院的，如果认为确有必要，可以指令下级法院受理司法救助申请或者指导下级法院与本级法院进行联动救助。

（二）联动救助的程序要求

1. 下级人民法院在立案后，办理司法救助案件过程中，根据本纪要认为需要上级人民法院联动救助的，须经本级法院司法救助委员会讨论并形成决议。

2. 下级人民法院应当提交“关于对×××一案联动救助的请示”并附全部案卷材料，交上级人民法院司法救助委员会办公室审查。请示需载明：原案件基本情况、符合司法救助条件的事实和理由、申请联动救助的理由、拟联动救助总金额及本级法院拟担负的救助金额等。

3. 上级人民法院司法救助委员会办公室经审查认为符合联动救助条件的，移送本院立案庭立案。案号代字为“司救他”。

4. 上级人民法院司法救助委员会办公室办理联动救助案件应当组成合议庭，并就案件基本事实和证据予以调查核实，必要时可组织听证。合议庭形成处理意见后，须提交本院司法救助委员会形成决议。

5. 上级人民法院司法救助委员会办公室应根据司法救助委员会形成的决议内容，及时函复提出联动救助请示的下级人民法院。

6. 对同一救助申请人实施联动救助的，应当由上、下级人民法院分别制作国家司法救助决定书，并在文书中对联动救助事项予以说明。

7. 联动司法救助金应当由上、下级人民法院分别直接支付于救助申请人。支付程序同其他救助案件。

8. 各基层人民法院应向所辖其中级人民法院提出联动救助请示，各中级人民法院应向自治区高院提出联动救助请示。特殊情况需要“三级联动”的，应当逐级请示。

【相关法律文书】

国家司法救助决定书（供下级法院作出联动司法救助决定用）
国家司法救助决定书（供上级法院作出联动司法救助决定用）

××××人民法院

国家司法救助决定书

（供下级法院作出联动司法救助决定用）

（××××）××司救××号

救助申请人：×××，……（写明姓名、性别、出生年月日、民族、职业或者工作单位和职务、住所。姓名、性别等身份事项以居民身份证、户籍证明为准。职业或者工作单位和职务不明确的，可以不表述。住所以户籍所在地为准；离开户籍地且有经常居住地的，以经常居住地为住所。有多个申请人的，逐一列明）。

……（如有代理人，继续写明代理人基本情况）。

救助申请人向本院提出国家司法救助申请。本院立案后，依法进行了审查。本案现已审查终结。

救助申请人×××称：……（概述救助申请人主张的事实和理由）。

经审查查明，……（写明法院查明的原审判、执行、信访案件情况）。

另查明，……（写明救助申请人及其家庭是否存在生活困难等情况）。

上述事实有……（需列明证据名称）在卷佐证。

本院认为，……（根据查明的事实，对救助申请人的申请是否符合《最高人民法院关于加强和规范人民法院国家司法救助工作的意见》相关规定作出分析认定）。经本院向××××中级（高级）人民法院（作出该决定的上级人民法院）请示同意，决定由本院及××××中级（高级）人民法院联合给予救助申请人×××司法救助金……元，其中由本院给予救助申请人×××司法救助金……元。

综上，根据《最高人民法院关于加强和规范人民法院国家司法救助工作的意见》第二条第三款、第十二条规定，决定如下：

给予救助申请人×××司法救助金……元。

本决定为发生法律效力的决定。

××××年××月××日

（院印）

【制作说明】

1. 本样式根据《最高人民法院关于加强和规范人民法院国家司法救助工作的意见》第二条第三款、第十二条等规定制定，供下级法院作出联动司法救助决定时使用。

2. 依照《最高人民法院关于人民法院案号的若干规定》，本决定书案号为“（××××）××司救××号”中下划线部分具体为司救刑、司救民、司救行、司救赔、司救执、司救访、司救他七类。

3. 本决定书应送达救助申请人；决定书签发稿及送达回证应附卷。

××××人民法院

国家司法救助决定书

（供上级法院作出联动司法救助决定用）

（××××）××司救他×号

救助申请人：×××，……（写明姓名、性别、出生年月日、民族、职业或者工作单位和职务、住所。姓名、性别等身份事项以居民身份证、户籍证明为准。职业或者工作单位和职务不明确的，可以不表述。住所以户籍所在地为准；离开户籍地且有经常居住地的，以经常居住地为住所。有多个申请人的，逐一列明）。

……（如有代理人，继续写明代理人基本情况）。

救助申请人向××××人民法院（提出联动救助申请的下级法院）提出国家司法救助申请。该院在审查中，向本院请示联动救助，经本院审查同意后，本院依法予以立案，现已审查终结。

救助申请人×××称：……（概述救助申请人主张的事实和理由）。

经审查查明，……（写明法院查明的原审判、执行、信访案件情况）。

另查明，……（写明救助申请人及其家庭是否存在生活困难等情况）。

上述事实有……（需列明证据名称）在卷佐证。

本院认为，……（根据查明的事实，对救助申请人的申请是否符合《最高人民法院关于加强和规范人民法院国家司法救助工作的意见》相关规定作出分析认定）。经××××人民法院（提出联动救助申请的下级人民法院）请示并经本院同意，决定由本院及××××人民法院联合给予救助申请人×××司法救助金……元，其中由本院给予救助申请人×××司法救助金……元。

综上，根据《最高人民法院关于加强和规范人民法院国家司法救助工作的意见》第二条第三款、第十二条规定，决定如下：

给予救助申请人×××司法救助金……元。

本决定为发生法律效力的决定。

××××年××月××日

（院印）

【制作说明】

1. 本样式根据《最高人民法院关于加强和规范人民法院国家司法救助工作的意见》第二条第三款、第十二条等规定制定，供上级法院作出联动司法救助决定时使用。

2. 根据该类案件来源于下级法院的申请，为区别于其他救助类型，依照《最高人民法院关于人民法院案号的若干规定》，本决定书案号设定为“（××××）××司救他×号”。

3. 本决定书应送达救助申请人；决定书签发稿及送达回证应附卷。